工商管理系列教材

市场信息调查与分析

陈戈止 编著

西南财经大学出版社

SHICHANG XINXI DIAOCHA YU FENXI

前 言

随着全球经济一体化的到来，企业的发展边界正在逐步扩大，无国界经济正在给市场经济中的弄潮儿带来更多的发展机遇。与此同时，企业在商品市场中的竞争也越来越激烈。

如何在竞争激烈的市场中发现市场机会、把握市场机会，是现代企业在现代市场中生存和发展的一个重要条件。发现市场机会、把握市场机会的基本要诀就是要抓住市场运行中的信息，而市场信息的调查与分析，就是企业把握市场需求、寻找市场机会的一个重要手段。本书正是在这样一种理念的指导下撰写的。本书试图通过浅显易懂的文字和简明扼要的方法诠释市场信息的调查与分析的全过程。我们相信，只要你仔细阅读本书，你就会成为抓住市场信息、寻求市场机遇的高手。这本书能够为你的（组织的）市场决策提供有力的信息支持。

本书的主要内容包括：信息和信息资源、市场信息调查、市场信息调查分析过程、定性调查、定量调查原始资料收集法、问卷设计、市场数据抽样、实例分析等。

本书的主要特色是每一个章节都列举了相当数量的案例分析和问题讨论。其目的是想通过案例来引导读者的思维和提高读者观察问题和分析问题的能力，同时也给教师授课和学生学习提供更多的想象空间。在每章的结束都列有复习思考题，供读者掌握基础知识，并在可能的情况下进行实际操作。

本书主要是为大专院校的学生和企业管理人员以及市场营销经理撰写的，因此，本书既可以作为学生踏入工作岗位之前的一本实践指导用书，也可以作为企业管理人员对市场信息进行调查与分析时的参考书。

本书是笔者多年教学与市场实践得出的结果。书中没有对大量的定量分析方法进行分析，这是因为这些方法均可以在相关的教科书中找到。

本书的第七章由苏娜撰写，第八章第一节和第九章由李杜莎撰写，其他章节由陈戈止撰写，最后由陈戈止总纂。在本书的写作过程中，范玉萍女士和杨媛女士从收集资料到整理资料都给了笔者非常大的帮助，在这里表示诚挚的感谢。

由于市场在不断地发生变化，市场信息的调查与分析方法也会随之而不断更新，因此本书肯定存在一些疏漏和不足，敬请读者批评指正。对本书提出的任何修改意见都是我们非常盼望的。

本书在撰写中参考了大量的文献，有些是网络中的资料，在书末的参考文献中没有一一列出，特在此对这些文献的作者表示感谢和敬意。

作　者

2007年仲夏于光华园

目 录

第一章　信息和信息资源 …………………………………………（1）
　　第一节　信息 ………………………………………………………（1）
　　第二节　信息源和信息组织 ………………………………………（9）
　　第三节　信息的运动和传输效率 …………………………………（20）
　　第四节　信息资源 …………………………………………………（24）
　　第五节　市场信息不对称概念 ……………………………………（31）
　　复习思考题 …………………………………………………………（40）

第二章　市场信息调查 …………………………………………（41）
　　第一节　市场信息调查概述 ………………………………………（41）
　　第二节　市场信息调查在决策中的作用 …………………………（46）
　　第三节　决定是否开展市场信息调查 ……………………………（49）
　　第四节　消费者信息需求 …………………………………………（50）
　　复习思考题 …………………………………………………………（56）

第三章　市场信息调查分析过程 ……………………………（60）
　　第一节　调查分析过程 ……………………………………………（60）
　　第二节　市场调查前期管理 ………………………………………（75）
　　第三节　市场细分管理 ……………………………………………（77）
　　复习思考题 …………………………………………………………（86）

第四章　定性调查 (88)
　　第一节　定性调查的本质 (88)
　　第二节　定性调查之焦点小组访谈法 (97)
　　第三节　其他定性调查方法 (104)
　　复习思考题 (108)

第五章　定量调查之原始资料收集法 (116)
　　第一节　询问法 (116)
　　第二节　观察法 (134)
　　第三节　实验法 (138)
　　复习思考题 (145)

第六章　问卷设计 (149)
　　第一节　问卷的定义与作用 (149)
　　第二节　问卷设计的标准 (154)
　　第三节　问卷设计的过程 (156)
　　复习思考题 (168)

第七章　抽样方法 (169)
　　第一节　抽样调查的基本概念 (169)
　　第二节　随机抽样调查方法 (174)
　　第三节　非随机抽样调查方法 (187)
　　第四节　制定抽样计划的步骤 (195)
　　复习思考题 (201)

第八章　抽样误差和样本容量的确定 (203)
　　第一节　经典统计方法 (203)
　　第二节　抽样误差 (211)
　　第三节　样本容量 (213)
　　复习思考题 (220)

第九章 市场调查案例解析 (223)
  第一节 房地产市场调研案例解析 (223)
  第二节 网络市场调查——《新周刊》新浪博客生活耐力联合
     调查 (254)

参考文献 (262)

第一章
信息和信息资源

什么是信息？当你爱不释手地读完达尔文的《物种起源》之后，你是不是已经获得了关于生命如何产生的信息？当你对汽车市场进行了充分的调查了解后，你是不是已经获得了正确地选择一辆价廉物美汽车的信息？……信息来源于物质，但它又不是物质本身；信息来源于精神，但它又不是精神的抽象。信息具有高度的概括性、真实性和实践性，它反映的是物质（精神）系统运动的本质特征，因此，它有极为广泛的应用领域和实践意义。

第一节 信息

一、信息的概念

"信息"是一个广泛的概念，也是人们经常接触和频繁使用的词语。

"信息"一词来源于拉丁文"information"，意思是指一种陈述或一种解释、理解等。随着人们对信息概念的深入认识，信息概念的含义也不断地在演变。现在"信息"一词已经成为了一个含义非常深刻、包含内容相当丰富的概念，以至于很难给"信息"一词下一个确切的定义。

首先，从信息的内涵来讲，信息的获得与"知道"这一概念有关。所谓"知道"，实质上就是人们获得了某种事物的相关信息。知道的过程实际上就是获得信息的过程。例如"科研处通知，明天下午有一个学术报告会"，"据气象预报，近期内将有一场暴风雨"等，这些都是人们获得某种信息的途径。其次，信息在表现形式上通常又指的是某种消息、指令、情报、密码、信号等。然而，日常生活中将信息、信号、消息、情报等混为一谈的理解方式又是不确切的，甚至是一种对信息的错误理解。虽然信息与消息、信号等有着密切的联系，而且信息常常以消息的形式表现出来，信息的传递又往往借助于信号，但是信息、消息、信号毕竟是不同的概念，信息和消息、信号之间存在着本质的区别。就信息与消息之间的关系来讲，信息指的是消息中蕴含的事实和内容，消息是信息的外壳。比如我们经常听人们说，"这条消息包含的内容非常丰富"，或者"这则消息没有多少信息"，这实际上就从一定程度上说明了信息与消息之间的区别和联系。而信息与信号也不能等同，因为同一种信息可以用不同的信号方式来表达。例如遇到紧急情况，我们可以拉响警报器用声信号来传递信息，当然也可以用点火的方式以光信号来传递信息。再如交通管理的红绿灯采用的是光信号，但却是以不同的色彩来代表不同的含义（信息）。这些事实都表明，信息可以通过信号来传递，而且一种信号（如灯光）还可以传递多种信息。也就是说，信号实际上只是信息的载体，信息是信号要表达的内容。

那么，我们究竟该怎样来描述信息呢？由于人们的认识不同，更由于不同学科自身的特殊性和局限性，关于信息的定义目前有几十种之多，例如：

信息是人们在适应外部世界并且使这种适应反作用于外部世界的过程中同外部世界进行交换的内容的总称；

信息是物质和能量在空间中和时间中分布的不均匀程度，是伴随宇宙中一切过程发生的变化程度；

信息是用以消除随机不确定性的东西，是人与环境相互交换的内容的总称；

信息是物质属性的表征，是客观事物的本质反映，是自然和社会生命之源。

……

如果按照IBM知识管理研究院以信息的应用分类的方式，广义的"信息"实际上可以分为四个层级：①数据（Data）；②信息（Information）；③知识（Knowledge）；④智慧（Wisdom）。这四个层级组成了一个金字塔。最初级、最不稀缺的是数据，它只是信息的原料，告诉不了人们任何东西。数据经过提炼后才是信息。信息的特点一是它只能一次性地（过期作废）提示人们对环境作出反应，二是它只是形成判断和决定的材料，本身并不能告诉人们如何去判断和行动。信息经过提炼和处理后就形成了知识。相对于信息，知识有两个特点：一是它本身就是判断，可以告诉人们如何行动；二是它的有效性不是一次性的，一旦掌握就可多次使用。在这个金字塔上最高的也最稀少的是智慧。它是对大量的知识提炼、驾驭、运用后，人们在不确定的环境里作出的准确判断，以及采取的相应行动。

我们可以看出，信息和事物运动的本质、内容有关。因此，一般从质的方面来讲，我们将信息定义为：信息是物质系统运动的本质表征，是特质系统运动的方式、运动的状态及运动的有序性。它的基本含义是：信息是客观存在的事实，是物质系统运动轨迹的真实反映。通俗地说，信息一般泛指包含于消息、情报、指令、数据、图像、信号等形式之中的新的知识和内容；或者说，信息能够使信息的接收者通过信息的接收而获得一些有用的知识，从而认识客观事物存在的本质。

二、信息的基本特征

一般地讲，信息具有以下三大基本特征：

1. 事实性

事实性是信息的中心价值，它代表了物质系统运动的客观存在性，表现的是物质系统运动的真实面貌和客观事实。不符合客观事物运动规律的信息不仅没有价值，而且会给信息使用者造成决策或工作失误。

2. 滞后性

任何客观事物的信息总是产生于此事物运动之后。没有事物运动的事实，就没有事物运动的信息。先有事实，而后有信息。信息再快，也滞后于物质运动本身。

3. 不完全性

物质系统的运动是永恒的、经常的、不断的，因此会产生出大量的信息。信息的不完全性指的是人们对客观物质系统的了解是不可能包揽无余、都了如指掌的。因为要完全了解物质系统是不可能的（因为它是要变化的），而且也没有这种必要。若事无巨细都要穷根究底，在时间上和精力上都是一种浪费，并且大量的信息资料也没有足够的空间贮存。信息的收集必须有所取舍。只有正确地取舍，才可能正确地使用信息。

三、信息的特性

信息除具有以上的三大基本特征之外，还具有以下特性：

1. 信息具有知识性

信息是用于消除人们认识上的不确定性的，这也是信息的一个本质特征。如果人们对客观事物不了解，对其缺乏必要的知识，对事物的认识就会有不确定性。当人们获得了某种事物的有关信息时，他对此种事物的知识就会增加，对事物的认识也就由不清楚、不确定转向清楚和确定。即信息具有知识的秉性。人们只有借助事物发出的信息，才能获得有关事物的知识，消除对事物认识上的不确定性，改变原来对事物的不知或知之甚少的状态。

2. 信息是一种资源

由于信息具有知识的性质，所以它能够成为一种资源，且具有价值。事实上，信息已经成为现代社会生产和生活中的一种重要资源。一方面，社会的发展、经济的发展都需要各种信息资源的支持。一个国家或一个企业如果闭关自守、信息阻塞，就会找不到发展的方向，失去发展的机遇，浪费人力、物力、财力，得不偿失；而如果它信息灵通，收集和掌握信息及时，就会高瞻远瞩，左右逢源，抓住机遇。另一方面，信息在生产和科学技术的运用过程中能转化为速度、效益或利润，即信息具有价值。

但信息的价值与一般商品的价值是不相同的。一般商品作为一种有形的物品，具有现实的使用价值，而信息是一种无形的商品，因此它的价值也具有一定的特殊性。首先，信息作为一种无形商品，只存在潜在的价值，而不存在现实的使用价值。信息的潜在价值只有通过人们去认识、去开发，才能转变为现实的价值。其次，信息的价值还取决于人们对它的认识和重视的程度，相同的信息会因认识和重视程度的不同而具有不同的价值。最后，信息的价值不完全取决于获取信息所付出的代价，而取决于信息本身的潜在价值及对信息的开发技术和开发能力。

3. 信息具有无限性和可压缩性

信息作为一种资源，具有无限性。信息的无限性首先表现在信息的可扩充性上。例如人们对太阳系的认识、对自然界的认识，甚至对人类自身的认识等都处在不断的加深扩充之中。信息的无限性还表现在信息的大量性和不间断性上。只要人类存在，认识和改造客观世界的社会活动和经济活动就不会停止。而这些活动将会不断地产生大量的信息。信息又具有可压缩性，可以方便地贮存。最一般的压缩就是对信息进行加工、整理、概括、归纳、演绎，使之精练而取其精华。

4. 信息具有时效性

信息的时效性指的是信息的效用与信息从发出到使用的时间间隔之间具有的相关关系。这种相关关系表明：时间间隔越短，时效性越强；信息传递的速度越快，时效性越强；信息使用越及时，利用程度越高，时效性越强。因此，为了加强信息的时效性，我们必须在信息的收集、处理、传递、输出、使用的各个环节上利用最先进的技术和操作工具。

信息的时效性代表着信息本身也具有生命周期。信息的生命周期是指信息从产生起到失去保留价值的时间间隔。正因为信息具有生命周期，才使人类世界能够容纳下"无限增长"的信息，也使人们认识到信息具有新陈代谢的机能。任何贮存信息的系统其贮存的信息资源都需要不断更新，人的知识也需要不断更新。

5. 信息具有共享性

信息作为一种取之不尽、用之不竭的资源，与其他有形资源相比，还有一个明显的特性，即信息具有共享性。一般的物质资源在交换过程中遵循等价交换的原则，失去一物方能得到另一物。而信息这种资源与一般的物质资源不同，交换信息的双方，不会因为交换而失去原有的信息资源，还会由于交换而增加双方所拥有的信息资源。如科学讨论会、技术成果交换会等，都会使与会者获得新的信息资源。

6. 信息的扩张具有不可加性

这一性质指的是一种信息的内在价值与和它一起使用的其他信息有关，只有相互之间的融合才可能产生出新的信息价值。但是，这种融合在一起的信息的内在价值也许若干倍甚至成百上千倍于原价值，但也可能变小甚至为零。这些都取决于信息融合的有效性。

7. 信息可以传输和存储

人们可以通过各种通信手段将信息从一个地方传递到另一个地方。人与人之间的信息还可以依靠语言、表情、动作来传递。一般社会活动的信息还可以通过电视、广播、报纸、杂志等来传递。信息不仅可以传递，还可以通过一些媒介来存储。最简单也是最普遍的信息存储媒介就是纸张，如书本。随着现代科学技术的发展，新的存储媒介已经更为广泛地使用，如计算机存储、全息摄影存储等。

8. 信息可以转换，可以再生

信息可以由一种形态转换成另一种形态。如语言、文字、图像等信息可以通过信息技术转换成光、电、数据代码等信息，反之亦然。信息的再生性用途极为广泛，人们收集物体的有关信息经过加工处理之后，可以用语言、文字、图像等将信息源的原始面貌再生出来。如计算机通过对有关信息的处理，可以构造出一个未知物体的基本原始面貌。

四、信息的基本作用

1. 信息是一项重要的社会资源

经济建设和经济发展必须以一定资源供给为基础,一个国家或地区的资源状况在很大程度上制约着该国的建设和发展速度,所以各个国家和地区都十分重视资源的获取和利用。这里所讲的资源是一种广义的资源,即它不仅包括那些能够直接创造物质财富的自然存在的资源,如土地、矿山、森林、海洋、人力等物质形态的资源,还应包括科学、技术、知识、信息等在内的无形资源,而且两者之间具有不可替代性。随着科学技术的进步及社会经济的发展,知识性的无形资源越来越在社会发展中占有更重要的地位。

世界经济发展的历史证明,在经济发展的不同时期,决定经济增长的关键资源要素是不同的。在生产水平、科学水平很低的时代,社会经济的发展主要取决于自然资源及其开发和程度。随着生产水平的提高,决定社会经济增长的关键资源要素已由自然资源变为金融资源——资本。随着规模化经济的发展,社会经济增长的关键要素逐步向技术资源过渡,再转移到广义的社会资源——知识、信息资源里。也就是说,随着社会经济的发展,经济发展的关键资源由自然资源向经济资源、社会资源逐步转变。20世纪末,在西方发达国家中自然资源对经济增长的贡献率只有4%左右,而技术进步、IT资源对经济增长的贡献率却高达80%以上,而且IT产业在国民经济中所占的比重也达到60%,全球经济正在由物质经济向知识信息经济转变。正如一些社会科学家和预测家所讲的那样:21世纪就是知识经济时代。

20世纪下半叶以来,整个经济的资源观念已经发生了剧烈的变化。一个国家的强弱与其本身的自然资源丰富与否已经没有必然的联系,但却与科学技术、知识信息的发达程度息息相关。不管一个国家的自然资源有多么丰富,只要它没有掌握和利用先进的科学技术,那么这个国家仍然是落后的。信息资源已经成为人类开发自然资源的先决条件,而且社会文明程度越高,经济发展的现代化程度越高,信息资源就越重要。一个最为明显的例子是日本的国家发展。日本是一个自然资源极为匮乏的国家,但是日本的经济在第二次世界大战之后得到了迅速的发展,它所借助的武器就是信息资源的开发。日本十分重视科技的发展和教育水平的提高,通过提高国民的知识水平,大力引进先进的技术,发展知识密集型产业,特别是电子工业。全世界有70%的电子数控装置是日本人生产的。日本在全国推广使用计算机，实现了全国的电脑化和信息化。在日本本土获取世界各地金融市场的信息只需要几秒钟。今天在巴黎时装会上展示的最新款式的服装，明天就可能在日本市场上出售。日本可谓世界上经济信息最灵、技术转换最快的国家。今天，日本的技术水平大部分早已达到了世界先进水平，它已从技术输入国变成了技术输出国，并且甩掉了20世纪70年代引入技术开发的帽子，变成了创造性的技术开发国家。

事实上，在现代经济中，谁占有信息，谁善于利用信息，谁就能取胜。20世纪以来的美国经济始终走在世界的前列，正是因为美国人始终站在知识经济开发的前列。知识经济给人类带来的无限遐想都将在21世纪得到体现。

2. 信息是现代生产力不可缺少的要素

现代生产力系统应包含两大部分要素，其一是实体性要素，其二是智能性要素。实体性要素包括劳动者、劳动对象和劳动资料。智能性要素包括科学、技术、知识、信息。在现代生产过程中，科学技术、知识信息与生产力的关系不是与实体性要素并列且单独地加入到生产过程之中的，而是以其强大的渗透力、转换力和促进力附着在生产力中的人与物的要素上，进入生产过程（科技含量的高低），使生产力中的实体性诸要素在生产过程中发生质的飞跃。

自然科学与一切技术知识都属于生产力的范畴，是知识形态的生产力。信息则是现代科学技术与现代生产力之间的桥梁。缺乏信息，则劳动者的知识水平将得不到提高，科学技术成果就难以转化为现实的生产力。信息是生产力系统中统筹性的因素，是各种生产要素优化组合的根本保证。与所有的科技知识一样，科技情报和信息技术通过转化凝结在劳动者和劳动资料、劳动工具这样的实体性生产要素之中，从而成为直接的生产力。在现代社会中，大量的信息正在成为劳动对象和劳动产品，世界上越来越多的人在从事信息生产，由此形成了强大的信息产业。IT行业、信息产业正在成为国民经济产业的关键组成部分，甚至正在逐渐成为社会经济发展的中心。

在构成生产力的诸要素中，劳动者具有决定性的作用。因为劳动的过程实际上就是人类征服自然（物）的过程。在这一过程中，人是主体，是唯一具有能动性的要素。因此，劳动者的素质、能力、知识水平及职业构成客观上反映了一个国家生产力水平的高低和经济结构的先进与否。不管是经济较落后的国家还是经济中等发达的国家，其主要产业结构是劳动密集型产业，劳动力主要从事的是以体力劳动为主、脑力劳动为辅的物质经济生产。随着科学技术的进步，现代经济的发展，在20世纪末一些经济发达的国家中，逐步形成了一个新兴的产业——信息产业。信息产业是典型的知识密集型产业，它的出现使整个世界的经济结构发生了质的变化。社会生产的信息化和计算机化，使大批劳动者从体力劳动和脑力劳动中解放出来，工农业领域的就业人口急剧减少，从事信息生产的劳动者却在急剧上升。美国19世纪50年代从事工业生产的劳动力占总劳动力的65%，从事信息相关产业的劳动力只占17%；而到了90年代，从事工业生产的劳动力降至30%，从事信息产业的劳动力高达60%。信息产业大军已逐渐成为现代劳动大军的主体。劳动者的知识水平在提高，脑力劳动者的比重在日益扩大，这一切都推动着现代经济逐步向信息经济转变。

构成生产力的另一要素是劳动对象，它指的是已经被开发的在经济中发挥作用的那部分资源。现代社会中，信息已成为重要的劳动对象和劳动产品。信息工作者正从事着信息理论、信息技术、信息设备、信息产品的开发、研究、应用工作，并将这些理论和技术应用于国民经济的每个部门，产生出了巨大的经济效益。由于物质资源是有限的，而信息资源是无限可再生的，所以从信息资源的无限性来讲，信息这一劳动对象也是无限可再生的。这一特性给信息产业开辟了美好广阔的前景。

3. 信息是重要的决策依据和管理工具

决策就是在许多为达到同一目标而采取的各种可替代的行动方案中选取最合适、最满意的方案。决策中的重要人物是决策者，而决策者要作出最佳的选择，就必须正确地认识客观事物的现实状态及所处的环境状态。认识事物及事物环境的过程，就是信息收集、加工、处理和利用的过程。决策者所占有的信息越全面、越准确、越及时，对客观事物的发展规律的认识也就越客观，判断就越准确，决策也就越正确。因此，信息是重要的决策依据，而经济信息则是经济问题决策的重要依据。没有信息，再高明的决策者也难以正确决策。

信息的作用始终贯穿于决策活动的全过程之中。决策活动由决策者、决策对象、信息、决策理论和方法、决策结果五大要素构成。决策者的任务就是作出决定，得到决策结果，而决策结果是以信息的形式出现并传递给决策对象的，因此决策结果实际上就是一种权威性的信息产品，决策对象则是按照这一信息产品提供的信息去执行。决策理论是决策者产生决策信息的准则，而决策方法就是信息的加工方法。信息加工处理的侧重点不同，采取的决策方法就不相同。可以看出，决策的每个要素都和信息工作有关，因此可以说决策活动实际上也就是信息的处理和加工的活动。

在现代经济生活中，市场瞬息万变，决策因素错综复杂，决策所需要的信息量很大。为了提高决策的科学性、正确性，避免或减少失误，需要建立科学的决策体系，将决策工作中庞大而复杂的信息处理工作分配给各个相关部门去完成，这也就是信息工作的分工。为了制定正确的决策方案，首先要针对决策的目标收集信息、分析问题，找出产生问题的原因，继而提出解决问题的办法。为了做好这些工作，常常需要对所收集到的信息进行深度加工，以揭示表面现象背后所隐藏的客观规律，为决策提供有力的依据。决策结果的正确与否，往往与信息分析的正确与否有关。我们常说的决策失误，除了有决策者个人因素的影响以外，还常常有信息分析失误的影响。因此，要正确地作出决策，就必须正确地收集和处理信息，以找出事物运行的客观规律。

信息不仅是重要的决策依据，也是重要的管理工具。同信息在决策中的作用一样，管理的过程就是信息交流、沟通与处理的过程。管理的基本职能是计划、组织、沟通、指挥、协调和控制。而要实现这些职能，必须通过信息的传递、处理和利用。也就是说，信息管理是实现管理职能的前提和基础。没有信息管理，任何管理活动都将无法进行。

要实现管理的目标，就必须借助一定的手段来对管理的对象施加影响。而信息的沟通、交流就是管理工作中最重要、最基本的工具和手段之一。通过信息的沟通与交流，管理者可以了解管理对象的现实情况和当前的环境情况，制定出相应管理措施（计划和组织），再运用信息的沟通和联系，完成指挥、协调和控制等一系列管理功能。

讨论题：你是怎样认识信息的？信息对你起到了什么基本作用？

第二节　信息源和信息组织

信息源的确定是信息收集的最重要的内容之一。其目标是按照收集者的信息需求寻找信息源，或者是在广泛分散的信息源与特定的用户信息需求之间寻找切入点。了解信息源的构成，对信息的有效收集是非常必要的。特别是在市场信息的收集中，要针对特定的商品选择不同的信息源，才能做到市场决策的有的放矢。

一、信息源的类型

信息源的含义十分宽泛，不同学科通常有着不同的理解。在通信领域，研究者认为，"信源也就是消息的来源，可以是人、机器、自然界的物体等"，也可是一个事件；在传播领域，研究者认为，"传播的来源是指生成、制作和发送信息的源头或起点。传播的来源可以是个体——某个具体的制作、传递信息的人，也可以是群体——发生信息的部门或机构"；在图书情报领域，研究者认为，信息源是"人们在科研活动、生产经营活动和其他一切活动中所产生的成果和各种原始记录，以及对这些成果和原始记录加工整理得到的成品"；而在经济领域，研究者认为："市场的消费群体就是最可靠的信息源。"

信息源可分为非文献信息源（包括口头信息、实物信息源等）和文献信息源两大类型。比较而言，上述各领域对信息源的认识互有区别，各有侧重，但可以肯定，它们所论述的都是某一类信息源。深入地分析，信息源概念是与信息概念紧密联系在一起的，信息有不同的层次和类别，信息源也有不同的层次和类别。

依据信息源的层次及其加工和集约的程度，信息源可分为四次信息源：

一次信息源也称本体论信息源。所有物质均为一次信息源，从一次信息源中提取信息是信息资源生产者的基本任务。

二次信息源也称感知信息源。人的大脑所储藏的潜在信息资源是最主要的二次信息源，传播、信息咨询、决策等领域所研究的也主要是二次信息。对于信息资源管理者而言，二次信息源既是最重要的信息来源之一，又是最主要的开发对象之一。

三次信息源也称再生信息源，主要包括口头信息源、体语信息源、文献信息源和实物信息源四大类型，其中又以文献信息源（包括印刷型文献信息源和电子文献信息源）最为重要。

四次信息源也称集约信息源，是文献信息源或实物信息源的集约化。前者有档案馆、图书馆、数据库等，后者有各类博物馆、标本室等，它们是现代社会人们获取信息的最主要的来源。

依据信息源的内容类别，信息源可分为五类信息源：

第一类是自然信息源。自然界是最主要的自然信息源，所有大自然的延展分布和进化变迁等信息均可从大自然中获取。

第二类是社会信息源。民间是最主要的社会信息源，我们可从民间获取社会的组成结构、功能变化和发展态势等方面的信息。

第三类是经济信息源。产业界是最主要的经济信息源，我们可从产业界获取产业结构、支柱产业、商品贸易和国民收入等方面的信息。

第四类是科技信息源。学术界是最主要的科技信息源，我们可从学术界获取科研力量及其分布、科研成果的积累与应用、科技与学术的发展走向等方面的信息。

第五类是控制信息源。政界是最主要的控制信息源，我们可以从政界获取政党、军队、政体、政策和法律等方面的信息。

依据信息源的运动方式，信息源还可分为静态信息源和动态信息源两大类。

静态信息源包括文献信息源、实物信息源和集约信息源，它们一经产生便固定下来，若无人参与便不再自发地产生新的信息。在信息运动过程中，它们也只能被动地等待人们的采集与获取，因此又称为被动信息源。

动态信息源主要包括本体论信息源和感知信息源。它们均处于持续的变化之中，能够自发地产生新的信息，但本体论信息只能自我更新而不能主动传播，感知信息由于人具有目的性和信息能力，不仅能自我更新，也能主动寻找吸收源（信宿）。

信息源还可套用信息分类标准进行多种划分，但无论哪一种信息源都具有积累信息的功能。由于信息源可以积累信息，在它与吸收源之间就形成了信息位差，这种位差也称信息势。信息势的存在是信息流和信息交流活动产生的前提。需要指出的是，信息源不等于信息资源：信息源是蕴含信息的一切事物，信息资源则是可利用的信息的集合；信息资源可以是一种高质量高纯度的信息源，但信息源不全是信息资源。对于信息资源管理者而言，他们所研究和管理的对象主要是集约信息源、文献信息源、实物信息源和部分感知信息源。

二、信息源的分布

从绝对的意义上说，一切事物都可产生信息，因此，宇宙万物莫不是信息源。从信息传播或交流的角度而言，信息源指拥有相对信息优势（信息势）的信息媒体，包括善于积累和储藏信息的人以及生产、制作、储存和传播信息的机构等。我们在此论及的信息源分布就是指相对的信息源的分布。

信息源的分布不同于信息资源的布局，信息源分布是一种自然现象，信息资源布局则是一种主观行为。可以说，信息源分布是长期的信息运动的结果，其实质是一种不平衡分布。从地理的角度而言：有的地区信息密集一些，因而其信息源的功能强一些；有的地区信息稀疏一些，因此以信息吸收功能为主。从机构的角度而言，有的机构以信息资源的生产、传播和管理为主要功能，因而形成了信息源；有的机构以信息资源的消费为主要任务，因而成为吸收源（信宿）。就人而言：有的人善于积累和储存信息，可谓信息源；有的人利用信息的能力较弱而且不注重积累，只能充当吸收源。信息源的不平衡分布是信息势存在的表现形式。信息势同时具有动态性和相对性，即随着信息环境信息源机制的变化，任何信息源都可能转化为吸收源，为此信息源分布也会出现新的变化。信息源的不平衡分布及其变化的规律性是信息源研究的主要内容之一。

信息源的不平衡分布首先表现在地区差异上。各类政治、经济、文化、科技和教育中心集中了大批信息资源生产者、传播者、管理者和消费者，并形成了大批的信息资源管理机构，因此特定的区域承担着信息源的角色。例如北京和上海就是我国最主要的信息源地区；而相对于各类城市，广大的乡村只是一种吸收源，它们只有在特定情况下才扮演信息源的角色。在世界范围内，发达国家更多地处于信息源的位置，发展中国家则以吸收信息为主，Internet就是以美国为主要信息源的一种洲际信息网。

信息源的不平衡分布也表现在机构的差异上。各类决策机构、教育与科研部门、协会与学会、广播电视部门、编辑出版发行机构、档案馆、图书馆、情报中心、数据中心、信息中心、调查和咨询中心、策划中心和统计中心等集中了社会上主要的潜在信息资源和现实信息资源，成为了社会信息资源机构；而其他一般的职业组织和社区组织则多为吸收源。

信息源的不平衡分布还表现在人的差异上。各类决策人员、管理人员、研究开发人员、技术人员、教师、统计人员、策划人员、调查人员、咨询人员、传播人员、信息资源管理人员、有丰富实践经验的工作人员或长者以及具有大学文化程度的一般劳动者等，由于积累了丰富的潜在信息资源和（或）一定量的藏书，在社会中扮演着信息源的角色；一般大众、实践第一线的工作人员、未成年的求学者和文化程度较低的居民等则多为吸收源。

信息源的不平衡分布是一种绝对现象，无论何时何地，这种不平衡性都会存在，但不平衡的格局即信息源和吸收源的具体分布，则是相对的和动态的。一般而言，信息资源管理所探讨的信息源是有人类参与的信息源，它们和吸收源是一个统一体。如果一个信息源累积信息的功能强一些，即信息输入大于信息输出，它就能持久地维持信息源的地位；相反，如果其累积信息功能减弱乃至消亡，它的信息优势也会逐渐丧失，最终将会沦为一个以吸收信息为主的吸收源。这就是信息源不平衡分布变化的内在机制。例如，一个地区可能因为资源枯竭、交通位置变化和经济衰退等而导致人才流失，最终由信息源地区变为吸收源地区。我国的许多县级公共图书馆由于经费拮据等原因多年未进新书，这种趋势持续下去将会导致有"知识海洋"之称的图书馆丧失信息源的地位。而一个没有进入正规大学学习的青年可能通过自学成才成为拥有丰富知识的人才，从而在可能的地方充当信息源。

信息源分布作为一种客观存在，是长期信息运动的结果。了解信息源的分布是做好信息采集工作的前提。一般而言，相对于特定信息需求的信息源的分布也是不平衡的，能满足用户特定信息需求的信息源大约集中在少数相关的领域、机构或媒体中，而那些满足用户一般信息需求的信息源则分散在众多的领域、机构或媒体中。为此，信息资源管理者要结合信息源和用户的信息需求进行交叉分析，以发现对应于特定用户信息需求的信息源分布格局，这也是信息源分析的主要目的。

三、信息组织

对于所采集的信息资源，信息资源管理机构一般要作有序化处理。信息资源的有序化也称信息组织，从宏观上它包括两个部分：信源组织和信道组织。信源组织是根据某种规律或结构对信息资源进行有序化处理，信道组织则是为了有效利用存储空间和提高传递效率而对信息资源实施重组。信息组织是信息资源管理过程的核心内容之一。

1. 信息组织原理

信息组织是一种普遍的社会活动，是一切事物有条不紊地运行的前提。信息组织是将处于无序状态的特定信息根据一定的原则和方法使其达到有序状态的过程。其目的是将无序信息变为有序信息，以方便人们利用信息和有效地传递信息。信息组织与事物组织既有区别又有联系，信息组织是对事物运动状态和方式或者说事物属性的组织，事物组织则是对具体的物质和事件的组织，它们是在不同层面上进行的。但无论人们是否意识到，事物组织都首先是在信息层面上进行的，或者说它包含着信息组织过程，而信息组织的最终目的则是为事物组织服务的。例如，日常生活中居民对衣服的整理是一种事物组织，这种组织可根据衣服的原料性质、季节用途、长短厚薄和内外顺序等不同标准来实施。居民的抽象组织（即信息组织）在前，具体的衣服的整理在后；信息组织是内核，事物组织则是结果。

信息组织是基于事物属性的一种有序化方法，事物具有多少种属性，就可能形成多少种有序化方法，上述例子中居民对衣服的整理就可以说明这一点。据古希腊哲学家亚里士多德的分析，事物一般都具有十种属性，即本质（Substance）、数量（Quantity）、质量（Quality）、关系（Relation）、作用（Operation）、过程（Process）、状态（State）、空间（Space）、时间（Time）和位置（Position）。这些属性都可作为信息组织的依据。具体说，信息组织的过程就是依照事物属性之间的同一性、包容性、交叉性和排斥性等关系对信息实施有序化的过程。

在信息资源组织的层面上，语言是最基本的信息组织工具。人们一般将事物属性抽象为字、词或概念，然后再用字、词或概念的有序化来表征事物的本质特征。从这个意义上说，语言学是信息组织最重要的理论基础。信息组织的另一理论基础是逻辑学：信息组织本身是思维的一种表现形式，概念是思维的元素，逻辑则是思维的规则。信息组织也是一个系统化的过程，其最终目的是将无序的、零散的信息结构化，形成一种有序的体系或系统，因此，系统科学也是信息组织的重要理论基础。

信息组织是一个有序化过程，这个过程通常可分为两个阶段，即有序化阶段和优化阶段。信息的有序化是按照一定的方法将无序的信息组织成为有序信息的过程。它又包含两层意义：一是把没有必然内在联系的信息为了利用和管理上的方便而加以组织；二是把本质上具有必然内在联系的信息，按照其自身的客观逻辑结构加以组织。前者融入了更多的主观因素，后者则依据了更多的客观因素。信息的优化是在有序化的基础上，针对某种目的，依照结构功能优化原理对信息进行再有序化的过程，它是信息有序化的继续和升华。在实际的操作过程中，信息的有序化和优化没有十分明确的界限，它们是一个辨证统一的整体。

信息组织最本质的依据是事物的属性，事物的多种属性又可归纳为形式、内容和效用三种类型。以衣服为例，颜色、样式、大小、生产厂家、生产时间和地点等属于形式特征，衣服原料的物理和化学结构属于内容特征，御寒、防雨、防晒和炫耀等属于效用特征。总之，一切事物都具有形式、内容和效用三方面的特征或属性。相应地，所有的信息组织方法都可归纳为语法信息组织（形式）、语义信息组织（内容）和语用信息组织（效用）三大类型以及它们的不同组合形式。

信息组织是信息资源可资利用的最重要的条件之一，是信息资源不断增殖的内在依据。在信息资源管理过程中，信息组织是一种经常性的活动，信息采集阶段的信息组织主要是一种语用信息组织，是根据用户信息需求组织信息的过程；信息组织阶段的信息组织属于综合型信息组织，既包括形式组织，也包括内容和效用的组织；信息检索和开发阶段的信息组织则属于优化型语用信息组织，是根据具体的用户信息需求组织和提供信息的过程。信息组织是一种理论，也是一种思维。作为一种理论，它是信息组织活动的方法论；作为一种思维，它贯穿于信息资源管理的全过程。

2. 信息组织的三个层次

语法信息组织、语义信息组织和语用信息组织形成了信息组织方法的三个层次。

（1）语法信息组织

它是以信息的形式特征为依据有序化信息的方法。语法信息的组织需要遵循方便性、多向性和标准化等原则。常见的语法信息有以下几种：

①字顺组织法。这是历史最悠久、使用最广泛的一种信息组织方法，其实质是从字、词的角度集约有关信息。它又有音序法、形序法、音序和形序并用三种形式。书名的排序、著者姓名的排序和主题词的排序等均属于字顺组织法。

②代码组织法。这是以代码表征信息和集约信息的方法，其突出的优点是简便易用，尤其适合于计算机等现代化手段的管理。专利代码组织法、商标条形码组织法、身份证代码组织法、军队番号组织法和电话号码组织法等均属于代码组织法。

③地序组织法。这是以信息的空间特征为依据有序化信息的方法，它的最大特点是能反映地域特色。它又有行政区划组织法和地名字顺组织法之分。行政区划组织法能反映地区之间的隶属关系和横向联系，地名字顺组织法则仅反映地区之间的形式关系。各种地图、地理文献和风景名胜介绍等采用的就是地序组织法。

④时序组织法。这是以信息的时间特征为依据组织信息的方法，它的优点是能反映事物的发展规律。它的结构多为线性结构，如史书、年表、日记、传记、

档案和连续出版物等多采用时序组织法。

⑤其他组织法。包括颜色组织法（如绿色代表邮政）、形状组织法（如以书刊的开本大小为依据的组织法）和重量组织法（如拳击手的分类）等。语法信息组织最重要的特征是标准化，因为语法信息一般不涉及信息的含义和用途，必须用标准加以约束。而标准形成和应用的过程，也就是语法信息的优化过程。在图书情报档案领域，文献著录可视为一种综合性的语法信息组织方法。

（2）语义信息组织

它是以信息的内容或本质特征为依据来有序化信息的方法。语义信息组织需要遵循客观性原则、逻辑性原则和发展性原则。常见的语义信息组织方法有以下几种：

①元素结构组织法。元素是构成系统的基本单元，依据系统的功能来组织元素是自然科学和应用科学领域常用的信息组织方法，如建筑设计就是一种元素结构组织法。

②逻辑组织法。根据信息之间的逻辑关联组织信息是科学研究、文体写作和正常思维的基本功能。政策的制定、研究报告的撰写和文学作品中人物性格的发展等都属于逻辑组织法的应用范围。

③分类组织法。分类组织法也属于一种逻辑组织法，常见的分类组织法包括科学分类、文献分类、专利分类、商品分类和职能分类等，它能反映事物之间内在的、本质的联系和区别，能帮助人们系统地认识和了解信息。以文献分类为例：它通过对科学知识的层层划分，使每一种文献都能在其中找到唯一的位置，而读者则能从事物某方面的属性出发系统地了解某一学科的所有文献。

④主题组织法。主题组织法是从事物内含的主题（或问题）属性出发，以语词作为概念标志，并通过概念标志的字顺排列和参照方法等间接地揭示概念之间相互关系的一种信息组织法。它包括标题法、单元词法、叙词法和关键词法等几种类型。以事物为中心集约信息，可以帮助人们了解与某一事物相关的所有信息。

语义信息组织最重要的特征是能反映事物的本质属性和事物之间的联系与区别，它不仅具有对信息的有序化功能，还兼具引导人们认识信息的功能。可以说，语义信息组织是信息组织的核心，语法信息组织是其补充，语用信息组织是其延伸和发展。

（3）语用信息组织

它是以信息的效用特征为依据有序化信息的方法。语用信息的组织需要遵循目的性原则、实用性原则和个性化原则。常见的语用信息组织方法有以下几种：

①权值组织法。这是赋予不同信息以不同的权重值，然后通过复杂的计算，以权值大小组织信息的方法。决策方案的选择和教学质量的评估等都涉及权值组织法。

②概率组织法。这是根据事件发生的概率大小来有序化信息的方法。预测体育比赛的胜负和期货交易等都涉及概率组织法。

③特色组织法。这是根据用户某一方面的特殊需求组织信息的方法。根据用户的兴趣组织球迷信息、摄影信息和旅游信息等就属于特色组织法。

④重要性递减组织法。这是依据信息的重要程度来有序化信息的方法。它通常的做法是突出重要信息使其处于醒目位置，而将其他信息置于相对次要的位置。如大众传播的栏目设置就采用这种信息组织法。

语用信息组织的主要特征是能反映和满足用户的信息需求。它属于一种应用性信息组织方法，在实际工作中运用极为广泛和多样化。

3. 信息的综合组织方法

上述三种层次的信息组织方法基本上能涵盖所有的信息组织方法。但在实际操作过程中，人们很少简单地运用某一层次的信息组织方法，而通常是将不同层次的不同信息组织法综合起来加以运用。目录学就是研究信息综合组织方法的一种理论。目录学实践的产品包括各种目录、文摘、索引和题录等，它们也是检索的工具。

文献分类法是语法信息组织和语义信息组织的综合。作为文献分类法的具体表现形式，文献分类表通常由类目、号码、正表、附表、说明和索引等部分组成。其中，类目和正表展示了事物的本质属性及其相互关系，属于语义信息组织，号码（类号）、附表（复分表）和索引则属于语法信息组织。常用的附表和索引包括总论复分表、地区复分表、时代复分表和类目字顺索引等，它们具有简化类表和易检易用的功能。主题组织法属于另一种语义信息组织和语法信息组织的综合。以我国的《汉语主题词表》为例，它是由主表（字顺表）、附表、词族索引、范畴索引和英汉对照索引组成的。主表本身是以语法信息组织为主、以语义信息组织为辅的一种综合信息组织体例。词族索引和范畴索引分别展示主题词之间的等级关系和学科关系，属于语义信息组织。附表和英汉对照索引主要属于语法信息组织。文献分类法从学科角度集约信息，便于人们进行族性检索；主题组织法从事物角度集约信息，便于人们进行特性检索。它们各有优缺点。为了发扬各种方法各自的优点，弥补其不足，人们经过多年研究，推出了分类主题合一的《分类主题词表》，这是更为复杂的综合信息组织方法。

　　档案分类法则是语用信息组织、语义信息组织和语法信息组织的综合。以《中国档案分类法》为例，它是"以国家机构、社会组织从事社会实践活动的职能分工为基础，结合档案内容记述和反映的事物属性，设置类目加以编制的"。档案分类是以档案所反映的国家机构、社会组织和个人的活动过程为主要依据，突出职能分工和"全宗理论"，具有鲜明的语用信息组织的特色。当然，《中国档案分类法》也不是完全的语用信息组织，其主表本身兼具主题组织的性质，其附表和标记符号还涉及语法信息组织。档案分类以全宗理论为指导，能保证同源档案的完整性，但不利于从学科的角度系统检索档案信息。目前，已有一些国外学者提出建立图书、情报、档案合一的文献信息分类体系，其目的是促进文献信息分类和检索的标准化，提高各类文献信息的利用率。

　　大众传播活动中的杂志编辑工作也是一种综合信息组织方法。它们的主要任务就是要围绕杂志的主要读者集约信息，并尽量使这些信息有主有次，平衡中有变化，连续中出新意，在动态发展中形成一个逻辑整体。总之，将若干篇论文编成一期杂志是一种结构性的信息组织。它以语用信息组织为主，但又涉及语义信息组织（逻辑性）和语法信息组织（比例平衡）。其他的如报纸栏目的组织、电视栏目的组织等虽与杂志编辑有所不同，但基本原理是相似的，都属于以语用信息组织为主的综合信息组织。

　　信息组织是一个多层次的方法体系。当我们进行理论研究时，可将它分解为简单的、原子式的、分层次的信息组织方法，以利于迅速掌握其规律性和应用技巧；当我们进行实践操作时，则需将不同层次、不同类型的信息组织方法组合起来，以放大它们的优点，克服它们各自的不足。这是信息组织研究的方法论，也是掌握和活用各种信息组织方法的秘诀。

　　4. 信道组织和信息存储

　　信道是通信理论中的一个概念。在通信理论中，信息组织也就是编码，编码本身有信源编码和信道编码之分。信源编码的着眼点是信息本身，它通过压缩信源或减少信源的冗余度（如除去文章中的虚词和连词等）以达到尽可能不失真（允许存在一定的失真度）、高效率地传输信息的目的。信道编码则是联系信道特性对信源符号进行变换。由于信道容量有限且存在信道干扰，要实现高效率、不失真地传输信息，就必须在压缩信源的同时保留适当的信源冗余度。联系信息组织方法分析信道编码，它一方面要保证信息逻辑意义（语义信息）的完整性，另一方面必须压缩无意义或意义不大的信息（通常是语法信息），同时还要兼顾信道容量（语用信息组织）。也就是说，信道编码属于一种综合信息组织。

信息存储是广义信息组织的组成部分，是有组织的信息的一种表现形式，是一种异时信息利用行为。就其主体而言，它是一种语用信息组织过程，必须考虑两方面的问题：一是存储介质的空间容量问题。无论人的大脑还是纸张、磁盘、图书馆建筑或计算机网络，其容量都是有限的，而信息存储的根本问题就是如何通过有效的信息组织高效率地利用有限的存储空间。二是存储信息的利用问题。信息存储的最终目的是为人们的异时利用提供方便，如仅考虑空间的集约，就可能妨碍人们对存储信息的利用。例如图书馆全部实行密集式藏书排架就会大大降低藏书的利用率，书报杂志的小号字密集式排版也会使一部分人根本无法利用上面的信息。因此，信息存储的关键就是设法在节约存储空间和提高信息利用率之间寻找平衡点。信息存储首先是一种语用信息组织，在此前提下，它也涉及语义信息组织（如分类组织）和语法信息组织（如顺序组织）；从信息资源管理的角度而言，它更多的是一种宏观信息组织。

在大众传播领域，一本书、一份杂志、一张报纸、一个电视栏目或广播频道都可视为一种信道，它们的共同特点在于信息传播过程和存储过程的统一。大众传播的信道组织更多的是编辑组织，具体的文字写作相当于信源组织。编辑组织一方面要面向主要用户或用户的主要信息需求集约信息，要充分利用有限的信道容量传递和存储更多的信息量；另一方面，它必须针对信道特性对信源组织作适当的变换，具体包括审稿和编稿、文稿内容的局部调整、文字的修改与加工、审定文稿的有机组织、版式与封面设计、校对等工作。也就是说，大众传播的信道组织本身包含信息的加工过程，这是一种优化过程。

图书馆、档案馆和信息资源中心等在宏观信息产业分工中的主要职能就是信息存储，它们相当于建立在信息源和信息用户之间的一种类似"水库"的装置，其信息输出（信息服务）的形式、种类和特色都与信息存储有关。相对于大众传播的信道组织而言，图书馆等领域的信道组织是一种更为宏观的信息组织，它们一方面要结合用户的主要信息需求选择和建立信息资源体系，另一方面还要根据信息资源利用率决定信息组织方法。图书馆的"三线制藏书模式"就是一种信道组织方法，它依据藏书利用率的高低来决定藏书排架和服务方式：利用率高、针对性强的新书新刊为一线藏书，采用分科开架借阅服务方式；利用率较高、参考性强的书刊为二线藏书，采用半开架或闭架借阅方式，空间利用较为集约；利用率低、陈旧过时的书刊为三线藏书，采用密集式排架，空间利用极为集约。在三线制藏书的范围内，具体的藏书排架又涉及语义信息组织（如分类排架法和主题排架法）的语法信息组织（如字顺排架法、登录号排架法、固定排架法、种次号排架法、年代排架法和书型排架法等），但此处的信息组织都已融入了信道的因素。也就是说，藏书范畴内的分类排架不同于采编范畴内的文献分类，它固然要顾及文献学科性质，但同时也要考虑信道空间和信息存取效率等因素。

数据库是采用磁性存储介质的一种新型存储空间和存储方式。它是按一定方式组织的待管理数据的集合。数据库中数据的存储结构大体为三级模式结构：外模式是数据库局部逻辑结构的描述，是概念模式的子级，也是最接近用户的模式结构；概念模式是对数据库全局逻辑结构的描述，介于外模式与内模式之间，主要考虑数据的逻辑意义和数据之间的逻辑关系；内模式是数据库数据的存储方式和物理结构的描述，包括顺序存储、树枝结构存储和索引顺序存储等结构模式，它更接近于通信中的信道编码。进一步分析，上述数据库的外模式、概念模式和内模式相当于语用信息组织、语义信息组织和语法信息组织，而作为整体的三级模式结构则是面向用户、采用现代技术和充分利用磁性存储空间的一种信道组织。

信息存储本身是一种信息组织过程，是面向未来的信息组织，但它不同于单纯的信息组织，而是更多地顾及信道容量的有效利用和存储信息的存取效率等因素，相当于一般意义上的信息组织在信息传递过程中的延伸；借用信道的概念，可称之为信道组织。从检索的角度考虑，信息存储的过程也是集约信息源的形成过程，是可检索的信息的积累过程。

讨论题：信息源和信息组织的关系是什么？

第三节　信息的运动和传输效率

一、信息的运动

信息从信源产生以后总是要流动的，而信息只有在流动中才能产生作用，也才能称之为信息，所以不存在静止状态的信息。正如信息的定义所描述的那样，信息是物质（系统）运动的本质表征。信息一旦在某种物质基础上产生，就开始了它在时间上和空间上的运动。信息在时间上的运动表现在存储的过程之中。例如化石存储了其所在年代的环境信息，生物个体存储了其母体的遗传信息，图书馆、档案馆、博物馆保存了自然界和人类社会发展的信息，商场中的物流携带了商品流通过程中的各种信息，等等。信息在空间上的运动表现在传递过程之中。例如陨石的运动给人类带来了宇宙空间的环境信息，不同国家的领导人互访给双方带去了各自国家的发展信息，计算机网络给人们带来了不同地区、不同领域的各种各样的信息，等等。实际上，信息在时间上和空间上的运动和传递是相互包含的，它们是信息存在形式的统一，二者是不可能截然分开的。

信息运动与物质运动、能量运动的有机结合，它构成了宇宙时空中的各种各样运动形式。信息运动和物质运动一起体现了宇宙的进化，它们是这一进化过程中平行的两个方面。物质运动是信息载体的运动，信息运动则呈现出了物质运动的历史、性质以及物质世界未来的发展趋势；而能量运动则决定了这两种运动的规模和强度。信息运动是物质运动的质，能量运动是物质运动的量。信息运动在物质运动中起着主导的作用，规定着物质的结构、运动的方向、运动的状态和运动的有序性；能量运动在物质运动中规定了物质结构的规模、运动的规模和运动的强度。物质是载体，能量是动力，信息是内涵，信息运动离不开物质和能量的参与；三者的有机结合，构成了宇宙时空中的各种各样的运动。

二、信息运动的基本类型

从宇宙发展史的角度，我们可以对信息的运动形式进行分类。信息运动主要包括以下三类：

1. 自然信息运动

在自然界存在着信息和信息的运动过程。自然的信息是自然界事物属性及事物之间内在联系的表征。在生物和人类社会出现以前，自然界就已经存在了。自然界的各个无机物体都携带着盲目的、原始的、融合式的信息，而无机物之间也进行着无目的、无意识的相互作用。这些相互作用是交错进行、无限延续的。在这些盲目的相互作用中，每一方都以一种与其运动形式相适应的方式在对立物体一方留下自己的印迹。这种印迹实际上就是作用物体对被作用物体留下的信息。例如，陨落的流星对地球的撞击就在地球表面上留下了自己的印迹，这些印迹再现了陨星的特性，而这些特性包含了陨星的信息。

自然界中的无机物不仅在外部相互作用的过程中传播和存储着彼此的信息，其内部也在进行着相互的作用。在地球上出现生命以前，或者在没有人或生物参与的情况下，无机物本身就包含了其固有的信息，无机物内部结构、顺序、联系的方式等特征本身也是信息的一种。自然信息的特征决定了自然信息中的特殊性，这些特殊性主要表现在：

（1）自然信息作为无机物直接相互作用的产物，它本身就存储于无机物相互作用而发生的变化之中。这些变化既是相互作用物体的信息反映，又是物体自身变化信息的反映。如地壳的板块运动产生的信息就是如此。

（2）自然信息的过程是随机和盲目的。之所以这样认为，是因为无机物的存在是无生命、无意识和无目的的，它是一种自发的、随机的信息运动过程。从宇宙的物换星移到地球的沧海桑田，从宏观的力学运动到微观的分子、原子、粒子运动都是这样。无机物的相互作用是丰富多彩、多种多样的，因此自然信息也是无穷无尽的，没有统一的编码。

（3）自然信息运动的过程是不完整的、残缺不全的，它只有信息的产生和存储，而不可能有对信息的加工和利用。也就是说自然信息的运动过程是一种自生自灭的状态。比如陨星落在地球上，地球是无知无觉的，陨星也是无知无觉的，不论哪一方都不会根据对方传来的信息加以规避，一切听其自然。

2. 生物信息运动

在生物界，生物对信息进行了加工和利用，虽然这种加工和利用是浅层次的，还处于模糊的感知和辨识阶段，还不能对信息进行思维抽象和完善的利用和反馈，但它毕竟比自然信息运动高了一个层次。生物信息运动代表了生物机体内和生物机体间所传递的信息。它是一种有一定意识的信息，是信号形态的信息，是世界生物体逐步进化的表征。生命的特征之一就在于生物体能够自我复制和自我更新，而这必须以准确的辨识能力和信息反馈能力为基础。当外界事物刺激生物体时，生物体会提前作出反应；在作出判断之后，生物体内部会产生指令性信息并使之传递给有关的部位，从而进行规避行为。这种行为与无机体之间无知无觉的直接相互作用有着本质的区别。生物信息运动过程与自然信息运动过程已经有了专门化的形态，具有了统一的载体和统一的编码，如DNA遗传信息编码。

3. 社会信息运动

社会信息运动是信息运动的最高形式，也是世界上最高级的、最复杂的信息运动过程。人类在漫长的社会历史进程中，不但学会了驾驭信息、利用信息，还创造了特有的符号以传递信息，克服了生物信息从形式到内容都限于生物体内的局限性。由于有了符号信息，就把人和生物严格地区分开来了。生物既不能与客观世界分离开来，又不能产生自我意识。人依靠符号信息不仅能从时空上把握客观世界，而且能以认识主体的姿态来认识自我，具有了自我意识。正是有了符号信息这一有力的工具，人类不仅能够适应世界、认识世界，还能够创造世界。在社会信息运动的过程中人类不断地加工信息、利用信息，还产生出了更多的有用信息。人类对信息的利用是有目的、有选择而灵活的，不像生物信息运动那样，虽然灵活却没有选择。

以上三种信息运动虽然有不同的层次，但绝不可以将其割裂开来使它们互不相关。事实上它们是紧密联系在一起的有机整体，它们共同构成了宇宙物质的高度统一。

三、信息的传输效率

我们已经知道，不传输的信息是没有用的信息，所以信息存在的意义首先在于它的传输。在信息的传输活动中，首先要确定信源，因为信源是原始信息的产生地，是信息能够存在的先决条件。确定了信源，就要确定信息的传输者。信息的传输者是信息传输的主体（信道），我们研究信息的传输和利用过程，实际上就是研究信息的传输者对信息的收集或检索的过程，是研究信息传输者对信息的传输技术的选择过程，同时也是研究信息的使用者对信息的使用过程和信息的使用产生效益的过程。

信息的传输就是为了产生信息利用的效益，而信息又存在时效性的问题，因此，为了使信息不失效，为了提高信息利用的效益，我们必须选择信息传输的工具，来提高信息的传输效率。根据人类社会生产力发展的不同阶段，人们在使用信息的传输工具上进行了多次的革命。人类最早使用的信息传输工具是人体自身和语言，这只能在较小的范围里传播。而自从有了文字，信息传播的范围就逐渐扩大，并且信息开始了真正意义上的传输和储存。特别是19世纪电力的发现，电报、电话的产生，实现了信息的远距离传输。到了20世纪，随着现代工业革命和技术革命的进程，广播、电视、通信卫星，特别是计算机技术和互联网络的诞生，信息的传播工具发生了革命性的变化，信息的传输速度已经达到了光的速度，剩下的就是信息的使用效率了。

信息的使用效率取决于信息的使用者（信宿）对信息的理解和重视，这又涉及到信息使用者的综合素质。在现代经济一体化的市场竞争机制中，及时地收集、传输和使用信息，已经成为获得市场竞争优势的先决条件。由此可见，信息的传输效率实际上取决于信源、信道和信宿的综合体。

讨论题：如何理解信息的运动？生命运动和信息运动的内在关系是什么？

第四节 信息资源

一、信息资源的概念

信息资源就是将信息作为人类经济社会发展的一种重要的、可利用的资源。在信息化社会中，信息资源与材料资源、能源资源并列为现代社会的三大资源。

信息的资源化是随着信息在社会与经济发展中的重要性的与日递增才逐渐被认识的。特别是近几十年，现代社会经济活动的信息化发展为信息的生成、传递、存贮和积累提供了用武之地，而广播电视、卫星通信、电子计算机、网络等一系列现代信息技术和信息手段的发展又为信息的广泛应用提供了前所未有的技术基础和条件。正是在这种科学技术的条件下，各种形态的信息以突飞猛进的速度增长并迅速地积累起来，很快就达到了一个非常庞大的基数。据统计，20世纪40年代以来所产生和累积的信息量超过了人类有史以来所有信息量之和。因此，从20世纪60年代开始，人们在生产实践中逐渐认识到资源不仅有各种物质形态，也包括知识、经验、技术等非物质的信息形态。前者包括物质资源和能源资源，后者可称为第三资源即信息资源。信息资源是一种无形的资源或无形的社会财富，是"后工业社会"十分重要的改造资源。今天，信息资源是同物质资源、能源资源一起并称现代社会经济与技术发展的三大支柱性资源，并日益成为最重要的支柱性资源。如果说物质是为人类提供材料，能源是为人类提供动力，那么信息为人类提供的就是知识和智慧。有人把这三者比作一个人的体质（材料）、体力（能源）和智力（信息）；只有体质、体力和智力都发展的人，才是一个真正健康的人。对于一切人造的设备系统来说，物质使系统具有形体，能量使系统具有活力，而信息则使系统具有灵魂、具有智慧。显然，只有这三者的有机结合，才能使这些人造系统真正发挥其作用，从而使人类自身有可能从自然力的约束下逐步解放出来。

信息资源广泛地存在于自然界和人类社会中，同时，它还普遍地存在于人类提供的非物质形态的社会财富中，这一点是物质和能量资源无法比拟的。对信息资源的开发利用已成为社会经济发展的首要推动力量，是决定生产力、竞争力和经济成就的关键。

那么，究竟什么才是信息资源呢？从人们对信息资源的认识可以看出，信息资源是一个宽泛的概念，它包含着许多内容。对于信息资源有两种理解：一种是狭义的理解，认为信息资源是指人类社会经济活动中经过加工处理后形成的、有序化的并大量积累起来的有用信息的集合。如科学技术信息、政策法规信息、社会发展信息、市场信息、金融信息等，都是信息资源（有用信息）集合中的重要构成要素。另一种是广义的理解，认为信息资源是人类社会经济活动中积累起来的所有信息与信息的生产者、信息技术等信息活动要素的集合。

我们知道信息是大量的、普遍存在的。但是，并不是所有的信息都是信息资源，只有满足一定的条件，经过人类的开发与组织的信息才能成为信息资源。概括地讲，信息资源就是人类在信息活动过程中对信息进行开发、组织、加工、处理以后所形成的各种不同信息要素的总称。由以上的描述可知，信息资源有以下几方面的含义：

信息资源是信息的一部分，是与人类需求相关的信息；

信息资源是可利用的信息；

信息资源是人类为了某种目的参与活动后形成的信息；

信息资源是各种信息技术综合利用产生的信息。

信息资源是可利用的信息，它具有除"无限性"之外信息所具有的所有特征。但相对于其他的非资源型信息，信息资源具有四个明显的特征：

1. 智能性

信息资源是人类经开发和组织得来的信息，是人类的脑力劳动或认知事物过程的产物。人类的智能决定着特定时期、特定场合或者特定个人对事物认识的质与量。信息资源的智能性要求人类必须将自身的素质提高，将智力开发放在素质培养的第一位。

2. 稀缺性

由于信息资源只是信息中的有限可利用部分，因此，较之人类对信息的需求，信息资源永远是稀缺的。这种稀缺性要求人类必须从全局利益出发，合理配置和共同享用信息资源，以此来促进人类社会的发展和经济发展。

3. 不均衡性

由于人们的认知能力、知识储备多寡和信息环境条件不同等多方面的原因，他们所掌握的信息资源也是多寡不一的。而且由于社会发展程度不同，对信息资源的开发程度不同，地球上不同地区的信息资源分布也是不相同的。这种不均衡性要求有关的信息政策、法律、规划等必须考虑导向性、公平性和有效利用性的问题。

4. 整体性

信息资源作为一种资源的整体集合，是对一个国家、一个地区、一个组织的政治、文化、经济、技术等各个方面的描述和整体反映。在这个资源集合中，每一种资源要素只能反映某一方面的内容，因此，如果将这些资源之间的联系割裂开来，就失去了整体利用的价值。因此，信息资源的整体性要求对所有的信息资源实行集中统一管理，这样有利于资源的共享，避免了资源的浪费，也避免了信息存储的重复。

二、信息资源的类型

信息资源从本质上讲是一种信息，但它是一种附加了人类劳动的信息。因此，如果按照人们对信息的认知与创造劳动的深度和开发程度来划分类型，信息资源主要包括潜在的信息资源和现实的信息资源两大类型。

潜在的信息资源是指个人在认知和创造事物的过程中储存在大脑中的信息资源。它虽然已经能为个人所利用，但是由于缺乏公用性，因此它可能会随着大脑的遗忘过程而消失，而且又无法为他人直接利用，是一种有限再生的信息资源。这种信息资源必须通过交流和表述，具有一定的公用性后，才能体现出价值。

现实的信息资源是指潜在的信息资源在经过个人表述和与他人进行交流之后，能够为他人所利用的信息资源。现实信息资源最主要的特征是它具有社会性、公益性和公用性，通过特定符号的表述和传递，可以在特定的社会条件下广泛地、连续反复地为社会公众所利用。因此，它是一种无限再生的信息资源。

现实信息资源以表述方式为依据可以划分为口语信息资源、体语信息资源、文献信息资源和实物资源。

口语信息资源是人类以口头语言表述出来而未被记录下来的信息资源。它们在特定的场合被"信宿"直接消费并且能够辗转相传而为更多的人所利用。谈话、聊天、授课、讲演、讨论、唱歌等活动都是以口语信息资源的交流和利用为核心的。

体语信息资源是人类以手势、表情、姿态等方式表述出来的信息资源。这类信息资源一方面可以作为口语信息资源的补充，另一方面也可以作为一种独立的资源为"信宿"所利用。

文献信息资源是以语言、文字、数据、图像、音频等方式记录在特定载体上的信息资源。它最主要的特征是不依附于人，只要这些载体不损坏或消失，文献信息资源就可以跨越时空无限反复地为人类所利用。

实物信息资源是人类通过创造性的劳动以实物形式表述出来的信息资源。这类信息资源的物质成分较多，有时难以区别于物质资源，而且它们的可传递性一般较差。常见的实物信息资源有产品样本、模型、碑刻、雕塑等。

文献信息资源以记录方式和载体材料为依据可划分为书写型、印刷型、缩微型、机读型和声像型五大类。书写型文献信息资源一般以纸张为载体，包括手稿、信件、日记、原始档案等，其记录方式为人工抄写。印刷型文献信息资源也主要以纸张为载体，其记录方式主要是各种印刷技术。它包括油印、铅印、胶印、木板印刷、复印、激光打印等形成的文献。缩微型文献信息资源以感光材料为载体，其记录方式主要是光学记录技术，主要类型有缩微胶卷、缩微平片、缩微卡片等。机读型文献信息资源以磁性材料为载体，其记录方式为磁录技术，主要类型有磁带、磁盘、光盘等。声像型文献信息资源以感光材料和磁性材料为载体，其记录方式为光录技术和磁录技术，主要类型有唱片、录音录像带、胶卷、胶片、幻灯片、磁盘、光盘等。

潜在信息资源是未来信息资源开发的重点对象，而现实信息资源尤其是文献信息资源则是信息资源管理的主要对象。

三、信息资源的分类

为了清楚地识别、恰当地选择和利用不同的信息资源，人们根据需要，还可按不同的标准对信息资源进行划分和归类。

1. 按信息资源历史顺序划分

按此划分方法，信息资源包括人类文化遗产（指人类已继承、已拥有的知识、历史文献等）信息资源，由最新产生的信息和知识所形成的信息资源（新信息和新知识所占的份额反映了信息资源的更新程度）。

2. 按信息内容和应用领域划分

按此划分方法，信息资源包括政治信息资源、军事信息资源、经济信息资源、文化信息资源、生活信息资源等。社会上各行各业和各学科领域常以特定的信息资源作为自己信息收集的目标。

上述这些内容的信息在信息资源中所占的比重反映了社会经济各方面的发展程度。

3. 按存贮信息的不同物质材料（载体）划分

按此划分方法，信息资源主要有：文献信息资源，它包括各种书刊文字资料及其复制品和音像资料；非文献信息资源，它包括口头信息资源、实物信息资源和机构信息资源等。

4. 根据信息资源的范围划分

按此划分方法，信息资源包括内部信息资源、外部信息资源、公开信息资源、秘密信息资源。

5. 从信息资源的产生和使用划分

通过这种划分方法信息资源可以分为几个级别：

第一级信息资源即原始信息资源。这是最直接的信息资源，它包括整个宇宙和自然界、人类社会、创造信息的人本身。

第二级信息资源即对处于自然状态的信息进行加工、控制，使其固化、量化、社会化，然后再进行传递的信息资源。如制定政策的机构、出版机构、音像公司等。它们产出的信息产品多以文献形式出现。目前，文献已被看作一种独立的、基本的信息资源。

第三级信息资源是电视台、广播电台、新闻发布会、记者招待会、邮局、书店、展览中心、商店以及互联网络等传播信息的机构和设施。这些机构、设施虽然本身不直接产生信息，但它们使信息交流具有可能性，也是人类经济社会活动中一种重要的信息资源。

第四级信息资源即存贮信息的信息库和资料库。图书馆、档案馆、情报所、博物馆等就属于这类信息资源。在这些信息库和资料库内积聚着大量经过人工加工的信息，可供人们按需索取、利用，其功能就像水库、血库和油库一样。由于信息以数字化方式存贮，因此也叫数据库。

6. 从信息资源的形态上划分

按此划分方法，信息资源可区分为静态信息资源和动态信息资源。一般的文献资源都是静态信息资源,而临时发布的和定时发布的信息(资源)为动态信息资源,如天气预报、新闻发布会等。

7. 从信息资源的用途上划分

按此划分方法,信息资源可区分为单一信息资源和综合信息资源。如关于某一类产品的生产方式的资料属于单一信息资源,而关于这类产品市场销售的资料属于综合信息资源。

8. 从信息资源与时间的关系上划分

按此法,信息资源可区分为连续性信息资源和离散性信息资源。连续性信息资源是指相互之间有密切(时间)相关关系的资源,如社会演变过程中的信息资源;离散性信息资源是指相互之间不相关的资源,如各种产品生产的信息资源。但从理论上讲,信息资源一般都是连续性的。

四、信息资源开发和利用

1. 信息资源的开发

在信息资源管理过程中,信息资源的开发主要表现为一种新的信息产品的生产活动。

信息资源开发有广义和狭义之分。一般地讲,"发掘信息来源,开拓信息渠道,建立信息库存,加速信息流动"属于狭义的信息资源开发;而广义地讲,任何一种创造或生产,能够改进和加速信息资源形成的活动,都是信息资源的开发。人们在认识信息资源开发的过程中一般采用的是狭义的概念。

对信息资源的开发,可分为潜在信息资源开发和显现信息资源开发两大部分。潜在信息资源开发是一个含义极为广泛的概念,教育部门和大众传播机构是开发潜在信息资源的两大主导部门。德尔斐法、访谈法、问卷法和测试法等则是开发潜在信息资源的主要应用手段。在一般的信息资源管理活动中,只有用户信息需求研究属于潜在信息资源的开发活动。显现信息资源开发则是信息资源管理机构的主要任务之一。它本身大致又可分为文献信息资源开发和网上信息资源开发两大部分。文献信息资源开发以生产各种形式、不同层次的新型文献信息产品为目标,以加工、研究、编纂等为主要手段,以存储的丰富信息资源为开发对象。网上信息资源开发则以形成各种信息产品(包括软件等)为目标,以先进的信息技术为手段,以网络中的信息资源为开发对象。

信息资源开发的最终目的是形成信息产品。信息产品有多种类型,可分为不同的层次。简单的线索型信息产品对应于统计信息层次的信息资源开发，复杂的知识型信息产品对应于语义层次的信息资源开发，实用的个别化的信息产品则对应于价值层次的信息资源开发。当然，三层次划分只是一种相对的分类。

信息资源开发是一种市场导向型的研究活动，它需深入信息市场了解用户的热点需求和重点用户的迫切需求，接受用户的委托，制定相应的研究课题，然后通过信息资源的收集、提炼、归纳、整理、比较、分析、综合、演绎、推理和调适，形成能反映和满足用户信息需求的信息产品，并将这些信息产品推向市场，以实现其社会价值和经济价值。信息资源开发的实质是一种研究活动，但又不同于一般的学术研究。其最终目的不是为了形成一种理论、一种学说或一项专利，而是为理论学说的形成、决策的制定、课题申报与论证、信息消费等活动服务的，因此它是一种前导性的研究活动。同时，信息资源开发是由市场机制驱动的，经济效益是其运行的核心动力，因此它也是一种实用性和经济性的研究活动。

信息资源开发也是一种高层次的信息服务，它既不是纯粹的学术研究活动，也不是纯粹的生产经营活动，而是这两者的结合，是信息资源储藏量的积累发展到一定的程度由信息资源管理机构所设计或引进的一种"发电机制"。其目的是将蕴藏在信息系统中的"势能"转化为"电能"，变输"水"为输"电"，虽然提供的服务内容和电能有所区别，但服务的性质是一样的。需要强调的是，狭义的信息资源开发是信息资源管理过程的一个环节，是立足于丰富的信息资源储量的一种信息再生产活动。与此后的信息咨询活动相比，信息资源开发是生产和形成信息产品的过程，而信息咨询服务则是以这些信息产品为依据提供事实、数据、线索和文本等信息的过程。

2. 信息资源的利用

信息资源的开发和利用是信息资源管理的一个重要方面，也是影响信息有效使用的一个重要因素。它所要解决的问题主要体现在两个方面：

（1）决策问题。决策是一个普遍的问题，生活中需要决策，生产中更需要决策。我们对信息资源进行管理，实际上就是要有效地利用信息资源为生活和生产服务，通过对信息资源有效的管理来进行科学的决策。诺贝尔经济学奖获得者西蒙（H. A. Simon）教授说过，"管理实际上就是决策"。对信息资源的管理就是一种决策。在信息资源的开发利用过程中，我们会遇到许多需要决策的问题，比如如何科学而合理地设计信息资源开发利用的内容，如何设计和组织有效的信息加工和处理流程，如何进行深层次的信息资源开发、挖掘和利用，如何推进信息资源的市场化和社会化等。这些决策问题归结起来，就是信息资源开发利用过程中的管理问题。要加速信息资源的开发利用，就必须积极而有效地运用科学的管理思想和管理方法来武装头脑。

（2）具体操作问题。实际上，真正科学的管理，尤其是信息资源的开发利用这种微观性质的管理，绝不是简单的拍板、作决定，很多事情还需要管理者亲手操作。在具体操作过程中，管理者通常会遇到许多决策过程中没有预料到的新情况、新问题，这就需要管理者有敏锐的判断力和丰富的具体操作经验作基础。与此同时，随着具体操作问题的解决，信息资源开发利用的管理者也可以将这些新情况、新问题，连同解决这些新情况、新问题的方法，一起反馈到下一轮的决策过程中去，并对下一轮的决策产生影响。

由此可见，在信息资源的开发利用过程中，管理者应当同时具备决策和具体操作两方面的素质。只有管理者素质高，信息资源的开发利用才能持续、快速、健康地进行。

讨论题：信息资源对现代社会发展的重要作用。

第五节 市场信息不对称概念

市场信息是一种十分有价值的经济资源。在市场经济社会中，每一个能获得更多市场信息的参与者都会比其他人获得更多的益处。这就告诉我们：在获得信息的过程中，可能会因为各种客观存在的因素而导致所获得的信息具有差异性。为什么会这样呢？因为决策者所面对的信息都是不完全的。也就是说，信息和其他资源一样，也是稀缺的。

一、不完全信息与信息不对称

我们知道，信息具有不完全性。比如在市场经济中，市场的有效运行靠的是价格这只"看不见的手"的调节，产品的生产者和消费者、生产要素的所有者和雇主都是基于价格来作出对自己有利的决策的。然而，价格调节带来的这样一个和谐、有序的局面是有条件的，其中最重要的一个前提就是充分的信息——消费者和生产者都要拥有一切能够作出正确决策所需要的信息。例如，生产者需要的信息包括：生产技术方面的信息、投入要素价格方面的信息、产品的市场价格信息、消费者的需求信息等；消费者需要的信息包括：市场上所有产品的价格信息、产品质量信息、产品的性能及用途方面的信息。要素的所有者应该知道自己应得到的报酬，而生产要素的雇主应该知道要素所有者愿意付出的真实投入量及要素潜在的边际生产力等信息。然而完全信息只是一种理想化的假设，实际情况是：在市场条件下，信息是不完全的。比如，在产品市场上，生产者无法准确地预测出市场上各种产品需求和要素供给的变动情况，消费者也无法了解市场上所有待售商品的质量和价格情况。在劳动力市场上，职位的申请者并不知道所有空缺职位的信息，而雇主也无法完全了解每一位雇员的才能和潜力。由此可见，在现实的决策过程中，决策者所面对的信息都是不完全的。

信息的不完全性在实际生活中又往往表现为信息的不对称性。什么是不对称呢？雇主不了解雇员而雇员却了解自己。消费者不知道产品的成本，而生产者却知道。这就造成了信息的不对称。当市场的一方无法观察到另一方的行为或者无法获知另一方行动的信息时，就产生了信息的不对称。又如，投保人肯定比保险公司更了解自己的身体状况和发病的可能性，雇员们对自己的技术和能力的了解肯定远远超过他们的雇主，等等。所以，我们通常所说的不完全信息并不是指某个人获得信息量的多少，而是指这种信息分布的不对称性。所以，信息的不完全性也可以说就是信息分布的不对称性造成的。

二、信息不对称产生的理论原因

为什么会产生信息不对称呢？产生信息不对称的根本原因是因为获取信息需要成本。

如果一个消费者真想要买到价廉物美的商品，他就得花大量的时间在市场上搜寻和选择商品，以便获得选择商品的完全信息；一个决策者如果想要作出完全正确的决策，他就得花费大量的资金去寻求、咨询以及用更多的时间去研究这些寻求和咨询来的资料，以此来获得决策所需要的完全信息。要获得完全的信息，必然要付出更多的资金代价和时间代价，这些就是信息的成本。如果寻找信息的成本过于高昂，或者有些人不愿意为获取信息支付更多的成本来降低没有信息而付出的代价，那么愿意支付信息成本的一方就会比不愿意支付信息成本的一方更有信息优势，这就导致了信息不对称的局面。

三、信息不对称和道德风险

信息不对称的相关例子是道德风险问题。道德风险是指交易双方在交易协议签订后,其中一方利用多于另一方的信息,有目地损害另一方的利益而增加自己的利益的行为。

例如在保险市场上,当人们购买了全额保险之后,有些人的行为就会变得自私起来。如买了全额医疗保险的人可能会更多地去看医生,并让医生多开些不必要的贵重药品;买了家庭全额保险的人可能不愿意再安装防盗门;买了全额汽车保险的人,可能对车的丢失毫不在意;等等。这种道德风险就是在信息不对称的情况下产生的。因为保险公司和投保人在签约后,保险公司是无法观察到投保人的行为的。或者说,由于保险公司无法知道投保人行为的全部信息,投保人就能利用这种不对称信息使自己受益而损害保险公司的利益。比如,一家价值1万元的仓库的所有者和保险公司会面临这样一个问题:如果仓库所有者实施防火计划,发生火灾的概率是0.005;若没有这项计划,发生火灾的概率是0.01。如果保险公司按有防火计划的火灾损失来收取保险费,则仓库的火灾保险费期望值应该为 $0.005 \times 10\,000 = 500$ 元。问题是仓库所有者在购买了保险后就失去了实施防火计划的动力(因为有保险公司保险),因为如果发生火灾,有保险公司全额赔偿,再实施防火计划反而要增加开支。这样保险公司出售的500元的险单实际上会有500元的损失。因为没有防火计划出火灾的概率是0.01即 $0.01 \times 10\,000 = 1000$ 元,即保险公司少收500元。因此,保险公司不得不提高保险费,从500元上升到1000元,而此时仓库拥有者会考虑到高额的保险费而放弃投保。

再来看一个例子,在消费品市场上,参与者可分为三大类:生产者、零售商和消费者。

生产者显然十分熟悉自己产品的性能,知道其成本:由于他们只生产一种或几种产品,他们对这几种产品所具有的信息远比零售商和消费者充分。零售商对生产商来说是买方,但对消费者来讲是卖方。虽然零售商不像生产商那样经历了商品生产的全过程,对于商品的质量、性能和成本状态不如生产者知道得那么详尽,但零售商由于长期经营此类商品,并且进货渠道也是相对稳定,再加上长期的经商经验,他们对自己经营的零售商品各方面的信息有比较充分的了解,也形成了对消费者的信息优势。而由于零售商长期在市场中摸爬滚打,因此在商品的型号、种类、可操作性及市场销售情况等方面,零售商比生产者和消费者都拥有更多的信息。这样看来，处于最不利地位的是广大的消费者。因为他们需要购买的日常用品种类很多而对每一种商品只能有一个大致的了解，所以他们要把大量的时间、精力、分散在不同的消费品市场上。这就向我们提出了一个问题：购买者应该怎么办才会相对有利呢？

四、信息不对称下的逆向选择

在信息不对称的市场中，可能会产生逆向选择（Adverse Selection）。逆向选择是指市场的某一方如果能够利用多于另一方的信息使自己受益而使另一方受损，那么他就会倾向于和对方进行交易。商品市场交易的一个显著特征就是信息的不对称，由此总会产生逆向选择。卖方对所卖的商品情况了如指掌，而买方却很难了解产品的内在质量。在这种情况下，假冒伪劣商品就会堂而皇之地进入市场，甚至会凭借价格优势排挤优质产品而占据市场成为主角，使消费者的权益和合法生产者的利益受到损失。为了避免这种损失，最好的办法就是逆向选择。

比如在一个旧车市场上，旧车的卖方对车的质量要比买方知道得多，买方无法从直观上来判断旧车的质量。卖方可以将生锈的外壳喷上油漆或是隐瞒实际的行驶里程，而买方只能猜测旧车的实际价值，因此，一辆旧车的买主总是对旧车的质量充满怀疑。

设想有这样的一种情况：在一个旧车市场上有100个人想卖掉他们用过的车，在这100辆车中，50辆是高质量的，50辆是低质量的。如果高质量的车是10 000元，低质量的车是5000元，现在假设买方知道旧车市场上的高质量车和低质量车各占一半，那么买方最多愿意支付汽车的预期价格期望是$0.5 \times 10 000 + 0.5 \times 5000 = 7500$元。事实上，如果买方是一个有经验的人（即所谓风险规避者），那么他在旧车质量不确定的情况下愿意为一辆旧车支付的价格应该小于它的预期价值7500元。谁愿意在7500元以下出售旧车呢？肯定不是高质量车的拥有者，因为高质量的车要值10 000元。买方愿意为一辆"平均"（期望）质量的车支付的价格要低于高质量车车主愿意脱手的价格，于是只有低质量的车会被出售。但是，如果买方得知他只能买到一辆低质量的车，他根本就不会支付7500元，而只是5000元。所以在这样的一个旧车市场上，均衡价格就只能是5000元，于是高质量的车只有退出（否则亏损），这样旧车市场上成交的品种只能是低质量的车。在信息不对称市场上，高质量的车不能成交，这导致了高质量车退出市场。最后的结果是：需要高质量车的消费者买不到好车，而想脱手高质量车的车主又不能卖掉,他们的效用都受到了损害。这就说明在信息不对称的情况下导致的逆向选择使市场的有效性遭到了破坏。这主要是由于消费者(买车者)无法获得信息,区分高质量车和低质量车的差别。当然,这种情况是极端的,市场可能也有一些高质量车在出售时价格达到了均衡。但是,高质量车的比例会比消费者在购买前预期的低。由于信息的不对称,低质量车把高质量车逐出市场,破坏了一个正常的市场。虽然从总体上说,市场竞争的作用是存优汰劣,但在某些信息不对称的情形下,我们不得不遗憾地发现市场上存在着"劣品驱逐良品"的现象。也就是说,由于不对称信息的存在,低质量车的车主更易于与消费者达成交易。

五、有效地利用信息来减少生活中的不确定性

信息的不完全性与生活中的不确定性相关。有关信息经济学的模型使用了许多不确定性分析的概念,事实上,读者可以在有关不确定性分析的书籍中阅读到不少在不完全信息的情况下如何作出选择的内容。我们知道,不确定性使经济决策人只能预见自己的行为会有哪几种可能的结果以及这种结果的可能性。也就是说,不确定性带来了不完全信息,从而导致了决策者在决策时面临的各种风险。

但是,缺少信息则意味着决策者将面临更大的不确定性,而信息的价值就在于它能减少生活中的不确定性。也就是说,当不确定性存在的时候通常都可以通过获得有效信息来减少不确定性的可能性。例如,爱好逛商店的家庭主妇通常比工作繁忙的人更容易买到价廉物美的商品;股票大户比普通中小散户获得的相关上市公司的信息更多,因此他获利的机会更多;听过气象预报的人比没有听过的人更有把握预知明天的天气;等等。无疑,前者比后者拥有更多的信息,因此往往能够作出相对正确的决策。

信息减少生活中的不确定性实际就是改变决策者对事件发生的概率的估计。假设某人对两种状态的概率形成了主观判断,如他对明天天气情况的概率估计是均等分配,即晴天的概率 $P_1 = 0.5$,下雨的概率 $P_2 = 0.5$。这是他在没有获得信息情况下的估计。如果他从天气预报中得知明天肯定是雨天,他就会修正其概率估计而改变他原先的决定。如果他得到的信息不那么肯定,他就会稍稍修正他的概率,如将概率修正为 $P_1 = 0.4$、$P_2 = 0.6$。即使是微小的修正也是有价值的,因为这也会对他明天的决策产生影响。因此,信息的价值就在于它可以使个人修正自己对概率的估计,这些修正会有利于他作出正确的决策。

六、市场信号信息带来的有效性

在质量不确定的市场上,信息的不对称往往会造成逆向选择问题。前面所讨论的旧车市场上低质量车驱逐高质量车的现象只是这个问题的一个简单案例,逆向选择的问题还可以出现在很多其他商品市场甚至劳动市场中。解决这一问题的有效手段就是市场信号。

我们已经看到不对称信息能够导致旧车市场上的逆向选择,往往使旧车市场成为穷人、劣质品出售者、投机者和急于脱手的亏本出售者汇集的地方。但是绝大多数人都希望有一个按质论价的市场,在不对称信息比较严重的市场上,高质量车的车主也不会甘心被低质量车逐出市场。为了让潜在的购买者发现并相信自己出售的是高质量车,车主可以采取"信号显示"的方法。这一概念是由美国经济学家迈克尔·史宾斯(Michael Spence)首先提出的,这一理论被集中论述于他1974年的著作《市场信号显示》中。

信号是在市场外形成并在市场上使用、起传递信息作用的载体。在旧车市场上,高质量车的车主可以向购买者提供质量保证,如果买者买到的车质量有问题,可以在一定时间内退货或得到经济补偿。通过这种信号显示,买主可以知道有质量保证的是高质量车,无质量保证的是低质量车。那么,买主为什么要相信这样的信号呢?因为发送假信号的成本非常高,如果低质量车的车主也提供质量保证,而他的车又达不到这样的质量,他就会为此付出昂贵的代价,声誉也会受到严重的损害。提供质量保证的高质量车的车主由于车的质量可靠,发送信号对他来说是值得的,会提高他的声誉。质量保证解决了旧车市场的逆向选择问题,于是旧车市场就会产生两个均衡价格,即高质量车的价格和低质量车的价格。

在电视机、音响、照相机和冰箱这样的耐用品市场上,有许多厂商,品牌众多。当然,各个厂商生产的产品的质量不可能是完全相同的,某些品牌的产品更为可靠。如果消费者不知道哪些品牌更为可靠,较好的品牌就不可能以较高的价格出售。因此,生产质量较高、较可靠的产品的厂商愿意让消费者意识到这一点,通过提供质量保证书的方法来使消费者明白其出售的产品是可靠的。例如海尔集团于上世纪90年代在中国市场上率先推出了质量保证书,由此提高了海尔集团的商品信誉。

保证书有效地发出了"产品质量优良"的信号,因为提供一份内容广泛的保证书对低质量产品的生产者来说要比高质量产品的生产者成本更高。保证书里一般都保证产品在相当长一段时间内的修理服务由生产者来提供，有些产品甚至可以调换。出于自身利益的考虑，低质量产品的生产者不会提供内容广泛的保证书。因此，消费者就能把一项内容广泛的保证书看作是高质量的信号，并愿意为提供保证书的产品支付更高的价格。

逆向选择的问题在有伪劣品存在的市场中更为严重，更容易造成伪劣品驱逐优质品的后果。在提供市场信号后，伪劣品与优质品相比在成本上已不再具有任何优势。这类信号有包退、包换、包修等。一些有名的商品品牌本身就是一种信号，因为名牌是靠长期稳定过硬的质量建立起来的，在消费者心里名牌代表优质，为此他们愿意支付一定的溢价来取得质量的保证。名牌商品的质量并非总是好于非名牌商品，但消费者购买非名牌商品碰到劣质产品的风险更大一些，因此为规避风险，消费者愿意为名牌支付高价，其高于正常价格的部分相当于消费者从非名牌商品中搜寻优质产品的成本。而由于信息不对称，消费者的这种搜寻成本会很高。

伪劣产品充斥的市场也可以由具有信誉的商人或机构来重建秩序。中间商或经纪人利用自己的专长来鉴别优质产品和劣质产品，其信誉可以通过以合理的价格出售商品而建立起来。在消费者无法直接观察质量或对产品鉴定专业知识要求较高的市场如旧车市场、房屋市场上，经纪人的活动尤为活跃。只要他们能赢得消费者的信赖，由于信息不对称而失灵的市场就能够重新运转起来。经纪人得到的报酬为佣金或介绍费，卖主愿意支付佣金是因为它比优质产品在不对称信息市场上直接出售所遭受的价值损失要小，消费者愿意支付佣金是因为它比消费者直接在不对称信息市场上搜寻优质产品的成本要低。一个具有比较全面的信息的中间人的介入使市场运转的效率大大提高了。在某些情况下，这些中间人的角色是由某个机构来承担的，比如同业商会、政府机构或民间组织可以对某类产品进行等级评定，使之成为传送给消费者的信号。

然而，信号显示的有效性也可能受到威胁，因为虽然伪劣产品的生产者很难创造出这些信号，但模仿这些信号对他们来说成本并不高。于是，市场上会出现一些伪造的、假冒的名牌商品，这对真正名牌商品生产者的打击是双重的。一方面，消费者购买到假冒名牌的伪劣商品后，如果不知道这是冒牌货，会对这种品牌或型号的商品的质量产生怀疑，在今后的购买中就会尽量避开这种品牌或型号，这样就使优质产品的品牌或型号变成了一种"负信号"；另一方面，即使消费者知道真正的厂商是无辜的，但在鱼龙混杂、真伪难辨的市场上，消费者只愿支付这种产品的期望价值。例如，假定消费者愿意为真正的名牌商品支付100元，对仿制品只愿支付40元，而消费者认为目前该产品市场上冒牌货占了一半，那么他们愿意支付的价格不会超过：$0.5 \times 100 + 0.5 \times 40 = 70$（元）。在这样的价格下，真正优质产品的厂商不得不退出市场，消费者又一次面临逆向选择。

在仿制信号比较容易和普遍的市场上，名牌厂商的一种有效对策是传送"二次信号"，即证明自己的产品是真正名牌的信号。这种信号可以在产品上增加某种很难被仿制的技术，或者原生产者提供这些标志的成本要大大低于仿制者。但无论如何，增加防伪标志这个信号总会提高产品成本，而这部分成本又迟早会由消费者承担，这表现为名牌商品相对于非名牌商品的价格较高。

"二次信号"的另一种方法是名牌厂商与名牌商店的结合。销售商的名望对消费者来说也是一种信号，消费者相信有名望的商店是不会轻易让伪劣产品上柜台销售的。名牌产品的厂商会努力让自己的产品出现在名牌商店的柜台上，两种优质信号的结合能使消费者放心地购买。同时，名牌商店能将售价定在比一般商店高的水平，这也是消费者愿意为"二次信号"支付的溢价。

[案例] 中国崛起

据新华社报道，日前公布的《中国现代化报告2007》在对有关数据进行分析后提出，2004年，第二次现代化指数位居世界前10名的国家是瑞典、美国、丹麦、芬兰、日本、瑞士、澳大利亚、德国、比利时和英国。

一、中国处于第一次现代化

2004年，在参加评价的131个国家中，瑞典等24个国家被评为进入第二次现代化；中国等97个国家处于第一次现代化；缅甸、坦桑尼亚、中非等10个国家仍然处于传统农业社会，还没有进入现代化行列，有些少数民族仍然生活在原始社会。"2004年的世界是一个非常不平衡的世界。世界现代化的竞争是非常激烈的。"中国现代化战略课题组负责人何传启说。

从1960年到2004年，有20个国家在世界现代化的进程中的"地位"发生了变化。日本、芬兰、意大利、爱尔兰、韩国、约旦、沙特阿拉伯、博茨瓦纳和中国等9个国家地位上升，其中日本、芬兰、意大利、爱尔兰从"中等发达国家"变成了"发达国家"，韩国从"初等发达国家"变成了"发达国家"，中国从"欠发达国家"变成了"初等发达国家"。

二、重庆等11地排名上升

报告在对有关数据进行分析后预计：如果按照中国 1980—2004 年的发展速度估算，中国第一次现代化实现程度达到 100% 大约还需要 8 年。"也就是说，中国可能在 2015 年前后完成第一次现代化，达到 1960 年发达国家的水平。"何传启说。

2005 年，中国第一次现代化的实现程度达到 87%，比 2004 年提高了 1 个百分点。

在中国各地区第一次现代化的排名中，2005 年与 2004 年相比，重庆、内蒙古、宁夏、广东等 11 个地区的全国排名上升，湖北、湖南、山东、陕西等 9 个地区的全国排名下降。

2005 年，在中国 34 个省级地区中，香港、澳门和台湾已经完成了第一次现代化，北京等 7 个地区第一次现代化的实现程度超过 90%，福建等 14 个地区第一次现代化的实现程度已达到 80%～89%。

北京和上海有 9 个指标达到第一次现代化标准，天津和浙江有 8 个指标达标，江苏、辽宁和黑龙江有 7 个指标达标，广东、福建、山东、吉林和山西有 6 个指标达标。

名词解释：

第一次现代化——从农业时代向工业时代、农业经济向工业经济、农业社会向工业社会、农业文明向工业文明的转变过程及其深刻的变化。

第一次现代化的特点：工业化、城市化、福利化、民主化、世俗化等。

第二次现代化——从工业时代向知识时代、工业经济向知识经济、工业社会向知识社会、工业文明向知识文明的转变过程及其深刻的变化。

第二次现代化的特点：知识化、分散化、网络化、全球化、创新化、生态化等。

问题：

1. 本新闻稿告诉了我们什么样的信息？
2. 我们的邻国日本和韩国的第一次现代化进程对我国的现代化进程有什么启示？

讨论题： 为什么市场中存在信息不对称现象？能够有效地消除信息不对称吗？

复习思考题

一、复习题

1. 什么是信息资源？如何开发和利用信息资源？
2. 信息运动有哪些基本形式？
3. 如何认识旧货市场的逆向选择？
4. 信息在社会经济生活中的作用是什么？

二、思考题

1. 现代社会生活和经济生活为什么离不开信息？
2. 如果你将到一个商品批发市场上去购物，你将怎么去了解市场中的商品信息？

第二章
市场信息调查

现代商品市场是一个竞争极为激烈的市场。企业要在激烈的竞争市场中生存和发展，必须了解市场的发展规律。通俗地讲，要生存和发展，企业就必须了解市场的发展状态、供求关系、消费者需求、供给链等情况，而这些情况的获得和理解的最直接、最好的办法就是进行市场信息的调查与分析。企业只有在充分了解市场发展的状况下，才可能在市场中找到有利于企业发展的位置，才能制定出有效的市场营销策略，也才可能最终实现企业的目标——赢利。

第一节 市场信息调查概述

一、市场信息调查的含义

1. 市场信息调查的定义

市场信息调查就是针对一些市场现象，通过适当的手段和方法去获取市场相关的信息。

市场信息调查的对象是过去和现在已经存在的事实，是已经发生了的市场现象。调查的目的是为了了解过去和认识现状，掌握历史上的变化特点和发展规律，掌握现在市场的动态和它的变化趋势，为制定产品或服务的营销策略（或政策策略）提供可靠的分析基础。市场调查主要采用市场分析法，通过对市场现状的调查和了解，获得第一手信息资料，掌握市场事态的种种现象以及事物之间的联系，通过判断和推理由表及里，对市场进行动态和静态的分析，得出相应的结论。

2. 市场信息调查的目的

市场信息调查是随着市场经济的发展而发展的。由于科学技术的发展和人民生活水平的提高，商品市场的占领与销售竞争越来越激烈，市场信息的调查与分析已经成为现代企业生存和发展的重要条件。从字面上讲，调查就是了解情况，或者为了了解情况而进行的考察。类推之，市场调查就是为了了解商品市场情况、认识市场而进行的考察。市场调查是有目的的：通过系统地收集、记录、整理有关市场现象所表现出的信息，发现或挖掘出市场存在的问题，以此来分析和研究市场变化的动向和规律，及时寻找出市场变化的规律，为管理部门提供市场决策的依据。同时，在特定的场合，市场信息调查分析的结果也可以成为消费者选择的依据。

由以上的描述可知，市场信息调查包含有以下四个方面的含义：

(1) 市场信息调查的对象是市场现象。与市场现象无关的调查，不是市场调查。如人口普查、病情调查等就不是市场调查。

(2) 市场信息调查是一种有目的地、系统地收集、记录、整理有关市场信息，通过市场存在的现象发现市场问题的行为。在作市场调查之前，一定要确定调查的基本目的，即调查的结果是为什么事情服务的。

(3) 市场信息调查得到的信息是对市场现象的客观反映，而不是主观臆造。市场信息调查既然是对市场现象的调查，就不能蔑视客观的市场现象去做一些主观臆断的事情，如不顾消费者的需求和爱好生产一些概念性产品或提供一些不切合实际的服务。

(4) 市场信息调查的最终目的是为政府、企业的管理决策提供决策依据，为消费者提供消费选择的参考依据。

[案例] 　　　　　　　　　日本电视机打入中国市场

20世纪70年代末，中国政府放宽了对家用电器的进口，正处于产品扩张和对外发展的日本商界立马抓住了这一契机。当时，日本与中国刚刚恢复外交关系不久，日本的商品在中国有很大的潜在市场。通过市场调查，日本电视机厂商首先分析了中国市场需求特点，从市场营销角度将市场视为由人口、购买力及购买动机构成的整体。日本电视机厂商认为中国有10亿人口，人均收入虽然比较低，但中国人都有储蓄的习惯，已经形成了一定的购买力，而中国消费者对电视机有比较强烈的需求。由此它们得出结论：中国存在一个很有潜力的黑白电视机市场。日本电视机厂商在分析、把握中国电视机市场需求特点的基础上，制定了针对中国市场的市场营销策略。

产品策略：当时中国国内还没有分销进口电视机的渠道，因此日本电视机将由香港、澳门的国货公司代理，由它们的经销商推销。通过中国的港澳同胞携带电视机进入中国内地，日本厂商再用货柜直接运送到广州流花宾馆销售。

广告策略：在中国香港电视台发动电视机宣传攻势，在中国香港《大公报》、《文汇报》等报刊大量刊登电视机广告，同时在香港电视台系统介绍日本电视机的知识。

定价策略：考虑到当时中国内地市场尚无外国电视机的竞争，因此价格要比中国同类电视机略高。

日本电视机厂商在有针对性地采用市场营销策略的基础上，将它们的电视机源源不断地推向了中国市场。

二、市场信息调查三要素

市场信息的调查与分析，主要是要促进企业商品或服务的营销，实现企业的赢利目标。而按照现代的营销观念，企业的市场信息调查必须满足以下三个导向：

1. 消费者导向

这是指企业尽力去识别最有可能购买它们产品的个人或企业（即目标市场），同时生产或提供在激烈的市场竞争中能够最有效地满足目标顾客需要的产品或服务。

2. 目标导向

这是指企业的消费者导向的程度应该能够保证实现企业的目标，即企业的商品生产必须赢利。

3. 系统导向

这是指需要有一个能够协调市场运作的组织。即要实现真正的消费者导向，首先必须建立一个能够发现消费者需求并且能够识别市场机会的（信息）系统。

[案例] 　　　　　上海希尔顿饭店如何满足消费者需求

上海希尔顿饭店对过去10个月中至少进行过6次以上商务旅行的300名VIP顾客进行了调查。调查采用电话访问方式，其主要问题包括：旅行者在旅行期间主要用什么方式与他的家人或办公室人员进行联系；为了使旅行生活能有在家的感觉，旅行者会怎样做或随身携带什么东西；旅行者对住宿有什么样的要求；旅行者对服务有什么样的要求；旅行者对全方位的服务价格有什么样的要求；

等等。

调查发现，58%的商务旅行者带有手提电脑，但这些电脑不一定是完全为了商务工作，其中某一部分人甚至回答纯粹是为了玩游戏消遣。更为有趣的是，7%的商务旅行者说他们出外旅行喜欢带玩具。

由于很多商务旅行者外出旅行时都带有手提电脑，可以上网，于是饭店在网上为商务旅行者提供了许多有关饭店服务的信息，其中包括饭店的地理位置地图，以及饭店进行的促销活动、价格变化服务等。

调查还表明，许多商务旅行者到达饭店后喜欢安静地休息。因此，希尔顿饭店取消了大堂中可能会打扰顾客的音乐和电视声音。一些调查结果证实商务旅行者不仅仅需要前台服务人员微笑的面孔，他们还希望能提前吃到早餐、快速办理登记和结账手续。

通过对顾客的需求信息调查，希尔顿饭店了解了商务旅行者的需求，并且开设了能使顾客成为回头客的各项服务。

三、外部环境影响调查

随着时间的推移以及消费者和企业所处的生存、工作、竞争和制定购买决策的环境变化，企业必须对市场组合进行调整。这往往意味着一些新的消费者和企业将成为目标市场的一部分，而另一些将退出市场。而那些仍旧属于目标市场的顾客也可能会有与以往不同的爱好、需求、收入、生活方式和购买习惯。

虽然管理者能够控制市场营销组合，但他们却无法控制那些不断影响和重新塑造目标市场的外部环境。市场信息调查是了解外部环境的关键手段。了解外部环境不仅有助于企业改变目前的市场营销组合，还有助于识别新的市场机会。

[案例]　　　　　　　　　　**联想的关系营销策略**

与顾客的关系：为了提高顾客的满意度，联想推出了"五心"服务承诺，即"买得放心、用得开心、咨询后舒心、服务到家省心、联想与用户心连心"。这一活动的推出，大大拉近了公司与顾客的距离。其具体措施为：

满足顾客在各个消费阶段的需求。在购前阶段，联想不仅采用广告、促销推广和公共关系等传统的营销手段推销产品，还通过新产品发布会、展示会、巡展等形式来介绍公司的产品，并提供产品咨询服务。在顾客购买阶段，联想不仅提供各种优质过程服务（包括接受订单、确认订单、处理凭证、提供信息、安排送货、组装配件等），还帮助培训零售商店的营业人员，使他们掌握必要的产品知识。这样他们就能更好地为顾客提供售中服务。另外，联想还推出家用电脑送货上门服务，包括帮助用户安装、调试，提供必要的电脑培训。在售后阶段，联想设立投诉信箱，认真处理消费者的投诉，虚心征求消费者的意见，并采取一系列补救措施，努力消除消费者的不满情绪。另外，联想还加强了咨询、用户协会及"1+1"俱乐部刊物等工作，经常性地举办各种活动，如"电脑乐园"、"温馨周末"等，为消费者传授计算机操作知识，提供信息服务，解答疑难。通过这样一系列的活动，联想赢得和保持了一批忠诚的用户，并通过这些用户的口碑宣传，巩固了企业的良好形象，达到了广告宣传不能达到的效果，还减少了企业的广告费用。

建立健全的服务网络，提供就近服务。联想在其"龙腾计划"中提出了全面服务的策略，在全国104个城市设有140多家联想电脑服务站，保证遍布全国各地的联想电脑用户都能够接受到联想公司完善、周到、快捷的服务。为提高服务人员的服务质量，联想制定了持证上岗服务制度，公司的维修人员上岗都必须经过考试，拿到上岗证方可上岗，这对提高维修人员技术水平起到了很好的保证作用。

联想与代理商的伙伴关系：1993年以前，联想的销售模式为直销。1994年，联想开始建立安全的代理体制。由于联想产品的信誉和过硬的质量，联想的代理队伍日益强大；到1996年，其代理商和经销商就达500多家。在个人电脑市场上，由于竞争激烈，商家的利润越来越薄，经销商们很容易唯利是图，因此"跳槽"现象时有发生。然而，联想的销售队伍不但非常稳定，还有越来越多的经销商加入了联想的代理队伍。那么，联想是靠什么来发展与代理商的合作关系呢？第一，信誉保证。联想向代理伙伴承诺了许多优惠条件：向代理商提供质量可靠、技术领先、品种齐全的产品；建立合理的价格体系和强有力的市场监督机制；通过强大的市场宣传攻势来营造更好的电脑销售氛围；向代理商提供良好的售后服务保障等。联想用实实在在的行动实现自己的承诺，取得了良好的口碑。第二，保障代理商的利益。许多电脑商迫于竞争的压力，不得不逐渐压缩流通环节的利润；而联想却在考虑如何保障代理商的利益——通过加强内部管理和运筹能力来降低成本，向市场提供极具竞争力的价格。同时，联想通过对市场进行强有力的控制和监督，防止代理商违规操作，进行恶性削价竞争。只要代理商坚决执行联想制定的价格，就可以获得较好的利润。第三，与代理商共同发展。联想将代理商纳入联想的销售、服务体系，也纳入分配、培训体系，与代理商荣辱与共、一同成长。

联想与合作伙伴的结盟关系：联想在研究开发上采用"内联外合"策略。"内联"是指联想加强与国内厂商的联合，真正做到资源共享、优势互补。如联想与全国最大的财务管理软件厂商用友公司实行战略性合作，以应用为本，软硬一体，共同发展销售。"外合"是指进一步加强与国际著名厂商的合作，包括技术、产品还有销售的合作。如联想与英特尔（Intel）、微软（Microsoft）的战略合作伙伴关系，有力地加强了联想电脑在技术上的领先地位。同时，联想也努力和国际厂商更深层次地合作，如联合开发、联合定义未来的产品等。1998年初，联想与液晶显示器的领先厂商日立公司合作开发出了有别于传统台式电脑的新一代电脑——联想"问天"系列。

在与盟友的合作中，联想在贸易、资金积累和技术应用方面取得了非常显著的业绩。更为重要的是，联想从这些国际高科技企业学到了成熟的管理经验以及市场推广和经营的理念，建立了一套严谨、科学、务实的生产运作体系。

问题：
1. 联想是如何利用外部环境的变化因素的？
2. 在市场开发过程中，联想是如何满足顾客的需求的？

讨论题：为什么企业在生产或销售之前必须进行市场信息调查？试用案例说明。

第二节　市场信息调查在决策中的作用

一、市场信息调查的定义

市场信息调查在营销决策关系中扮演了两种重要的角色。首先，它是市场情报反馈过程的一部分，它向决策者提供了关于当前市场营销组合的有效信息和进行必要变革的线索；其次，它是探索新的市场机会的基本工具，市场细分调查和产品调查都有助于营销经理识别最有利可图的市场机会。由此，我们可以给出市场信息调查的定义如下：

市场信息调查是一种将消费者、公众与营销者连接起来的手段和途径。它可以识别和确定市场营销的机会及问题，监督营销绩效，加深人们对营销过程的理解。因此，市场信息调查必须收集解决以上各问题所需的信息，设计收集的方法，管理并实施信息收集的过程，最后在分析结果的基础上实现与营销决策的沟通。

简单地讲，市场信息调查就是对市场营销决策所需要的相关信息数据进行计划、收集和分析，并把分析结果向管理者沟通的过程。

二、市场信息调查对企业市场营销管理的重要性

市场信息调查对企业管理具有以下的重要作用：

1. 有利于留住企业现有的顾客

一般来讲，消费者选择某一种商品或服务，与这个商品或服务提供的价值有关。顾客如果对某企业的产品或服务感到满意，就必然长期消费这个企业的产品或服务，顾客对商品或服务的满意度和对该产品的消费忠诚之间存在一种必然的联系。长期的忠诚关系不是自然产生的，它根植于企业的服务与传递出的价值观。我们知道，留住顾客可以给企业带来丰厚的回报，重复购买和顾客推荐可以提高企业收入，扩大市场份额。留住了现有的顾客，企业就可以不必再费更多的人力、财力和时间去争夺新顾客，因而降低了成本。不断提高顾客保留率也给企业员工（特别是服务业）带来了满足感和成就感，还可以带来更高的员工稳定性。相对地讲，员工在企业工作时间越长，他所积累的相关知识越多，又可以提高产出效率。

留住顾客的能力建立在企业详细了解顾客需求的基础上，而这种了解主要来自于市场调查和研究，以及由此制定出令顾客满意的方案。

[案例]　　　　　　　　英国航空公司改变头等舱的服务

英国航空公司通过长期对乘客的调查发现，在它横跨大西洋航线的头等舱的服务中，大多数头等舱的顾客希望能在登机后安安稳稳地睡一觉。由此，航空公司改变了它的头等舱服务内容。该公司规定，乘坐头等舱的顾客可以在飞机起飞之前就到舱内休息和就餐。一旦登机，顾客就可以穿上公司提供的舒适睡衣，盖上毯子，享受一次不受打扰的梦中之旅。在到达目的地后，头等舱旅客可以在机场享受免费早餐，进行梳洗，在离开机场之前穿上熨烫平整好了的外套。这种变化使英国航空公司赢得了大多数商务旅行者的青睐。只要有可能，老顾客都不会选择其他航空公司，而且新顾客也因此不断加入，这使英国航空旅客的人数直线

上升。

英国航空公司这一方案的制定，充分显示了通过市场调查，改变和提高服务质量对公司带来的效益。

2. 有助于管理者了解市场状况，及时抓住市场机会

市场信息调查实践活动历史悠久，马可·波罗的日记就记载了他在中国旅行时从事过的市场调查。今天，一位市场营销管理工作者可能会考虑在推出一款新产品时同时提供一种优惠券。优惠券可以和电视广告一起引导人们尝试这款新的产品。这就产生了一个新的问题：谁应享受这种优惠呢？如果厂家能够直接把优惠券寄给那些最有可能消费它们产品的家庭，这样效果当然最好。问题是：厂商或销售商怎么知道谁最可能消费这些产品呢？于是，市场营销者必须进行市场信息调查，看谁是最有可能购买这种新产品的人，以便向他们提供产品购买的优惠券，抓住产品的市场机会。

三、应用性市场调查与基础性市场调查

实际上，为了更好地了解市场、搞清楚战略计划失败的原因，或者减少决策中的不确定性而进行的市场信息调查为应用性市场调查。例如：洋快餐正在中国的土地上蔓延，但洋快餐的价格相对比较高，影响了消费群体的扩大。那么，洋快餐食品的价格是否应该降低一点呢？德国大众公司的汽车在中国汽车市场上已经获得了30%的市场占有率，如果还想扩大市场占有空间，那么它生产出的新型轿车应该选择什么样的名字才能吸引中国消费者的眼球呢？深圳卓那（ZONA）品牌策划设计公司作为一个广告公司，它更关心的肯定是：哪一类型的广告更容易让受众记住呢？

凡是不以某个具体的实际问题为目标的市场信息调查就是基础性市场调查，这样的调查纯粹是为了拓展新的知识领域。基础性信息调查的目的是为有的理论提供进一步的证明，或者为了对某一概念或现象有更多的了解。例如：一般认为，现在应届大学毕业生被企业直接招聘的比例正在下降。通过市场招聘信息的调查发现，在现在的人才市场上，直接招聘应届大学毕业生的比例只占全部招聘人数的30%。这就支持了"应届大学生被企业直接招聘的比例正在下降"的观点。

长期来看，基础性调查有助于更多地了解我们所生活的世界。大多数基础性调查都是在大学中进行的，其调查的结果一般被刊登在一些报纸期刊上；而企业

作的大多数调查都是应用性的，它们必须体现出对企业决策人员的应用价值。

利用因特网进行市场信息调查有极大的便利。一般认为，采用因特网通常要比电话、邮件或个人访谈调查更节约时间和成本。一般可以在较短的时间内得到大量的应答结果，并且它能够更容易地找到难以接触到的群体。例如，如果对大众娱乐选秀活动（如"超级女声"）进行网上调查，可以在短期内得到广泛的调查结果，而且参加的群体也有多样化的趋势。

讨论题：在网络上进行的应用性市场信息调查的结果可信吗？

第三节 决定是否开展市场信息调查

当面临几种解决问题的方案时，管理者不应凭直觉草率地开展应用性市场调查。事实上，管理者首先需要作的决策是某一种方案是否需要开展市场调查。在下述情况下，最好不要急于开展市场调查：

1. 缺乏资源

由于缺乏资源而排除进行市场信息调查的可能性的情况有两种：一是企业可能缺乏正常开展调查所需要的必要资金。比如一个项目的建设要求调查样本必须达到 8000 个被调查者，但项目预算经费只允许调查 100 个人，那么这个数量的样本信息量就很难保证信息的质量。二是一个企业或许能够提供足够的调查资金，但是没有足够的资金去实施调查所产生的任何决策。例如，中央管弦乐团的官员完全有理由同意搞一个全国性的关于古典（经典）文艺作品爱好普及的调查，而且也有资金支持这一调查，但它很难支持各艺术团到全国各地去进行免费（或低票价）的演出。

2. 调查结果毫无用处

有些市场信息调查测量的是顾客及潜在顾客的生活方式或者个性特征等信息，这些生活方式或特征对企业的产品生产或服务没有很大的影响。比如关于幼儿的饮食调查对快餐店来讲就没有多大的利用价值；再如对人们的性取向问题调查对服装生产商来讲就完全没有意义。

3. 错过市场时机

如果某种产品已经错过成功进入市场的时机，那么就不应该再开展市场信息调查与分析。例如模拟信号电视机这类的产品已经处于生命周期的衰退期，此时如果还去做产品进入市场的调研活动，显然是十分愚蠢的。那些很快就能达到饱和的产品如哈根达斯这类高价位冰淇淋也是如此。

4. 市场营销决策所需的信息已经存在

有些企业对某个市场已经研究了多年，已充分了解目标顾客的特征以及他们对现有产品的好恶。在这种情况下，再作进一步的市场调研就是多余的，应该直接推出产品。例如四川长虹公司对等离子电视机市场已有多年的研究和详细的了解，在进行了小屏幕产品的初始市场实验后，便迅速地向全国推出了各种规格的等离子电视。当然这种策略并不总是有效。例如宝洁公司（P&G）认为它已经彻底了解抗生素药剂市场，于是在没有再进行市场信息调查研究的情况下就向药品市场推出了 Encaprin 牌子的青霉素胶囊。但是市场中早就有了类似的产品，而且它们已经比较牢固地占领了市场，使得该产品由于缺乏明显的竞争优势而无法推广，最终宝洁公司只好退出抗生素制剂市场。

5. 调查分析的成本超过产品的收益

如果与待决策相关的进一步市场信息可以随时免费得到，相信企业的每一位管理者都愿意接受它，问题是这样的情况几乎不存在。事实上，获取任何市场信息都将付出代价。现实的情况是：管理者都希望获得有关市场的信息，但他们又可能不愿意为得到信息付出太多的成本或者等待太长时间。获取信息的意愿取决于管理者对信息的质量、价格以及时效的认知。管理者愿意为充分的信息（即有效的、实用的、能让管理者准确无误地作出决策的数据）支付更多的钱，而对那些模棱两可的市场信息调查，管理者可能就会捂紧钱包。总之，只有当信息的预期价值大于获取这些信息的成本时，市场信息调查活动才可能进行。

讨论题：如果你是一个企业的市场营销经理，对于一个本企业已经成熟的市场，你是否愿意进行一次市场信息调查？为什么？

第四节 消费者信息需求

市场信息调查不仅可以为企业的生产和营销提供市场供给决策的依据，还可以为消费者的购买决策提供依据。

一、用户（消费者）对信息的需求

需求是指在一定生活条件下人们对客观事物（物质和精神）的欲望。它是激励人类活动的最基本动力。作为生活在社会群体中的个体消费者，其需求是多种多样、十分丰富的。

恩格斯在研究家庭和社会时曾说过，"人类社会有一些生来就有的基本驱动力——自卫的需要，对饮食的需要，对性的需要，也许还有让别人陪伴的需要"。

美国心理学家马斯洛（Abraham H. Maslow）于上世纪40年代提出的需要层次理论也充分地描述了人类生活的基本需要，如图2-1所示。

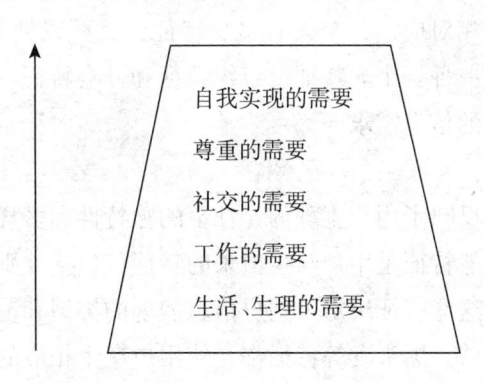

自我实现的需要
尊重的需要
社交的需要
工作的需要
生活、生理的需要

图 2-1

马斯洛将人的需要分成五个层次。他认为随着社会物质和精神文化的发展，人的需要将从最基本的生活和生理需要一直过渡到最高级的自我实现的需要。这些需要是循环往复地产生和逐步向高级过渡的：

需要──→心理紧张──→动机──→行为──→满足──→心理紧张解除──→新的需要

在现代信息化社会中，人们对信息的需求也体现出了人的基本需要，信息的需求是由人的基本需要决定的。这就告诉我们，在作市场信息调查与分析时，我们必须了解用户的物质和精神的需求，这种需求构成了人们的信息需求结构。要了解他们需要什么样的信息，有哪些信息需求，这样才能更准确、更及时地组织信息资源以满足用户的信息需求。

二、用户信息需求的决定因素

人们对事物需求的多样性决定了人们对信息需要的多样性。同时，人们对信息需求的多样性实际上是由其所扮演的社会角色的多样性所决定的。不同的社会角色导致人们对自己的行为期望不同。因此，我们有必要了解一下人们在社会中扮演的角色。社会角色依其获得的方式可分为先赋角色和自致角色两类。

先赋角色是建立在血缘、遗传、先天或生理因素基础上的社会角色，如性别、种族、民族角色等。

自致角色是通过个人的活动和努力获得的社会角色，如职务、职称、学历、地位角色等。

讨论角色的基本目的是要确定需求信息的种类。社会个体所承担的每一种角色都与他的某一特征相对应；一个人有多少特征，就可以拥有多少种社会角色。人的特征一般可分为三种：个人特征、组织特征和社会特征。这三种特征作为一个整体决定了一个人的信息需求。

1. 个人特征

用户的个人特征反映了用户生理的、社会的独特性和多样性，又可分为自然特征和社会特征。自然特征是用户与生俱来的特征，包括性别、年龄、血型、肤色、体质和种族等。这些特征决定了用户信息需求的类型和范围。例如爱美、爱玩、体弱多病、黄皮肤、黑头发等特征都会使用户产生相应的信息需求。社会特征是用户后天发展的特征，包括兴趣、爱好、家庭、宗教、学历、职称和荣誉称号等。这些特征决定了用户信息需求的性质与数量。例如爱好音乐、喜欢追星、信奉佛教、大学生、教授、体育冠军等特征都会激发相关的信息需求。

2. 组织特征

用户的组织特征反映了用户所从属的社会组织的数量及其性质。这些组织大致可分为职业组织、业余组织和社区组织等类型。职业组织是建立在社会分工基础上的社会组织，包括政治组织、经济组织和文化组织等，它们以其目标、制度、职位结构、职业活动、物质基础、技术设备和组织规模等因素直接规定着用户信息需求的主体结构。可以说，职业组织及其活动是用户信息需求最重要的决定因素之一。例如，培养专门人才、关注教师的成长、进行教学管理与理论研究、关心大学校园建设和校园信息网建设及满足师生的学习与生活需要等职业要求必然决定着一位大学校长主要的信息需求。业余组织是相对于职业组织而言的，它建立在兴趣爱好的基础上，可以说是职业组织的补充，主要以其活动内容和参加人员等影响用户的信息需求。例如足球比赛及其相关活动就对足球爱好者的信息需求有积极的影响。用户所参加的业余组织的数量和参与程度也反映了用户的全面发展情况。社区组织是建立在地域基础上的社会组织，以空间特征为标准可分为城市社区和乡村社区。社区组织以其地域环境和资源、人口结构、社区文化、社区活动和社区变迁等因素影响用户的信息需求。例如城市小区、校园、文化社区、自由市场、乡镇城市化等因素都能导致用户不同的信息需求。

3. 社会特征

用户的社会特征从宏观上反映了用户所处的时代背景和社会环境。这些特征大约包括以下几个方面：一是国家的社会制度、政治局势和方针政策等；二是经济发达程度；三是科学技术发展水平；四是社会教育水平；五是民族特点和文化传统；等等。这些特征一方面决定着用户信息需求的内容、新颖程度、量的大小和质的要求以及发展趋势等，另一方面还为用户信息需求转化为实际的信息行为提供了条件。用户的社会特征也反映了用户信息需求的共同特征。

用户信息需求是多种因素的综合产物。当我们进行研究时，可以把这多种因素分解为一个个积木式的独立的因素，并分别进行全面深入的研究；当我们将研究应用于实际的用户分析时，可以用类似"搭积木"的方法将某个用户或某类用户的信息需求决定因素叠加起来，进而引入矛盾分析法和动态分析法等予以全面系统的分析。经验证明，没有任何人（包括双胞胎）的所有特征是相同的，因而也没有任何人的信息需求完全一致。一个用户所有的特征加在一起就构成了该用户的独特个性，也构成了其信息需求的独特的激发机制。

三、用户信息需求的共同规律

用户信息需求的决定因素所关注的主要是单个用户的信息需求规律，若扩大范围，研究多用户的信息需求，则可寻找出一些共同的规律。这些规律主要包括用户信息需求的全面性、集中性、叠加性、阶段性和马太效应。

1. 用户信息需求的全面性

如前所述，每个用户都具有个人的、组织的和社会的多方面特征，而每一特征都能够激发相应的信息需求，如果条件许可，人们会将每一特征所激发的信息需求都转化为实际的（物质的和精神的）需求行为。例如，现在中国的家长不仅希望自己的孩子学习成绩优良，还不惜代价送孩子上音乐舞蹈班、书法绘画班、游泳跳水班、武术健美班、英语培训班等，希望孩子能全面发展。这类现象表明用户有信息需求的全面性。如果说人的全面发展是全人类的奋斗目标，那么人的信息需求的全面性就是推动其全面发展的动因。

2. 用户信息需求的集中性

用户具有多方面的生理、心理和社会特征，但这些特征并非具有同等的重要性。通常，只有当某一特征或某些特征在经常性的人际互动和社会活动中形成相对稳定的社会关系时，才能在用户信息需求方面起到决定性的作用。一般认为，由血缘关系决定的种族、家族、家庭、性别和寿命等特征，由地缘关系决定的地域环境、风俗习惯、价值取向、邻里和乡亲群体等特征，由职业关系决定的职业目标、职业活动、职业结构、职业变迁和职业文化等特征，以及由这三种关系综合决定的兴趣、爱好和朋友群体等特征，共同构成用户信息需求的最主要的决定因素，这充分体现了用户信息需求的集中性。此外，这种集中性还体现在由时代背景和社会环境所决定的社会制度、科技进步和教育水平等的宏观影响方面。

3. 用户信息需求的叠加性

这是用户信息需求在空间特性方面所展示的规律性。每个用户都生活在特定的空间，其出生和成长的空间称为"故乡"，其求学、服役或工作的空间称为"第二故乡"，其旅游、探亲、参加学术会议和出差所涉及的空间可称为"游乡"，所有这些空间和与这些空间有关的人物叠加起来，可称为"生命空间"。一个用户的生命空间对其信息需求有重要的影响。例如，人们即使离开故乡也会不由自主地关心和眷恋有关故乡发展和变化的各种消息。在报纸或广播电视中偶然发现来自故乡的报道时，人们常常会表现得极为关注和异常兴奋，可见这则报道满足了潜藏在他内心深处的信息需求。同样，当他获悉亲人或老友的消息时，也会得到一种满足——信息需求的满足。"生命空间"也可以理解为人们的经验、知识、观念和思想等的叠加，这些经验、知识等本身是信息需求满足的产物，作为一种存在又同时是新的信息需求产生的源泉。

4. 用户信息需求的阶段性

信息需求的阶段性是用户信息需求在时间维度上呈现的规律性。人的生命是一个单向的不可逆的过程，该过程呈现出强烈的阶段性。从大的方面讲，该过程可分为幼儿期、儿童期、青年期、壮年期、中年期和老年期等阶段；就青年期而言，可分为中学阶段、大学生阶段、研究生阶段等；就大学阶段而言，又可分为一年级、二年级、三年级、四年级四个阶段；就每个年级而言，又可分为两个学期；每个学期又有开学、期中、期末、放假等阶段；等等。人的生命旅程还可作进一步的细分，这种生命的规律性运动现象也称为"生命周期"。生命周期是影响用户信息需求的又一重要因素。根据社会学理论，人生的每一阶段都有一个需要解决的主要矛盾或主要问题，例如青春期主要解决建立稳定的角色、克服角色混乱感问题，成年期主要解决获得创造力、克服停滞感等。每个阶段的主要矛盾必然决定着用户该阶段主要的信息需求，这就是用户信息需求阶段性的意义所在，据此可分析和预测特定用户信息需求变化的规律性。

5. 用户信息需求的马太效应

所谓信息需求的马太效应是指用户信息需求及其积累的信息量之间的相关性。由于个体经历和职业等方面的关系，用户的信息需求量不会相等，因而所累积的信息量也不会相等。一般而言，信息需求量大的用户，随着时间的推移累积的信息量越多，信息需求量也越来越高于平均水平；信息需求量小的用户，随着时间的推移，累积的信息总量呈现停滞的态势，信息需求量则越来越低于平均水平。这就是用户信息需求的马太效应。例如：科学家、教授、记者等为了获得更多的信息资源，不断地搜索和积累信息，从而不断衍生出新的思想与成果，也不断激发出更多的信息需求；而某些从事非创造性工作的办事人员，满足于靠老经验处理问题的工作方式，久而久之，思想僵化，也就不再产生新的信息需求了。

四、用户的信息心理和信息行为

普通心理学将人的心理看作是认知→情感→意志的过程，用户的信息心理过程也不例外。当用户接触到某一信息后，便开始了认知信息过程。在这一过程中，用户通过感觉、知觉、记忆接受信息，然后通过大脑在知觉材料的基础上进行思维，并进行概括和抽象，从而把对信息的感性认识上升为理性认识。人们在认知信息的同时，必然对客观实际表示出自己的态度，即用户在信息刺激下产生各种情绪、情感等心理反映，决定是否对信息进行吸收利用；在此基础上，用户对信息意识进行自觉调节、决策。通过这一系列信息心理活动，产生了相关的信息行为。

用户的信息行为是指用户为解决问题而自觉地搜寻和使用信息的活动。

用户的信息行为是内因、外因共同作用的结果。在信息刺激下，用户开始产生信息意识；这种信息意识又转化为一种潜在的信息需求，这种需求一旦被唤醒，就形成了需求认识状态；需求认识状态一经表达，便引发了信息行为。

一般来说，信息行为可分为几个阶段。首先是信息需求的目标化阶段，用户根据当前的实际情况预先选择出最需要解决的问题。其次是制定出行动的方案。最后是行动方案的实施阶段，用户的信息搜寻由此产生。当通过信息搜寻行为获得了所需的信息后，用户将进一步进行吸收和使用，从而完成信息使用行为的全过程。

讨论题：请比较我国改革开放前、改革开放中以及改革开放后用户信息需求的共同特征及其变化。

复习思考题

一、复习题

1. 市场信息调查的含义是什么？
2. 市场信息调查的导向三要素是什么？
3. 市场信息调查对企业市场营销管理有什么重要性？
4. 应用性市场调查和基础性市场调查的区别是什么？
5. 请解释市场信息调查分析与市场营销观念间的关系。
6. 为什么市场信息调查分析对营销决策者是重要的？请列出几条原因。
7. 举例说明某企业在进行市场调查研究后进行成功营销的事件。
8. 用户的信息需求的主要决定因素是什么？
9. 请举一个与你自己有关的例子，说明由于产品或服务的原因，一家公司（商店）如何留住或失去了你这位顾客。

二、思考题

1. 研究顾客信息需求对市场信息调查有什么作用？
2. 市场调查研究传统上是与产品制造商联系在一起的，但今天越来越多的赢利和非赢利组织都在使用市场调研这一形式。你认为产生这种趋势的原因是什么？举例说明。
3. 人生有三个主要生命时期：青春期、成年期、老年期。对于分别处于这三个时期里的消费者，你将向他们推荐什么样的休闲、娱乐、日常生活用品或服务？
4. 你认为下述机构间的市场信息调查分析有什么区别？

    A. 零售商

B. 消费品制造商

C. 工业品制造商

D. 慈善机构

E. 城市管理者

三、案例分析题

[案例]　　　　　　　　　新产品开发的市场调查

　　R&T 公司是美国一家由几个风险基金出资兴办的高科技企业。该公司用航空工业使用的一种高科技合金开发出了一种新型网球拍。检测表明，与传统球拍相比，这种新网球拍可以使那些网球爱好者增加击球的力量、更容易控制球，市场前景看好。

　　但投资者与 R&T 公司商定，新球拍必须要有足够的需求量才能得到下一轮 2000 万美元的投资。为提高新球拍的销售潜力，公司同意进行一次标准产品创意市场调查。调查将收集大量信息，包括购买意图、用户和非用户的人口特征、按一些特性对新产品成本进行的排名、对产品的好恶等。

　　为达到这一分析目的，需集中调查与购买意图相关的信息资料。新产品的目标市场定位是那些热衷于网球的、认真的业余运动者，因此调查的范围界定在平均每周打两次以上网球的个体上。另外，由于这种球拍的零售价比较高，因此公司认为被调查的目标顾客家庭年收入至少应在 60 000 美元以上。估计全美大约有 1500 万家庭达到这一收入及使用标准。公司拟采用以全国性邮寄调查为基础的询问方式收集资料。公司对经过筛选符合标准要求的人们设计了产品创意检测。为了实现检测的目标，产品创意检测的主要问题是购买的可能性。公司向全国发出了 1000 份问卷调查，并回收了其中的 78%。在问卷中，被调查者需要描述产品的优点及费用，并被要求指明次年是否购买这一产品。调查的结果如下：

　　极有可能——14%；

　　也许——39%；

　　也许不会——27%；

　　极有可能不买——20%。

　　进行该项调查分析研究的调研人员指出，按他们过去对其他体育产品创意检测中的经验，他们对目标群体中确定购买的人数比例有比较准确的估计。他们将回答"极有可能"的人数乘以0.6，回答"也许会"的人数乘以0.3，回答"也许不会"的人数乘以0.05，然后将结果相加。据估计，公司必须一年内售出70 000个球拍，才能实现其既定的财务目标。

问题：

1. 据你估计，该公司能否达到必需的销售水平？

2. 若公司第一年预期的固定成本上升为200万美元，可变成本为每个球拍50美元，那么第一年预期的利润是多少？

[案例]   **企业市场营销价格定位调查**

面对不断变化的市场，企业要制定出适当的营销方案，推出适应市场的价格策略。

零售价格调查本身就是一种商业性的情报收集工作，无论是竞争产品的零售价格的收集工作还是竞争对手在不同经销渠道所制定的渠道价格的收集工作，都是市场销售信息必须收集的内容。

一、家乐福超市

作为一个大型零售企业，为了更好地制定卖场商品的零售价，家乐福超市的管理者不定期地对商场中一些商品的进价进行了调查。下面是家乐福超市的连锁店中某同规格产品不同供应商的价格走势调查表。调查进行了三个月，每半月调查一次，调查对象包括三个老供应商和两个新进入供应商。

表2-1

单位：元

调查对象		1月		2月		3月	
		上	下	上	下	上	下
老	A	21.9	20.9	19.9	19.9	19.9	19.9
	B	23.9	22.9	22.9	21.9	22.9	22.9
	C	21.9	20.9	21.9	20.9	21.9	21.9
新	甲	18.9	19.9	19.9	19.9	20.9	20.9
	乙	17.9	18.9	18.9	18.9	18.9	19.9

问题：

1. 请制定家乐福对此种产品的价格策略。
2. 为什么老供应商的价格比新供应商的价格高？

二、达芙妮鞋业

达芙妮鞋业集团是国内著名的企业，公司的产品行销全国各地。为了更好地制定区域价格策略，公司对不同地区、不同级别的经销商和零售商进行了市场销售调查，确定了九个影响价格的因素：

经销商类别的不同对价格的影响；

经销商销售计划完成情况对价格的影响；

经销商批量订货对价格的影响；

经销商付款方式对价格的影响；

经销商市场准入费对价格的影响（体现在不同区域上）；

经销商在店中的摆放面积与位置对价格的影响；

经销商获得赠品的比率对价格的影响；

经销商促销活动对价格的影响；

经销商滞销产品回购对价格的影响。

公司对这九个价格影响因素制定了销售价格及相关折扣政策。下面是公司的价格折扣表：

表 2-2

	渠道价格优惠	到账期	现付折扣	赠品率	批量折扣（1.5%）	重度返点	年终返点
一级经销商	40%	60 天	1.2%	2.0%	>100 万	0.5%	2.0%
二级经销商	38%	45 天	1.1%	1.5%	>50 万	0.4%	1.8%
三级经销商	35%	30 天	1.0%		>10 万	0.3%	1.5%
专卖店	25%	—	—	1.0%	>1 万	0.2%	1.2%

注：赠品率是指的购买产品数量的赠送数。

问题：

1. 你认为这个价格折扣表是否完善？
2. 还应该作哪些方面的市场信息调查？

第三章
市场信息调查分析过程

开展市场信息调查，需要遵循一系列合乎逻辑的步骤。而市场信息调查分析过程中的基本步骤有哪些呢？在市场信息调查之前，企业的优先市场营销调查分析项目又是如何确定的呢？……我们将面临一系列这样的问题。市场信息调查分析过程将有助于我们进行统筹安排。

第一节 调查分析过程

要着手进行市场信息的调查研究，首先应该有一个整体的计划。这个计划就体现在进入市场调查前的分析过程中。信息市场信息调查分析的基本过程和逻辑步骤一般如图 3-1 所示：

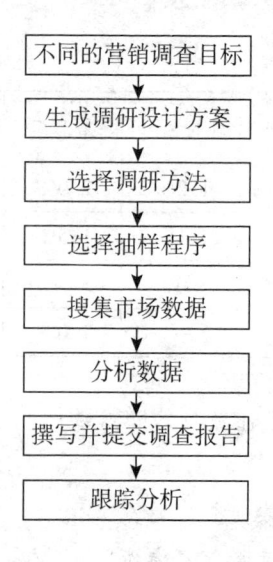

```
不同的营销调查目标
      ↓
  生成调研设计方案
      ↓
    选择调研方法
      ↓
    选择抽样程序
      ↓
    搜集市场数据
      ↓
      分析数据
      ↓
  撰写并提交调查报告
      ↓
      跟踪分析
```

图 3-1

一、营销调查目标

(一) 问题、机会的识别与界定

市场调查分析过程的开始，首先是认识营销问题或寻求机会。

随着企业外部环境的变化，那种一成不变的市场营销方案显然是不能赢得市场的，甚至还会失去已有的市场。公司的市场营销经理时常面临这样一些问题："我们是否应该改变现行的营销策略了？"如果回答是"是"，那么"我们应该如何改变呢？"市场信息调查分析的结果可以用来评估产品或服务，确定促销、分销或选择定价。同时，它还可以用于发现和评估新的市场机会。

中国于20世纪80年代出生的人口大概是2.5亿左右，这是新中国成立以来的第二代生育高峰。比这个数字更重要的是他们这一代人所拥有的财富。在城镇中，出生于80年代的人口大约是8000万左右，他们大多数是独生子女，其中大部分人正在接受教育或刚刚踏入社会。由于家庭条件的相对优越，这些独生子女每年的花费（父母给的零花钱、自己挣的收入、礼品收入等总计在一起）每年可达到350亿元人民币，并且由于他们在中国家庭中所处的特殊地位，他们的消费还影响着另外上千亿的购买力。

这些统计数据说明了什么？对于一个成熟的企业来说，这意味着商业机会。市场营销调研人员能从这条新闻中了解到什么呢？事实上那些有敏锐市场嗅觉的营销经理们马上就抓住了机会。比如中国移动通信公司根据"80后"独生子女喜爱交友的特点，特别推出"动感地带"套餐，赠送几百条免费短信，以迎合年轻人（特别是学生）喜欢短信聊天的特点。此举受到了年轻人的青睐。

有时，市场信息调查分析能够产生意想不到的结果，导致创造性营销组合的应用，赢得市场利润。例如美国通用汽车公司在20世纪90年代中期完成了一项对"后排顾客"即5~15岁之间小孩的占座信息的调查分析。调查发现，父母在作出购买汽车行为之前，经常让他们的小孩在购买什么类型和品牌汽车的决策中扮演重要角色。得到这一信息后，营销经理们推出了多项吸引儿童眼球的汽车促销活动。1997年，通用汽车公司在一份面向8~14岁男孩的儿童杂志《儿童体育画报》的内封面上刊登广告。广告宣传的产品是一款名叫CHEVY VENTURE的小型面包车——一种面向年轻家庭的生活旅行两用车。同时，通用汽车公司还在大型购物中心展示这种车，并在车内放置录像机，播放迪斯尼电影，以此来吸引小朋友们的眼球。

中国移动通信公司和美国通用汽车公司的例子充分说明了界定问题是找到机会的关键。市场营销的目标市场是市场信息调查的基本导向，它决定了需要什么信息以及如何有效和高效地获取信息。市场信息调查与分析的目标就是要向市场决策者提供有用的选择性决策信息，这是与市场营销问题有关的一些具体信息。因为市场营销决策者只有将这些市场消费信息同自己的经验和其他信息相结合，才能作出正确的决策。在中国移动的案例中，市场营销分析的目标是明确"80后"年轻人在使用移动通信工具中的方式，其管理决策问题是一种诱导性导向。而在通用汽车公司的案例中，市场营销分析的目标是决定后排顾客在家庭购买汽车时扮演的角色，相比较而言，其管理决策问题是一种行动导向。

在现代市场营销中，营销管理问题涉及的范围非常广泛，因为家庭成员的连锁消费、亲戚朋友之间的相互影响在这个时代具有普遍性。如果市场调查研究要想获得成功，调查研究的问题就必须非常具体、深入。因此，为了解决广泛的市场营销管理问题，有时必须同时开展几项市场调查了解活动。比如，一旦通用汽车公司认定在目标市场中孩子们发挥了重要作用，问题就变成了"应该如何去影响这些孩子"。此时将以诱导性行为导向去调查市场信息，直接针对目标市场的小孩进行广告宣传，或者在购物中心针对小孩活泼好动的特征制定最好的促销方式。

市场信息调查研究过程需要调查分析人员具有深邃的洞察力以及丰富的想象力和创造力，这是寻求市场信息调查方向、确定调查方案的第一步，也是市场信息调查研究过程中最重要的部分。市场营销调查问题的正确界定，也为整个市场信息调查提供了方向性保证，这就是我们常说的"良好的开端是事情成功的一半"。

[案例]　　　　四川移动在成都地区就话费定价策略进行调查

四川移动市场部就神州行移动通信话费定价策略进行调查，随机抽取了成都市范围内的消费者400人进行调查。这项调查研究是在广泛的试探性调研后实施的。

调研结果显示，成都市34.8%的成年人觉得0.20元每分钟的固定套餐计费率没有多大的吸引力；不过，如果话费降至每分钟0.1~0.15元，他们会改变主意。调研结果还显示，有19.7%的非移动用户说无论价格如何变动都不会考虑选择中国移动。

有近41%的中国移动的顾客说，他们已经注意到了移动神州行的新方案。然而他们中仅有6.4%的人是受话费的吸引转到中国移动来的。

"看来并不是广告效果问题，人们知道他们可以选择什么样的固定话费率。"四川移动市场部的一位负责人说。事实上，被调查者中超过半数的人（50.5%）告诉调查者，他们知道所有的电话服务。当谈及话费率服务时，提及中国移动的为52.8%，提及中国联通的为27.7%，提及小灵通的为19.5%。

这位负责人又说："既然大多数顾客都熟悉目前的固定电话服务项目，移动公司就需要采取其他战略来赢得竞争。"他建议将其他服务与固定话费率组合起来，"以移动每分钟0.20元固定话费为例，几乎有3/4（具体为73.7%）的非移动顾客对此计划不感兴趣，只有14.7%的人说有点兴趣。然而，如果电话公司提供一些额外的服务，我想情况将会大不相同。"

"如果向套餐使用者提供免费的上网服务，或者以比较低的费用接入，55.8%的人说他们感兴趣，只有40.1%的人说不感兴趣。"这位负责人说。

问题：

1. 这是一项什么类型的调查？说明理由。

2. 假如你是移动的营销经理，根据这份调查，你可能会采取什么行动？

3. 如果你是四川移动的经理，在回答第2个问题之前你将要求进行哪些额外的调查分析？

4. 如果你是中国联通的营销经理，你将采取什么行动？

（二）市场信息调查步骤的确定及进行试探性调研

市场信息调查实践的基本步骤是：

（1）确定应用方向

本步骤要求清楚地列出市场信息调查与分析的决策支持目标以及将要采取的行动方案。

（2）确定应用选择

本步骤要求对每项决策或方案清晰地描述出现有的全部决策或方案的详尽策划，以便选择。

（3）确定应用标准

本步骤要求每项决策或方案选择都要有参考系，要详细表述决策将采用的标准（方案实施的过程标准）。

（4）确定信息目标

本步骤要求决策标准应直接或间接地包含支持所作决策或拟采取行动的方案所需的信息，然后从决策标准中提炼所需的信息并一一列出。

例如，某银行的一位（信用卡）产品经理需要决定对于一种面向老年人的新卡推广，是采用幽默搞笑还是采用严肃规范的广告形式。下面是这位产品经理需要考虑的新卡推广前的市场调查步骤：

决定对该新卡推广采用哪类广告形式。

采用幽默还是严肃的方法。

采用的方法应该让老年人对银行推出的新卡业务产生较高的兴趣，同时要将银行的名称、信誉传递给至少90%以上的目标顾客。

为支持新卡推广，需要开展市场调查来收集有关老年人对两类广告的反应的信息。

通过以上安排，需要得到的信息包括：在每种广告方式下，老年人对使用该产品的兴趣如何？他们对银行名称的记忆情况如何？他们能否清楚了解新卡的主要功能？等等。

曾任美国波士顿咨询集团副总裁的安东尼·迈尔斯（Anthony Miles）这样来描述寻找市场机会的三个关键问题：

为什么要寻求这些信息？

这些信息是否已经存在？

问题确实可以通过市场调查来回答吗？

一般在对某一问题进行广泛市场调查之前，可以采用试探性的小规模调查，其目的是确切地掌握问题的性质和更好地了解问题发生的环境。

例如，NICKEIODEON公司曾进行了一次"以女孩为主人公的活泼娱乐栏目是否同时受到男孩和女孩共同喜欢"的调查。公司推出了名称为"ALEX MACJE的秘密世界"栏目。栏目的主人公是女性，但调查发现有近53%的听众是男性。于是该公司得出结论：女性形象仅受女孩喜欢但不受男孩喜欢的现象正在改变。在这个小型调查之后，公司开始进行栏目重新定位，将受众定位推广到所有的男孩和女孩。

在市场信息调查与分析中如何发挥试探性调研的价值呢？在什么情况下要进行试探性的调查研究呢？要采用什么样的试探性调研方式呢？

一般在开发新产品时，成功的公司坚持三项试探性调研原则。即：确定广泛的产品类别范围、注重调研设计的规律、最大限度地发挥与消费者互动的作用。

（1）确定广泛的产品类别范围

要通过试探性调研帮助识别新的市场成功机会，首先就需要定义产品或服务竞争的范围。产品类别范围的界定一般应足够广泛，以保证有相当的发展空间。

[案例] 　　　　　　　　伊莎美尔系列化妆品的开发

广州雅纯化妆品制造有限公司在伊莎美尔（ISAMELL）系列化妆品开发中的实践充分说明了扩展产品的类别有助于发现新的机会。最初公司在伊莎美尔系列化妆品中只推出了美容液一种产品。在广受市场欢迎的前提下，公司通过将其品牌业务定义为向妇女（特别是中青年妇女）提供"全方位的皮肤呵护"服务，使伊莎美尔的产品大大扩展，推出了护肤、美容、养颜等系列相关产品，并同时推出了不同皮肤类型的美容化妆品。现在广州雅纯化妆品制造有限公司的伊莎美尔产品种类多达 20 多种。不断地推出新产品，使伊莎美尔品牌迅速进入了专业美容产品和皮肤清洁产品领域。

（2）注重市场信息调查研究设计的规律

为使试探性市场调研发挥最大的潜能，企业必须按客观规律来设计和开展市场信息调研。最有效的试探性调研设计是：开始时不拘形式地进行十分广泛的探查，然后深入地集中在消费者提出的、与他们特别相关或重要的需求的问题和机会上。这种方式至少有以下两个好处：①由于从几个层次和不同的角度去考察消费者的需求，可以保证对消费者需求认识的深度和广度。②由于真正的机会是消费者驱动的，因此这有助于减少信息调查的偏差和主观性。

[案例] 　　　　　　　　日本轿车如何打入美国市场

1958 年，日本丰田轿车首次进入美国市场，当年的销售量仅为 288 辆。为什么会出现这样的尴尬局面呢？丰田公司进行了一次试探性市场调查。调查表明，在外国车型中，最受美国人欢迎的是德国大众的"甲壳虫"。丰田轿车外形丑陋，呈方块形，而"甲壳虫"圆润小巧；"甲壳虫"售价仅 1600 美元，而丰田车的售价却高达 2300 美元，对美国的消费者根本没有一点吸引力。即使在一年内只售出 288 辆，也是美国经销商通过最大努力达到的最好结果了。

在美国最大的汽车制造中心底特律，通用公司和福特公司在 1960 年一年之内先后推出了 Falcom、Valiant、Corvair 等车型与大众"甲壳虫"竞争（事实上，美国的汽车制造商根本没有把丰田公司放在眼里），丰田车更是举步维艰，在美国基本上没有了市场。面对困境，丰田公司不得不重新考虑它怎样才能成功地再次打入美国市场。

丰田公司的决策者们制定了一系列的市场营销战略，其中最重要的一步就是进行大规模的市场调查研究，以重新把握进入美国市场的机会。

市场调研工作在两条战线上同时展开：一是丰田公司针对美国的汽车代理商及汽车消费者需要什么类型的汽车，以及消费者现在无法从美国汽车那里得到的消费满足等问题进行彻底地调查研究；二是针对外国汽车制造商，特别是德国大众汽车在美国的业务活动进行调查研究，以便找到市场缺口和机会，制定出更好的市场销售和服务战略。

丰田公司通过多渠道的市场调查，了解了美国轿车的风格特性、道路条件以及美国公众对物质生活用品的兴趣等方面的问题。丰田公司还特别委托美国的一家调查公司专门去访问大众汽车的拥有者，以了解美国消费者对大众汽车的满意和不满意之处。通过这次深入的调查，丰田公司发现了美国市场由于需求趋势变化而出现的市场机会。

调查表明，美国人对汽车的消费观已经完全发生了改变，原来认为"拥有汽车是身份与地位的象征"的观点早已被"汽车就是一种交通工具"的观点所替代。美国人希望汽车能提供腿伸展的空间，同时又具有轻捷快速、易于驾驶和行驶平稳的特点。更为重要的是，美国人希望在车的购买、能耗、使用和保养等方面大大降低花费。丰田公司在调查中还发现，美国公众对日益严重的交通堵塞现象极为不满，因此存在着对轻便灵活的小型汽车的巨大需求。调查还表明，大众"甲壳虫"的成功主要归因于它建立的提供优良售后服务的机构。由于大众公司向购车者提供了可以信赖的维修服务，使美国消费者消除了"外国汽车不易维修"、"维修成本高"等忧虑。

根据市场调查研究的结果，丰田公司制定出了第二次进入美国市场的决定性战略，除了改进丰田车的外形和质量外，价格策略、维修服务策略也相继建立。到1975年，丰田公司在美国各州广泛地建立了汽车售前和售后一条龙服务，得到了美国大众的普遍欢迎。经过不懈的努力，到1980年，丰田汽车在美国的年销售量已经达到58 000辆。更令丰田公司满意的是，丰田车占美国所有进口汽车总额的比例达到了四分之一强，超过了德国大众汽车的销售量。

问题：

1. 丰田公司的调查起到了什么样的关键作用？

2. 如果你是中国汽车某品牌的市场经销商,你准备怎样去打开国外的市场?

3. 如何最大限度地发挥生产者与消费者互动的作用?

企业通过与消费者的互动,可以更为真实详细地了解消费者的需求,以下几点值得注意:

(1) 为消费者提供参照架构。给消费者提供参照架构,让消费者描述一下他们遇到的情况,这有利于公司发现有用的机会。比如"想象一下你家中的家用电器,它们能给你带来什么享受和方便,你认为还缺少什么?"等等。

(2) 大量使用类比法。与相同或相似产品进行比较,请消费者回答其感受。

(3) 要充分估计到消费者对商品价值的洞察力。一些商家往往低估消费者的消费保护意识,总是站在供应者的立场上去进行市场信息的调查。我们应该做到的是:在市场信息的调查设计中,充分注意到如何去挖掘消费者的现有需求欲望或新的需求欲望。

[案例]　　　　　　　　电子琴如何占领市场

上世纪90年代,广州电子仪器厂经过市场调查发现,我国各地的中小学以及幼儿园教师急需一种音色优美、功能齐全、便于携带、易于维修的教学电子琴以替代原有的老式脚踏风琴。因此,工厂的领导者决定进入电子琴市场。但是,在电子琴产品市场上,已经有了几家电子琴生产厂家,产品市场的竞争已经相当激烈。怎么才能使自己生产的电子琴更具特色、更能吸引消费者呢?

工厂经过进一步的市场调查特别是对中小学和幼儿园音乐老师的针对性调查发现,这些音乐老师在购买电子琴时,除了关心琴的音色、质量、功能以外,更为关心的是电子琴的价格。这与学校的财务约束条件相关。当时市场已存在的厂家生产的产品虽然在功能、音色、外表等方面都不错,但价格普遍偏高,因而销路都不太好。

根据这些信息,广州电子仪器厂的生产和销售人员拜访了部分学校的财务部门,并且调查了部分音乐教师,请他们提出对电子琴功能的基本要求,并根据他们的演奏习惯设计电子琴的款式。根据教师们的基本要求,样机设计在保证电子琴的基本功能完整的前提下,去掉了一些不必要或者很少使用的功能,以降低成本。样机生产出来后,再把它交给音乐老师们试用,让他们再提出修改意见。经过这样的反复调整,在满足消费者需求的情况下,工厂生产出了价廉物美的电子琴。这批电子琴一上市,就得到了消费者的青睐,为工厂带来了可观的利润。

二、进行调研设计

市场信息调查研究设计是指实现调研目标或检验调研假设的设计。调查研究人员需要建立一个回答具体调研问题的框架，这客观上不存在最好的方案，只有反复地推敲修改，才能逐步完善。

1. 定性描述

市场调查人员的首要任务是决定调研任务是定性描述还是定量因果性描述。定性描述主要是试图回答5W1H（What to do? Why to do? When to do? Who to do? Where to do? How to do?）的问题，它暗含的事实是营销管理经理已经知道或了解了问题背后的基本关系。例如对GPS（全球定位卫星系统）安装在汽车上的作用，可以提出试探性的假设：人们驾车外出度假，是否会遇到迷路的麻烦；他们是否希望了解旅游路线中沿途的宾馆、汽车旅馆或饭店的地址；他们是否对卫星可视地图感兴趣；等等。若缺乏对各种现象之间关系的了解，定性描述的调查结果对于决策就毫无价值可言。

2. 定量因果性描述

定量因果性描述是用变量来反映一组数值之间的关系。在定量研究中，调查分析研究人员要考察一个（组）变量（因）是否导致或决定另一个（组）变量（果）的值。一般可以用建立定量模型的方法来检测定量因果关系。在市场信息调查中，因变量一般指能被预测或解释的变量（如需求量），自变量一般指在实验中市场调研人员可以操纵、改变或修正的变量（如单价）。例如，对产品供应商来讲，其产品成本中的广告支出水平（自变量）是否决定了其销售量的水平（因变量）就是定量研究的一例。

定性描述可以说明两种变量之间是否存在某种联系，如广告与销售量的相关性，但不能提供准确的数据来证明较高的广告投入是否导致较高的销售量（额）。不过定量描述有助于定量研究识别变量之间的联系或相关性，因此它可以帮助调研人员确定定量研究的变量之间的数字关系。例如，正是因为通过市场信息调查的量化研究，企业的市场管理者才认识到某种商品（如汽车）的销售量与消费者的年龄、职业、收入等因素有关。

一般来讲，判别因果关系的标准有以下三种：

（1）事件顺序序列

判别因果关系的第一项标准是事件顺序序列，简称为事件序列。它主要是指某件事发生（假设）是否会导致另一件事发生（效果）。例如人们的收入水平普遍提高（假设）是否必然导致高档消费品的销售量提高（效果）。

（2）伴随变化

判别因果关系的第二项标准是伴随变化。伴随变化是指假设的原因（比如降价促销）与假设的结果（比如商品的销售量）同时发生或变化的程度。如果降价是导致产品的销售量增长的直接原因，那么当价格下降幅度增大时，产品的销售量也应该增加；如果价格下降幅度变小时，产品的销售量也应该是增长减少。如果价格下降并没有引起产品销售量的变化，那么可以得出结论，现在价格的高低与销售量之间的因果性关系假设没有得到支持。

值得注意的是，即使完全的伴随变化，也不能保证由 A 必然导致 B。比如商品价格降到一定程度，销售量就不会再增加。调研人员能够得出的结论只能是：这种联系使得假设很可能成立，但并不能完全证明它。

（3）虚假联系

判别因果关系的第三项标准是虚假联系的可能性。也就是说，因变量的变化也可能是由其他变量的变化引起的。因为在市场营销信息调查中，我们已经清楚地意识到，要在现实的市场中完全识别和控制所有其他潜在可能因素实际上是很困难的。比如，我们已经感觉到某种商品的销售量近期在发生变化，但我们却没有办法确定导致这种商品的销量上升或下降的所有原因。

三、选择基本的调研方法

在市场信息的调查分析中有三种最常用的信息调查方法，它们是：问卷式调查法、观察法、访问调查法和实验法。

1. 问卷式调查法

问卷式调查法是市场信息收集人员通过书面提问形式向被调查人收集信息的一种常用方式。问卷是为了索取信息而设计的一组问题或变量指标体系，它有结构式问卷、非结构式问卷和混合型问卷之分。问卷设计、印制完毕后，可通过邮寄、组织分配、集体当面填答、携问卷登门专访等方式，将问卷分发给抽样选择的样本群体，并设法寻求被访者的合作，尽可能提高问卷的回收率。填写问卷一般可以由被调查人完成，也可以由信息调查人员完成。问卷调查法本身就是一种包含统计方式以便于定量分析的信息采集方法，它常常用于用户信息需求的分析和相关信息的获取。因此，问卷调查对于收集一些数值化的市场信息尤为适用。

由于问卷一般采用被调查者个别填写而非集体访问的形式，因此被调查者不会受到他人意见的左右，一般能够得到被调查者的真实意见，实用价值较高。

问卷调查法有以下一些特点：

（1）它是一种易于管理且成本花费很小的方法。可在最短的时间内从地理上广泛分散的、最大范围的人口群体中收集信息。

（2）数据比较集中。问卷所收集的数据能以一种统一的格式组织起来，因此数据相对集中，分析起来比较容易。

（3）客观性较强。因为问卷是由被调查者填写的，代表的是被调查客体的意见，因此比较真实。

（4）问卷回收率在无控制的情况下，回收一般较低。因此在无控制的情况下，有时回收的问卷也不能完整地代表作为整体的调查对象的信息。

问卷设计对于调查成功与否甚为重要，问卷必须具有严密的逻辑性，所提的问题必须简单易懂且能反映问题的实质，因此设计一份完整的问卷需要具备许多与调查问题相关的知识。

下面是一个收集电影院观众信息的问卷调查表。

问卷调查表

尊敬的女士、先生，我们是××调查公司的工作人员，我们想了解本市公众对电影的喜好程度及去电影院观看电影的次数，现在想耽搁您几分钟的时间，请您回答下面几个问题，在您的选项下面划√，谢谢。

1. 您喜欢电影还是电视剧？

　　A. 电影　　　　　　　　B. 电视剧

2. 如果您喜欢看电影，请问您是去电影院还是租借影碟？

　　A. 电影院　　　　B. 租影碟　　　　C. 买影碟

3. 在过去一年里，您去过电影院吗？

　　A. 去过（转问题4）　B. 没有（转问题5）　C. 记不清（转问题5）

4. 大约去过几次？

　　A. 1～2次　　　　B. 2～5次　　　　C. 6次以上

5. 请问是什么原因使您不愿去电影院看电影？（请笔述）

6. 您看电影的次数比两年前增加了还是减少了，还是一样多？

　　A. 增多　　　　　B. 减少　　　　　C. 一样

7. 为什么次数会增加或减少？（请笔述）

8. 您认为决定电影院观众多少的最大原因是？
   A. 票价　　　　　　　B. 感观效果
   C. 服务　　　　　　　D. 其他（请笔述）
9. 您的职业是？（请笔述）
10. 您的月收入是？
    A. 1000 元以下　　　B. 1000～1500 元　　　C. 1500～2000 元
    D. 2000～2500 元　　E. 2500～3000 元　　　F. 3000～4000 元
    G. 4000～5000 元　　H. 5000 元以上
11. 你的年龄是？
    A. 16 岁以下　　　　B. 16～25 岁　　　　　C. 26～35 岁
    D. 36～45 岁　　　　E. 46～55 岁　　　　　F. 56 岁以上

谢谢您的合作！
调查员：
日期：

2. 观察法

观察法是借助人的视觉、听觉对周围情景、事物、人物的状况、活动等进行分析、判断，从而获取所需信息的方法。例如在收集市场信息时，应观察的内容主要有：第一，市场情景，包括市场上的商品结构、规格、花色品种、价格、商品的陈列、布局方式等，同时还应观察商品广告的制作方式、采用媒体的形式等。第二，人物，包括消费者、经营者及市场竞争对手等。在观察消费者时，还应注意他们的身份、职业、购买行为、行为的频率以及行为趋向等。在观察中，要注意作好原始记录，必要时还可采用一些先进的设备，如录音机、摄像机等。

观察法主要用于获取潜在信息资源。但由于观察法是由信息采集者自身来完成的，因此难免带有一些观察者的观点，有一定的主观性。

3. 访问调查法

访问调查法又称采访法，是大众传播机构和各类信息公司最常用的信息采集方法。采访方法又可分为个别访问、座谈采访、现场观察、参加会议、电话采访和通信采访等多种方式。成功的采访一方面要求采访者认真作好采访前的各项准备，包括选择和了解采访对象，了解和收集背景资料，收集和分析有关报道信息，拟定采访计划和提纲，准备所需采访工具，等等；另一方面也要求采访者善于应变，善于提问，善于引导，善于观察，善于利用各种先进的现代化采访工具等。采访方法的主要优点是允许作深入的探索，能够就一些复杂的议题展开讨论，并收集到高质量的数据。同时，访问调查法又富于灵活性和互动性，能够在很大程度上消除误解和避免含糊其辞的问题，赢得很高的回答率。访问法的主要限制因素是成本太高，因此采访对象和地点较为有限，有时不足以代表作为整体的调查对象；采访还容易因采访者个性和偏见等因素的影响而出现信息失真；等等。

4. 实验法

本方法实际上是观察法中的一种专项技术，它是指调查研究人员在实验中改变一个或多个变量，如价格、包装、设计、广告主题或其他事项等，然后观测这些变化对另外一个变量（通常是销售额）的影响。实验的目的就是检测因果关系。

在市场信息的调查研究工作中，不管采用以上哪一种方法，都必须遵循下面的信息收集基本原则：

1. 目的性原则

市场信息调查是为某个社会组织服务的，而任何组织的存在都具有目的性，因此，市场信息的调查一定是为了某种目的进行的。

2. 主动及时原则

市场经济信息是与经济运行过程形影相随的。运动产生信息，只要有运动发生就有信息产生。但是有些市场信息的生命周期有限，可能在很短的时间内其应用价值就会消失。在千变万化的商品市场中，市场营销的管理者应紧跟经济发展变化的趋势，积极主动地去收集经济信息，善于及时发现、获取、加工各类经济信息，为市场营销管理决策提供及时、有效的支持信息。尤其是在信息化时代的今天，激烈的市场竞争要求我们必须主动及时地获取信息，并根据获得信息适当地作出战略调整，寻求适合于市场发展的经营策略，这样才会始终立于不败之地。

3. 全面系统原则

全面系统原则主要指的是在信息收集过程中要注意信息收集的连续性和系统性。任何经济信息都有其产生和发展的历史性以及与某些其他信息的关联性。因此，在收集某种信息时，不仅要收集其纵向方面的相关信息，还要收集其横向方面的相关信息，以便消除组织决策时的各种不确定因素，有利于实现决策的准确性。

4. 真实可靠原则

市场经济信息涉及到市场中不同利益主体之间的经济利益关系。经济现象与经济运行本质并不完全一致，加之任何经济在传输过程中都可能发生失真现象，这就难免出现歪曲、颠倒、片面反映经济运行特征和发展变化状况的虚假信息。因此，在收集信息的过程中，必须坚持实事求是、兼收并蓄的思路，收集真实可靠的经济信息，为经济决策服务。

5. 重点选择原则

在信息化社会时代，到处都是信息，信息的大量性、无限性已使信息达到了泛滥的地步。因此，要做好市场信息的收集工作，必须要有针对性、有重点地进行收集。所谓重点选择，就是根据本单位、本部门的实际需要，从众多的信息源中选择开发价值大的主要信息。

6. 内外结合原则

内外结合原则就是要同时收集组织内部和外部的经济信息。外部条件变化大，信源多，信道长，且传输渠道多不固定，因此收集信息的难度相对较大。而内部信息来源稳定，信道短，信息收集较为容易。但是若只注意内部信息的收集，而忽略或轻视外部信息的收集，就可能使组织的发展失去方向，不能适应千变万化的外部环境。所以，在作好组织内部信息收集的同时，也要用较多的时间和精力作好外部信息的收集。

四、抽样过程

样本实际上是调研设计的一部分，但在市场信息调查与分析过程中是一个独立的步骤。在制定抽样计划前，要厘清以下的问题：

1. 总体

总体即从中抽取样本的群体。它应该包括所有能够回答调研问题的人，还应该包括他们的观点、行为、偏好、态度等。

2. 个体

个体就是总体中各个独立的样本（人）。对个体的要求是它必须是独立的，同时必须与总体有相同的概率分布。

3. 抽样的方式

这是指在市场信息调查中，对个体的抽样是使用随机抽样还是使用非随机抽样。

五、收集数据

一般地讲，大多数数据收集工作是市场营销人员通过现场服务完成的。当然，对于特殊的调查，可以成立专门的市场调查小组配合市场营销人员来一起完成。例如对于一项典型调查，往往需要在几个城市收集数据，因此需要调查人员与市场营销（部门）人员之间的沟通与合作。但此时调查的每一项工作都必须制定详细的说明，每一个细节都应该有一定的标准控制区，市场营销人员和专职调研人员都应该严格执行规定的程序。

在数据收集过程中，如果可能的话，应该寻求更多的机会以了解被访者，这就要求市场调查人员随时作好对被调查者的回访。

六、分析数据

数据分析的目的是要解释所收集的大量数据提供的相关信息，并提出相关的结论。

在数据分析中，可以采用一些简单的频次分析方法，也可以采用一些较为复杂的多变量分析技术。由于现代信息分析技术和计算机技术的发展，数据分析已经是一个比较程序化的过程，大多数的数据分析方法都已经有了应用软件，因此市场数据的分析已不再是一个困难的过程。关键的问题是数据分析人员要根据分析的结果提出相关的结论，这就要求我们的数据分析人员必须具备较为宽广的知识面。

七、准备和撰写报告

数据分析完成后，调研人员应着手准备调查研究的报告，并及时向企（事）业管理层沟通结论和提出建议。这一阶段是市场调查研究最关键的环节，因为市场信息调查的基本目的就是要使管理层相信依据市场收集到的信息数据分析而得出的结论是可信的和公正的。

八、评估

市场信息调查与分析得出的调研结论是为那些准备进入相关市场营销领域的机构提供的。作为调研结论的使用者，市场营销人员（经理）希望能够了解报告得出了些什么样的结果，这是非常重要的。考虑到这样的应用层面，调查研究人员在写出调研报告以后，还必须对调研报告的结论进行评估。调研报告的评估应该说将涉及到有关市场应用方面的许多工作。这同我们在商店里购买商品类似，商品质量好坏并不是那么显而易见的，高价格并不意味高质量，只有通过一定方法的检验（比如试用），才能最终知道商品是否物有所值。

评价调研报告质量的基础是最初的调研计划书。评价的内容包括：调研的过程是否实现了计划书中所确定的目标；是否使用了计划书中所规定的方法；结论是否来自依据数据分析所作的逻辑推理；根据所得出的结论最后提出的建议是否审慎、合理、恰当或具有创新性等。

讨论题：如果我们要进行一次低年级大学生文化需求的调查，应该怎样去进行？

第二节 市场调查前期管理

进行市场信息调查分析的前期管理，有利于完善调查计划书，作出调研完成后的进一步工作安排。

一、调研申请

在开展调查项目之前必须进行调研申请。任何需要进行市场信息调查研究的组织或个人，都应该在进行调查研究之前提出调查研究的申请书，并在正式的调研申请中清楚地说明希望得到的信息类型。相关部门将据此进行审批。

提交和审批调研申请是识别调研问题和获得资助的有效方法。调研申请的内容将直接反映在提供给决策者的信息质量上，关于质量的要求将直接引导调研设计、数据收集、分析和报告等。一份正式的调研申请至少应包括以下的内容：

（1）行动

这是指本次调研结果得出之后，将采用什么有意义的改进行动，将有助于决策者集中关注哪些有意义的信息，并说明本次调研可以指导调研人员提出下一次调研设计的计划和相关的目标。

（2）起因

这是指陈述导致行动决策的事件。这将有助于调研人员深入了解管理决策问题的性质。

（3）信息

这是指决策者必须列出采取行动所需回答的问题和希望得到的信息。这样才能确保市场调研的实施有意义。

(4) 应用

这是指解释每一种信息对制定决策的帮助。这样有助于保证调研内容的合理性。

(5) 目标群体和子群体

这是指描述从哪些人那里获得与调研有关的信息。这有助于调研人员设计市场调查的样本。

(6) 预算

这是指时间预算和费用预算。列出预算有利于控制成本。

(7) 评估

这是指评估调研成功的可能性和结果的意义。

二、解决企（事）业单位管理者和市场调研人员之间的冲突

企业生产经理人员往往抱怨市场调研的结果没有多大应用价值，而市场调研人员又往往根据他们所得到的市场调研信息干预生产经理们的一些生产决策，这是企业生产经营管理过程中时常出现的矛盾。要解决这些矛盾并非易事，但可以首先明确权力和责任，这样可能有助于矛盾的解决。在进行市场信息调研之前，应明确以下两点：

1. 决策信息的类型

市场信息调查可分为三大种类：计划性、选择性和评估性市场信息调查的。

计划性调查的目的是通过市场细分、市场机会分析或顾客态度和产品用途研究来制定营销方案。

选择性调查的目的是检测不同的决策方案。例如新产品概念检测、广告文本检测、营销策略检测等都是如此。

评估性调查用来评价营销活动的绩效。例如跟踪广告效果、组织形象研究、考察顾客对企业服务质量的态度等。

2. 影响管理者使用调研信息的因素

要降低市场信息调研人员与管理者之间的冲突，信息调研人员和管理者之间的沟通十分重要。调研人员应当调整他们的调研方向，使之与管理者事先的想法一致，但调研的结论也许且不可能与管理者的需求完全一致，这时就需要解释和

协调。应该说，市场信息的调查与收集本身就具有一定的试探性，因此调查之前应注意一些因素，它们主要包括：

与事前的期望是否保持一致；

调研报告是否清晰无误；

调研的质量、分析的方法是否恰当；

企业管理者（各部门）是否能够在企业文化的概念约束下接受调研的结论；

企业管理者是否有接受目前市场状态和迎接挑战的勇气。

讨论题： 如果你是市场营销经理，你认为在市场信息调查中最应该收集的是哪方面的信息？

第三节 市场细分管理

市场细分是市场营销战略中的一个重要环节。市场细分的概念是20世纪50年代美国市场营销学家温德尔·史密斯（Wendell R. Smith）提出来的。市场细分理论的产生，被一些西方营销学家称为"市场营销革命"。市场细分对现代市场营销组合产生了巨大的作用，也使市场营销观念发生了彻底改变。了解市场细分的原理，对市场信息的调查设计和规划极为重要。

一、市场细分的含义

1. 市场细分的基本含义

市场细分就是根据顾客之间需求的差异性，把一个市场整体划分为若干个顾客群体。而每一个由需求特点相似的顾客组成的群体就构成了一个细分市场。

市场细分是以顾客需求的差异性为基础的。例如：有的消费者喜欢计时基本准确、价格比较便宜的手表，有的消费者需要计时准确、耐用且价格适中的手表，有的消费者要求计时准确、具有象征意义的名贵手表。手表市场据此可细分为三个子市场。分属于同一细分市场的消费者，他们的需要和欲望极为相似；分属于不同细分市场的消费者，对同一产品的需要和欲望则有明显的差别。

2. 市场细分的目的

市场细分的基本目的就是选择和确定目标市场。

我们知道，市场中有成千上万的消费者，消费的群体又分散于不同的地区，他们的需求和欲望是千差万别的,且这些欲望和需求会随着时间的推移和环境的变化而变化。商品生产者面对的是这样复杂多变的大市场,因此任何一个规模巨大、资金实力雄厚的大公司,都不可能满足任何一个市场上全部顾客的所有需求。同时,由于生产企业资源、设备、技术等方面的限制,也不可能满足全部顾客的不同需要。企业只能根据自身的优势条件,从事某方面的生产、营销活动,选择力所能及的、适合自己经营的目标市场,所以有必要细分市场。需要指出的是,细分市场是有一定客观条件的。只有商品经济发展到一定阶段,市场上商品供过于求,消费者需求多种多样,企业无法用大批量生产产品的方式或差异化产品策略有效地满足所有消费者需要的时候,细分市场的客观条件才具备。

3. 市场信息调查与细分战略

要进行市场细分,首先就应该进行市场需求信息的调查与分析,这是因为细分市场不是根据产品品种、产品系列来进行的,而是从消费者(指最终消费者和消费品生产者)的消费偏好角度来进行划分的,即根据消费者的需求、动机、购买行为的多元性和差异性来划分的。而消费者的需求、动机、购买行为等,都可以通过适当的市场调查了解到,市场细分对企业的生产、市场营销起着极其重要的作用。

企业要在研究市场和细分市场的基础上,结合自身的资源与优势,选择其中最有吸引力和最能有效地为之提供产品和服务的细分市场作为目标市场,并设计出与目标市场需求特点相匹配的市场营销组合,产生出市场细分战略。

二、市场细分的作用

1. 有利于发现市场机会

通过市场细分,可以发现需求被满足的程度及哪些需求仍是潜在需求。中小企业通过市场细分,可以根据自身情况,选择那些大企业不愿经营、市场相对需求较小的细分市场,集中力量满足这些细分市场的需求,从而在整体市场竞争激烈的情况下,在局部市场确立相对竞争优势,取得较好的经济效益,求得生存和发展。

2. 有利于深入认识细分市场

通过市场细分和认真的分析各细分市场的特点,能深入地认识细分市场的特点,正确地确定企业的目标市场。通过市场细分,企业可以对每一个细分市场的购买潜力、满足程度、竞争情况等进行分析对比,探索出有利于本企业的市场机会，使企业及时作出生产、销售决策或根据本企业的生产技术条件制定新产品开拓计划，进行必要的产品技术储备，掌握产品更新换代的主动权，开拓新市场，以更好地适应市场的需要。企业可以集中人力、物力和财力，争取局部市场上的优势，然后再占领其他的目标市场。

3. 有利于制定有效的市场营销组合策略

市场营销组合策略的有效性与企业对目标市场特点的认识密切相关，自然与企业的有效市场细分密切相关。市场细分后的子市场比较具体，比较容易了解消费者的需求，企业可以根据自己的经营思想、方针、生产技术和营销力量，确定自己的服务对象，即目标市场。较小的目标市场有利于企业制定特殊的营销策略。同时，在细分市场上，市场消费信息更容易了解和反馈，一旦消费者的需求发生变化，企业可迅速改变营销策略，制定相应的对策，以适应市场需求的变化，提高企业的应变能力和竞争力。

4. 有利于提升企业的竞争能力

通过市场细分和对细分市场的分析，企业和竞争者在各细分市场上的相对优势和劣势都能得到充分暴露，从而有利于企业选择适当的细分市场，以扬长避短。

细分市场不仅是一个分解的过程，也是一个聚集的过程。所谓聚集的过程，就是把最易对某种产品特点作出反应的消费者集合成群。这种聚集过程可以依据多种标准连续进行，直到识别出规模足以实现企业利润目标的某一个消费者群。

三、市场细分的标准

市场细分的标准对于市场信息的调查是有很大的帮助的。了解市场细分的标准，实际上是要使我们的市场调查研究更具有针对性。

一般地讲，市场细分标准主要可归纳为四大类：地理因素、人口因素、心理因素和行为因素。这些因素有些相对稳定，但多数则处于动态变化中。

1. 地理因素

这是指按照购买者所处的地理位置、自然环境来细分市场。其中包括的重要的具体因素有：

（1）地区

不同地区的消费者对消费品有不同的"口味"。生活在我国南方和北方的消费者、东部与西部的消费者，甚至相邻的省、市的消费者，对许多产品的要求都大有差别。比如,在我国西南部一些省份,一些小排量的汽车有较大的消费市场,而在我国的北部和东部,许多汽车消费者则对小排量的汽车不感兴趣。

(2) 消费水平

在我国,城市、郊区及乡村的人均可支配收入是非常不一样的,因此他们的消费水平完全不在一个层面上,甚至有很大的差异。比如,居住在城市里的居民和居住在乡镇上的居民,在对房屋室内装饰用品消费的需求上就大相径庭。

(3) 城市规模

城市规模的大小也会导致消费理念和消费方式的不相同。一些特大型城市、中心城市和一般的中型城市及小城市、县城在消费理念上就可能存在很大的区别。比如你很难在中小城市看见肯德基、麦当劳这样的快餐店,一些消费档次较高的酒吧和咖啡店更是凤毛麟角,但在一些特大城市,这些消费场所比比皆是。

(4) 气候条件

不同地域的气候条件不同,导致了对消费品的爱好不同。我国北方高纬度地区冬季寒冷干燥、南方低纬度地区温暖潮湿,这两地消费者对许多产品的要求便大相径庭。比如在服装的色彩上,北方人喜欢单调的色彩,南方人喜欢斑斓的色彩。

由此可见,处于不同地理位置的消费者,对同一类产品往往呈现出差别较大的需求特征,对企业营销组合的反应也存在较大的差异。

地理因素是一种相对静态的变数,但即使是处于同一地理位置的消费者对某一类产品的需求仍然会有一些差异,因此,还必须同时依据其他因素进行市场细分。

2. 人口因素

这是指按照购买者的人口统计特征来细分市场。

(1) 年龄

消费者的购买欲望和购买能力会因为年龄不同而发生变化。如青年人对服饰的需求与中年人的需求就有较大差异。青年人需要鲜艳、时髦的服装,中年人则需要端庄、高雅的服饰。在购买能力上,中年人的购买力明显强于青年人,特别是中年女士的消费,远远高于年轻人。

(2) 性别

男女的需求在许多品牌和产品上是有很大区别的,就是一些高档耐用消费品也会随着人们消费水平的提高而出现明显的性别差异。比如住房装修、汽车款式等。世界上的一些著名汽车制造商过去一直是迎合逻辑性要求设计汽车。现在，随着越来越多的女性参加工作和拥有自己的汽车，这些汽车制造商正在研究市场机会，以设计出具有吸引女性消费者特点的汽车。

[案例]　　　　　　　　　　汽车市场的机会

一项对中国汽车消费市场的调查表明，越来越多的年轻女士希望拥有自己的个性汽车。这样的市场机会为汽车制造商们带来了光明。

"我们的目标是瞄准那些公司中的高级白领和公务员中的年轻女士。"大众（中国）公司（VOLKSWAGEN AG）的一位高级主管说，"她们已经拥有了较高的社会地位和比较丰厚且稳定的收入，她们追求时髦，个性独立。我们现在设计的'甲壳虫'色彩明快、款式别致，正好满足她们的个性需求，相信她们会喜欢。"

奇瑞汽车的奇瑞QQ主题词是"梦想，触手可及"。此车面向的主要是中国汽车市场中的年青女性和一般的能够购买经济型轿车的上班族。QQ外观时尚，具有年轻女性的活泼个性和青春气息。

现代汽车公司（HYUNDAI）紧跟中国汽车市场中女性消费者的需求，倾力推出"新酷派"（Coupe）车型。其简洁而又与众不同的跑车外形、鲜艳明快的色彩、适中的价格，立马吸引了一些喜欢时髦的女性的眼球。"我们就是要让那些喜欢追求时尚的女性感到物有所值。当她们驾乘'新酷派'时，她们会充分享受到跑车给她们带去的快感以及舒适明亮的空间给她们带去的自豪。"北京现代汽车的一位负责人在"新酷派"推出时的记者会上如是说。

（3）职业

一个人的职业也会影响其消费模式。工人、农民、军人、教师等，对同一类商品也会产生不同偏好。比如，农民购买自行车偏好载重自行车，而学生、教师则是喜欢轻型的、样式美观的自行车。

（4）收入

收入是进行市场细分的又一标准。消费者通常要"量入为出"，依据收入条件作出消费和购买决定。因此，许多企业把市场区分为精品市场和大众市场，高收入者市场、中收入者市场及低收入者市场，或进一步依据人均收入的不同档次细分市场。比如，同是外出旅游，在交通工具以及食宿地点的选择上，高收入者与低收入者会有很大的不同。正因为收入是引起需求差别的一个直接而重要的因素，在诸如服装、化妆品、旅游服务等领域根据收入细分市场相当普遍。

（5）民族

每个国家都存在不同的民族，每个民族都在漫长的历史发展过程中形成了独特的风俗习惯和文化传统，因而会导致需求的差异性。

还可以按教育程度、家庭生命周期、宗教信仰等进行市场细分。年龄不同、受教育程度不同的消费者在价值观念、生活情趣、审美观念和消费方式等方面会有很大的差异。

3. 心理因素

这是指按照消费者的心理特征细分市场。按照上述几种标准划分的处于某个消费群体中的消费者对同类产品的需求仍会显示出差异，其原因之一可能是心理因素的差异。心理因素具体包括：

（1）个性

个性是指比较稳定的心理倾向与心理特征。它会导致一个人对其所处环境作出相对一致和持续不断的反应。每个人的个性都会有所不同。通常，个性会通过自信、自主、支配、顺从、保守、适应等性格特征表现出来。因此，个性可以按这些性格特征进行分类，从而为企业细分市场提供依据。在西方国家，对诸如化妆品、香烟、啤酒、保险之类的产品，有些企业以人的个性特征为基础进行市场细分并取得了成功。

（2）生活方式

通俗地讲，生活方式是指一个人怎样生活。人们追求的生活方式各不相同：有的追求新潮、时髦，有的追求恬静、简朴；有的追求刺激、冒险，有的追求稳定、安逸。具体地讲，个性是指一个人在生活中所表现出来的活动、兴趣和看法的整体模式。人们追求的生活方式不同，对产品的喜好和追求也就不同，对生活方式就有许多分类方法。在有关心理因素的作用下，人们的生活方式可以分为传统型、新潮型、奢侈型、活泼型、社交型等。西方的一些服装生产企业为简朴的妇女、时髦的妇女和有男子气的妇女分别设计不同服装，烟草公司针对挑战型吸烟者、随和型吸烟者及谨慎型吸烟者推出不同品牌的香烟，均是依据生活方式细分市场的。

（3）生活格调

生活格调是指人们对消费、娱乐等特定习惯和方式的倾向性。追求不同生活格调的消费者对商品的爱好和需求有很大差异。

（4）购买动机

需要是人类生存和发展的必要条件。需要一旦被意识到，就会以行动动机的形式表现出来。被意识到的需要就会成为动机，支配人的行为。

（5）价值观念

这指的是人们对事物的评价标准和崇尚风气。价值观念决定了人们的是非观、善恶观和主次观，在很大程度上决定着人们的行为。

（6）追求的利益

这是指依据消费者通过购买、消费产品期望得到的主要利益来进行市场细分。消费者在购买过程中对产品不同效用的重视程度是不同的。

消费者的个性、价值观念等心理因素对需求有很大影响，企业可以把个性、爱好、兴趣和价值取向相似的消费者集合成群，有针对性地制定营销策略。

4. 行为因素

根据购买者对产品的了解程度、态度、使用情况及反应等将他们划分成不同的群体就是行为细分。许多人认为，行为变数能更直接地反映消费者的需求差异。行为因素主要包括：

（1）进入市场的程度

按照消费者进入市场的程度，通常可以划分为固定消费者、初次消费者和潜在消费者。一般而言，资金雄厚、市场占有率较高的企业，特别注重吸引潜在购买者。它们希望通过市场整体营销策略，把潜在的消费者变为初次消费者，进而再变为常规消费者。而一些中小企业，特别是无力开展大规模促销活动的企业，主要采用市场细分营销策略来吸引固定消费者。

（2）使用频率

依据产品购买、使用数量因素，将消费者分为少量使用者、中量使用者及大量使用者。在固定消费者中，不同消费者对产品的使用频率也是有所不同的，可以被进一步细分为大量使用者、中量使用者和少量使用者。大量使用者虽然在消费总人数中所占比重较小，但购买、消费某种产品的比重却很大，且往往具有某种共同的人口及心理方面的特征。

[案例]　　　　　　　　　　啤酒消费者

德国著名的啤酒生产商司陶特（STOUT）有限公司发现，司陶特黑啤酒的80%是被50%的顾客消费掉的，而另外50%的顾客的消耗量只占消耗总量的

12%。因此，司陶特公司宁愿吸引饮用啤酒较多的消费者，而放弃饮用啤酒较少的消费者，并把前者作为目标市场。公司通过市场调查还进一步了解到喜欢大量饮用黑啤酒的人多半是工人，他们的年龄在25～50岁之间，他们喜欢观看体育节目，每天看电视的时间不少于3～5小时。很显然，根据这些信息，司陶特可以大大改进其在定价、广告传播等方面的策略。

（3）品牌忠诚度

还可依据消费者对某一品牌的忠诚状态对市场进行细分。比如：始终不渝地坚持购买某一品牌的坚定忠诚者、经常在几种固定的品牌中选择的不坚定者，以及对任何一种品牌都不忠诚的多变者。每个企业的市场都包含了比例不同的这样三类顾客。依据品牌忠诚度细分市场，可以发现问题，采取措施改进市场营销工作。比如，在转移型忠诚者比重较高的市场上，企业应努力分析消费者品牌忠诚转移的原因，以改进原有的营销组合，加强品牌忠诚程度；而对于那些对任何品牌都不忠诚的多变者占较大比重的市场，企业应审查原来的目标市场的确立和品牌定位等是否准确，要随市场环境和竞争环境变化对其重新加以调整。

（4）购买时机

根据消费者提出的需要、他们购买和使用产品的不同时机，可以将消费者划分成不同的群体。例如城市公共交通运输公司可根据上班高峰时期和非高峰时期乘客的需求特点划分不同的细分市场并制定不同的营运策略；生产饮料的企业可以根据消费者一年四季对饮料口味的不同，将饮料市场划分为不同的子市场来制定营销策略。

（5）追求利益

消费者购买某种产品总是为了解决某类问题，满足某种需要。然而，产品提供的功能利益往往并不是单一的，而是多方面的。消费者对这些利益的追求是有所侧重的。如对购买手表的消费者来讲，有的人追求经济实惠、价格低廉，有的人追求耐用可靠、使用维修方便，还有的人则偏向于手表的美观性和艺术性以显示其社会地位等。

（6）购买的冲动阶段

消费者对各种产品的了解程度往往因人而异。有的消费者可能对某一产品确有需要，但并不知道该产品的存在；有的消费者虽已知道产品的存在，但对产品的价值、稳定性等还存在疑虑；另外一些消费者则可能正在考虑购买。针对处于不同购买阶段的消费群体，企业在进行市场细分时应采用不同的营销策略。而且这一策略的制定主要依赖于市场信息的调查与分析结果。

(7) 态度

企业还可根据市场上顾客对产品的热心程度来细分市场。不同消费者对同一产品的态度可能有很大差异，如有的倾向于持肯定态度，有的又往往持否定态度，还有的则持既不肯定也不否定的无所谓态度。应针对持不同态度的消费群体进行市场细分，并在广告、促销等方面有所不同。

[案例] "小白兔"吃"大萝卜"

牙膏是日用消费品，按理说在中国应当有广阔的市场。可是当杭州牙膏厂厂长陈瑞华于2000年走马上任时，全国牙膏库存竟达七亿多支，他们厂也积压了约两千多万支。在杭州市的大街小巷，同行业著名厂家的牙膏广告牌无处不在。小小的杭州牙膏厂真可谓"四面楚歌"。

在这种情况下，陈瑞华敏锐地将目光投向了儿童市场。他算了一笔账，全国11亿人口中就有3亿儿童，而儿童中患龋齿者更是十有七八。经过一番市场调查研究，杭州牙膏厂的决策者们对儿童牙膏市场进行了进一步市场细分，其市场潜力就显现出来了。杭州牙膏采用国际防龋药剂，配以国际流行的草莓香料，新一代"小白兔"儿童牙膏就此诞生了。但要让孩子们喜欢"小白兔"，首先得让孩子们知道"小白兔"；知道了"小白兔"，还得让孩子们养成刷牙的好习惯，他们的爸爸妈妈才会为"小白兔"掏腰包。电视媒体的广告促销是一个重要的有效手段，而广告还得"投孩所好"，寓教于乐。于是，杭州牙膏厂断然买下中央电视台"小喇叭"节目2001年全年的广告，"小白兔吃萝卜"的电视广告使小朋友乐得合不拢嘴。每逢开学前，"小白兔"包书纸就送了到幼儿园和小学生的手里；"六一"还被定为了"小白兔"的生日，杭州牙膏厂每年借此进行一次声势浩大的宣传。就这样，"小白兔"声名鹊起，每年销售约三千万支，独占全国儿童牙膏市场销量的2/3以上，连续七年被各大商场推荐为"全国最受欢迎的轻工产品"。最近，杭州牙膏厂又针对不会刷牙的幼童推出了"小白兔"儿童漱口水，向幼童们献出了一片爱心。

"小白兔"能吃上牙膏市场的这棵"大萝卜"，有两个原因：

一是有针对性地对牙膏市场进行了细分。"小白兔"正是抓住了儿童市场，并针对儿童患龋齿病多的特点开发产品，才找到了自己的目标市场。二是根据特定的市场采取了有效的促销策略。

讨论题：市场信息调查分析与市场细分战略的关系是怎样的？

复习思考题

一、复习题

1. 市场信息调查的逻辑步骤是什么？
2. 如何识别市场机会？
3. 如何与消费者互动？
4. 市场信息调研设计是如何形成的？
5. 如何判别市场中的因果关系？
6. 市场调研申请包含的内容是什么？
7. 市场细分的作用是什么？

二、思考题

战略计划需要企业在所有领域如生产、财务、销售等领域进行投入。你认为市场营销调研在战略计划中扮演了什么样的角色？

三、实践题

为了解在现代家庭消费决策中妇女的地位进行调查。询问有配偶或伴侣的妇女，并注意年龄组分段调查的意义，然后完成以下调查表：

表3-1　　　你和你的配偶（或伴侣）在家庭消费决策中的发言权

项目	我	配偶（伴侣）	平等
购买家用电器	购买汽车	购买计算机	家庭储蓄/投资
休闲计划/旅游房屋选择			
购买家具			
室内装修计划			
日用品品牌			
家族食物类型			

分两个年龄组调查：20~35岁和36~50岁

统计结果，计算出百分比，写出调查报告，对当前妇女在家庭开支的地位进行分析，并说明此分析报告揭示的问题对行业的影响。以某个产品类企业为例，阐述你的观点。

第四章
定性调查

定性调查在市场信息调查研究中占有非常重要的地位，它的基本功能主要是为市场决策者找出决定问题的关键因素，并为市场调查调研人员指明市场调查的方向。一般情况下，定量调查是在市场定性调查的基础上进行的。在定性调查法中使用最为普遍的是焦点小组访谈法。

第一节 定性调查的本质

定性调查一般是围绕一个特定的主题展开，取得有关问题的定性分析资料。在市场信息调查中，它主要用于考察消费者的态度、感觉、动机、反应，或者用来了解问题的性质以及发展的方向。

一、定性调查的定义

定性调查分析和研究意味着调查的结果没有经过量化，或者说没有经过量化分析，它一般指的是调查者对被调查者的思想或态度的一种理解或了解，以及由这种理解或了解来推断的被调查者对事物可能采取的行为方式。18世纪中叶著名的历史学家戈·韦高（Giambattista Vico）曾说：只有人才能理解人，而且是通过被称之为直觉的天赋来实现的。在社会学和其他社会科学中，关于直觉试验以及移情作用有着大量的发现，也存在大量的争议。

比如，一项定量调查可能发现大量饮用某种饮料的人的年龄为25～40岁，其年收入为3万～5万元人民币。定量分析能够揭示大量饮用某种饮料的人和不常饮用的人之间的重要统计特征方面的差别，而定性分析却可以用来考察大量饮用者的态度、感觉和动机等特征。

定性调查除在了解消费者的思想、观念、态度等方面具有较强的优势外，在了解市场竞争对手的策略和战略取向方面也有不可取代的优势。下面是一个通过

定性调查了解竞争对手的著名的案例:

[案例]　　　　　　　　百事可乐与可口可乐的竞争

在世界饮料行业,可口可乐和百事可乐是一对永远的竞争对手。从发展史来看,它们一个是饮料行业的市场领导者,一个是市场挑战者。它们之间的"战争"一直为业界津津乐道。

世界上第一瓶可口可乐于1886年诞生于美国,距今已有121年的历史。

1886年,美国南北战争正如火如荼。在美国亚特兰大市的一家药店里,一位南部联邦的退役军官彭伯顿办起了彭伯顿制药公司。他自封为医学博士,立志要配制一种专治头痛和偏头痛的药水。他找来了能够提取药物的树叶、果实、香精、烈酒,调入了糖,兑进了香油、水……彭伯顿没有想到,想配制药水的他,却调制出了一种可口的解渴饮料。根据主要的配方,彭伯顿替他的"药水"——饮料取名为"CocaCola",意思是当这种饮料被倒入杯中时,有"咯啦咯啦"的声音。公司簿记员鲁宾孙写得一手好字,他用流畅的笔迹写下这八个字母,从此"CocaCola"的商标流传于世。

二十世纪初,遍及全美的禁酒运动为这一非酒精饮料的发展提供了空前的发展机会。它通过广告建立的爽口好喝、有益健康、令人愉快的形象深入人心。可口可乐这种神奇的饮料以它不可抗拒的魅力征服了全世界数以亿计的消费者,成为了"世界饮料之王",甚至享有着"饮料日不落帝国"的赞誉。但是,就在可口可乐如日中天之时,竟然有另外一家同样高举"可乐"大旗、敢于向其挑战的企业,它宣称要成为"全世界顾客最喜欢的公司",这就是百事可乐公司。

世界上第一瓶百事可乐同样诞生于美国,那是在1898年,比可口可乐的问世晚了12年。1898年,美国辛辛那提市一个叫凯莱希·B.希拉姆汉的人发现他在北卡罗来纳州纽约伯恩药店出售的一种"希拉德饮料"的味道同配方绝密的可口可乐相近,于是便借可口可乐之势取名为"百事可乐"(Pepsicola),意思是当打开这种饮料的瓶盖时,可乐冒气发出的"噗哧"的声音。这悄然诞生而后注定要成为可口可乐霸主地位的最有力挑战者的饮料,其最初的经营极为惨淡。1922年和1931年,百事可乐两次宣告破产,它甚至主动提出将公司卖给可口可乐公司,但被断然拒绝了。

1902年,可口可乐公司投下12万美元广告费,使可口可乐成为最知名的品牌。次年,可口可乐改变配方,去掉了古柯碱成分。由于受到广告与禁酒运动的影响，可口可乐迅速成长了起来。

作为市场后起者，百事可乐有两种战略可供选择：向市场领导者发起攻击以夺取更多的市场份额——挑战者战略；或者是参与竞争，但不让市场份额发生更大改变——追随者战略。显然，经过近半个世纪的实践，百事可乐深刻地意识到，后一种选择连公司的生存都不能保障，是行不通的。于是，百事可乐向可口可乐发起了强有力的挑战，并在与可口可乐的交锋中越战越强，最终与其形成分庭抗礼之势。

百事可乐成长于20世纪30年代的经济大恐慌时期。由于当时的消费者对价格很敏感，因此1934年百事可乐推出了12盎司（一盎司=28.3495克）装的瓶子，但与可口可乐6.5盎司的价格一样，也是5美分。百事可乐利用电台广告大力宣传"同样价格、双倍享受"的利益点。它成功地击中了目标——年轻人，因为他们只重量而不重质。

第二次世界大战后的美国经济发展对百事可乐的发展形成了非常有利的环境。美国诞生了一大批年轻人，由于没有经过大危机和战争洗礼，他们自信乐观，与他们的前辈们有很大的不同。这些小家伙正在成长，并逐步成为了美国的主要力量。他们对一切事物的胃口既大且新，这为百事可乐针对"新一代"的营销活动提供了基础。百事可乐的一个成功策略是抓住了"新一代"。从1961年开始，其广告强调："现在，百事可乐献给自认为年轻的朋友。"1964年百事可乐喊出"奋斗吧！你是百事的一代"，使这个观念更明确风行，大大改变了年轻人的自我意识。

这一切都是在1960年百事可乐把它的广告业务交给BBDO广告公司之后的战绩。在此之前，可口可乐是以5∶1的绝对优势压倒了百事可乐。

BBDO公司分析了消费者构成和消费心理的变化，将火力对准了可口可乐"传统"的形象，作出种种努力把百事可乐描绘成年轻人的饮料。经过四年的酝酿，"百事可乐新一代"的口号正式面市，并一直沿用了20多年。十年后，可口可乐才试图对百事可乐俘获下一代的广告作出反应。1970年以后，可口可乐公司的宣传重点才从"清凉顺畅、心旷神怡"的软性诉求，转向"只有可口可乐，才是真正可乐"的防御策略，以提醒消费者可口可乐才是真正的创始者，其他的都是仿冒品；后来可口可乐更进一步将"CocaCola"浓缩为"Coke"一词，以摆脱百事可乐的同名干扰。这样店老板再也不会搞不清是拿可口可乐还是拿百事可乐了。然而这时，它对百事可乐的优势已经减至2∶1了。而此时，

BBDO又协助百事可乐制定了进一步的战略，向可口可乐发起全面进攻，其中两仗打得十分出色。这被世人称为"百事可乐的挑战"。

第一个漂亮仗是品尝实验和其后的宣传活动。1975年，百事可乐在达拉斯进行了品尝实验，将百事可乐和可口可乐都去掉商标，分别以字母M和Q做上暗记。结果表明，百事可乐比可口可乐更受欢迎。随后，BBDO公司对此大肆宣扬，在广告中表现可口可乐的忠实主顾选择标有字母M的百事可乐，而标有字母Q的可口可乐却无人问津。广告宣传完全达到了百事可乐和BBDO公司所预期的目的：让消费者重新考虑他们对"老"可乐是否应继续保持忠诚，并把它与"新"可乐相比较。而可口可乐对此除了指责这种做法比较不道德，并且吹毛求疵地认为人们对字母M有天生的偏爱之外，别无良法。结果，百事可乐的销售量猛增，与可口可乐的差距缩小为2∶3。

百事可乐只有30多岁的经理约翰·斯卡利坚信："基于口味和销售两个原因，百事可乐终将战胜可口可乐。"这一预言很快变成了现实，在百事可乐发起挑战之后不到三年，美国《商业周刊》就开始怀疑可口可乐是否有足够的防卫技巧和销售手段来抵御百事可乐的猛烈进攻。1978年6月12日，《商业周刊》的封面赫然印着"百事可乐荣膺冠军"。A.C.尼尔森关于商店里饮料销售情况的每月调查报告也表明：百事可乐第一次夺走了可口可乐的领先地位。

20世纪80年代以后，战事在逐步升级。百事可乐乘莫斯科美国博览会之机顺利地打开了前苏联市场的大门，首次进军海外市场。当可口可乐准备在以色列建厂遭到阿拉伯各国联合抵制时，百事可乐却一举夺取了中东市场，接着又在日本与可口可乐展开角逐。1980年，在莫斯科奥运会上，百事可乐迅速行动，由于宣传得法，其赢利超过可口可乐的1/3，百事可乐海外名声大振，开始行销到海外120个国家。百事可乐与可口可乐的海外市场销售量比数已由1∶5、2∶5变成1∶2、3∶5。可事可乐咄咄逼人，志在必得，已经壮大成为与可口可乐势均力敌的同一量级对手。

1983年，百事可乐公司的罗杰里科担任总裁，这位从百事可乐海外市场部一路升上来的"新官"，一上台就面临着可口可乐强大的争夺市场的压力，而百事可乐所采取的"美国百事时空"系列广告已无法引起消费者的强烈兴趣。于是罗杰里科组织了一次忠于百事可乐和忠于可口可乐的顾客调查。调查共分为17组，分别在百事可乐的根据地辛辛那提市和可口可乐占支配地位的达拉斯市进行。调查结果表明：

百事可乐是一家年轻的企业，具备新的思想，富有朝气和创新精神，是一个发展快、赶超第一的企业；但其不足之处是鲁莽，甚至有些盛气凌人。

可口可乐得到的评价是：是美国的化身，是"真正"的正牌可乐。但一直坚守明显的保守传统，反应迟钝、自命不凡，很像一个社会组织。

双方的优劣已很明确，那么新的进攻将从哪里开始？

百事可乐提出：现在，对于自认年轻的消费者来说，百事可乐正是他们最佳的选择。"奋起吧，你是百事可乐新生代生龙活虎的一员"的广告口号，既迎合了年轻人追求时髦、想摆脱上一代生活方式的叛逆心理，又吸引了想显示自己仍然富于青春与活力的中老年人，而把可口可乐映衬为陈旧、落伍、老派的代表。

百事可乐的凶猛出击并不仅上于此，它又策划了摇滚巨星迈克尔·杰克逊主演百事可乐广告片和与明星共舞两个极为成功的活动，将与可口可乐的市场争夺战推向更为激烈尖锐的高潮。1983年底，BBDO广告公司以500万美元的代价，聘请迈克尔·杰克逊拍摄了两部广告片，并组织杰克逊兄弟进行了广告旅行。

迈克尔杰克逊是美国青年人的偶像，有着"比上帝还厉害"的巨大感召力。百事可乐为此花去了550万美元的天价。这是百事可乐有史以来广告最高价的近一百倍，不过效果也是奇佳。在迈克尔的广告首播的那个晚上，青少年犯罪停止了，全国范围内家庭用水量显著下降，电话都没人打了。在这部气势磅礴的广告片中，迈克尔的外貌、声音、舞台形象和动作造型，使所有观众疯狂沉醉。由于这部广告片的热潮，许多电视台还在新闻节目中对这部广告片予以报道。百事可乐公司没花一分钱，便在电视、杂志、报纸上做了价值几百万美元的广告。这位红极一时的摇滚乐歌星为百事可乐赢得了年轻一代狂热的心。广告播出才一个月，百事可乐的销量就直线上升。据百事可乐公司自己统计，在广告播出的一年中，大约97%的美国人收看过这个广告，平均每人达12次。

随后，百事可乐再接再厉，又在1985年与当时歌坛明星莱昂内尔·里奇签约，请著名剧作家菲尔·杜森伯莱编导出再次震动全美的广告片。在广告片中，莱昂内尔发表了百事可乐的宣言："我们是一代新人，我们的感情节奏代表新的风貌。这一代人的感情就是心心相印。"他和他的祖母共同出现在镜头前，这位90岁的老祖母引起了人们极大的好感。

几乎与此同时，百事可乐利用可口可乐和包装商们的利益纷争，以及联邦贸易委员会对饮料行业特许包装体制的反对，争取了数家包装商，并且让可口可乐公司遭受了一次非常公开的挫折。1984年5月，负责官方饮料供应的伯格·金公司因不满可口可乐转向其竞争对手麦当劳公司,于是交给百事可乐一纸合同,让它为全美2300家伯格·金快餐店提供3000万升饮料,仅此一项每年为百事可乐增加3000万美元的收入。伯格·金的"倒戈",令百事可乐获益匪浅。

百事可乐不仅在美国国内市场上向可口可乐发起了最有力的挑战,还在世界各国市场上挑战可口可乐。在与可口可乐角逐国际市场时,百事可乐很善于依靠政界,抓住特殊机会,利用独特的手段从可口可乐手中抢夺市场。

在美国市场上,百事可乐因为可口可乐的先入优势已经没有多少空间。百事可乐的战略就是进入可口可乐公司尚未进入或进入失败的"真空地带"。当时公司的董事长唐纳德·肯特经过深入考察调研,发现前苏联、中国及亚洲其他地区、非洲还有大片市场空白可以有所作为。

1959年,美国展览会在莫斯科召开,肯特利用他与当时的美国副总统尼克松之间的特殊关系,要求尼克松"想办法让苏联领导人喝一杯百事可乐"。于是在各国记者的镜头前,赫鲁晓夫手举百事可乐,露出了心满意足的表情。这是最特殊的广告,百事可乐从此在前苏联站稳了脚跟。1975年,百事可乐公司以帮助前苏联销售伏特加酒为条件,取得了在前苏联建立六个生产工厂并垄断其销售的权利,成为美国闯进前苏联市场的第一家民间企业。这一事件立即在美国引起了轰动,各家主要报刊均以头条报道了这条消息。

在以色列,可口可乐抢占了先机,先行设立了分厂。但是,此举引起了阿拉伯各国的联合抵制。百事可乐见有机可乘,立即放弃本来得不到好处的以色列,一举取得中东其他市场,占领了阿拉伯海周围的每一个角落,使"百事可乐"成了阿拉伯语中的日常词汇。

1970年末,印度政府宣布,可口可乐只有公布其配方才能在印度经销。由于双方无法达成一致,可口可乐撤出了印度。百事可乐因此乘机以建立粮食加工厂、增加农产品出口等作为交换条件,打入了这个重要的市场。

百事可乐终于在它诞生后的第92年赶上了竞争对手。1990年,两种可乐平分市场,在零售方面百事可乐甚至超出了1亿多美元。该年度A.C.尼尔森公司对美国、欧洲和日本的9000名消费者进行了调查,排出了世界上最有影响的10大名牌,百事可乐和可口可乐均获此殊荣,分列第6和第8位。百事可乐已经实现了"成为全世界顾客最喜欢的公司"的梦想。1997年,百事可乐公司全球销售额为292.92亿美元,位列1998年《财富》世界500强第92位,荣登饮料行业企业世界冠军;而可口可乐只能屈居亚军,销售额只有188.68亿美元,排名在201位。

问题:

1. 百事可乐是如何利用定性调查与可口可乐争夺市场的?
2. 百事可乐在市场调查中采用了什么方法?
3. 如何在世界饮料市场中进行定位?

二、定性调查与定量调查的比较

表4-1简单比较了定性与定量调查的几个方面。

表4-1　　　　　　　　定性调查与定量调查的比较

种类	定性调查	定量调查
问题的类型	探测性	有限探测性
样本规模	较小	较大
每一次访谈对象的信息	大致相同	不同
执行人员	需要特殊的技巧	不需要多少技巧
分析类型	主观性的、解释性的	统计性的、量化性的
研究的类型	试探性的	因果性的
对调研者的培训	心理学、社会学、消费行为学、营销学、市场调查学	统计学、决策模型、决策支持系统、营销学、市场调查学

也许对管理者来讲,最重要的一点是定性分析的结果的通俗性和对现实的探测性,因为这些结果表明了被调查者对某种事物存在的态度和观点。问题是由于定性调查的结果通常是由一些小样本来推断的,并且在很大程度上依赖于调查者的主观认识和个人理解,因此从客观上讲,它必然和被调查者的认识多少存在一定的偏差。而且这种偏差究竟有多大,定性分析也无法作出解释,这一点应该说是定性调查分析的一种重大缺陷。因此,从原则上来讲,许多管理者都不愿根据小样本的调研结果进行重大战略决策,而更愿意参考经过定量分析大样本所得到的结果来作出有关市场的决策。因为他们一般认为根据大样本分析出来的结果经过科学精确的方法论证。但是,对于人对某件事物的态度和行为动机等方面的问题,定量分析却不能得出令人信服的结果。

下面这篇来自成都《天府早报》2007年7月某日的报道就说明了定性调查

在决策中的重要性。

[案例]   **最大包机单团首批游客抵蓉**

    成都旅游史上的最大包机单团——中国台湾新光人寿保险公司的1300人的大团的首批70余名游客抵达成都，进行为期六天的入川旅游考察，剩下的1000多人将于本月陆续到达。

    按照行程安排，包机团的客人昨晚的主要活动体验是成都民俗，包括吃火锅、听川剧、赏变脸、逛武侯祠、夜游锦里等。该公司营业管理部经理郭忠和已经是第二次来成都。一走出机场，他最感兴趣的就是成都的"吃"，"你们看我这体形，就知道是爱吃的人。"成都美食丰富，究竟哪一样最具吸引力？"所有！"这是郭忠和的答案。火锅、川菜、小吃……"什么都爱吃！"成都美食名声在外，这也是吸引台湾客人的重要因素。

    为了这次组团旅游，包机团之前总共考察了成都、南京、桂林三个城市，对每个城市的旅游资源、接待能力等都作了详细的了解。为什么选择成都？郭忠和解释，四川的旅游品质、自然风光值得台湾游客来这边观光和学习，神奇的九寨沟、都江堰让人神往，大熊猫更让他们喜爱无比。

    此外，此次的"一机到底，经停澳门"的航行路线也让台湾游客觉得"非常方便"。经停澳门，不用换飞机，只需过一个海关，这是时间最短的形式。郭忠和说以前过来这边要在中国香港转机，会多耽误两小时以上。

问题：
1. 本案例的定性调查的目的是什么？
2. 定性调查起到了什么样的作用？

三、定性调查的普及性

    既然定性调查存在一些明显的缺陷，那为什么在市场调查研究中定性分析的势头一直不减而且还被市场调查人员普遍采用呢？总结起来主要有以下几个方面的原因：

    （1）除定性分析外，还没有更好的方法能了解消费者内心深处的动机和感觉。

    （2）定性分析可以提高定量分析的效率，指导定量分析的步骤和方向。

    （3）定性分析通常比定量分析的成本要低。

其中,"还没有更好的方法能了解消费者内心深处的动机和感觉"这一原因,成为了定性分析一直被使用的理由。

在分析一些主观性问题时,定性分析和定量分析相比较具有明显的优势。

[案例]　　　　　　　　　定性分析的作用

2001年,在激烈竞争的清洁剂市场上P&G公司生产的某种品牌的浴室清洁剂销量大幅下滑,公司为此曾经组织了一次大规模的市场信息调查进行定量分析,想了解为什么自己的浴室清洁剂会滞销。通过对自己产品和竞争对手产品的分析,P&G生产商确信自己产品中的化学成分(去污能力)比竞争对手的更有效力。遗憾的是定量调研只确认了这一事实,对为什么会滞销却并没有给出切中要害的回答。困惑的产品经理转而求助于市场定性调查分析。分析人员通过定性分析很快发现,消费者在购买产品时,第一刺激来自于视觉感官,而P&G生产的这款浴室清洁剂在产品的包装上是一幅暗淡的粉笔画,其颜色给人一种没有去污力的感觉。也就是说,这种消费视觉问题导致了消费者的消费心理障碍。于是厂商很快改变了包装的颜色,用明亮的色彩来暗示产品具有很强的去污能力,结果产品的销量很快在消费市场上得到提升。

一般地讲,将定性分析和定量分析相结合,可以更加透彻地了解消费者的需求。定性分析更具有人情味,也更能揭示事物发展的本质。

[案例]　　　　　　　沃尔沃汽车在美国市场中的地位

沃尔沃汽车美国公司认为,现在美国的汽车市场还在经历巨大的变化,这会影响到沃尔沃汽车的市场份额。

沃尔沃美国公司决定进行一次重要的调查研究以应对变化中的市场,并要求在调查后得出书面鉴定报告。整个调研过程包括定性调研和定量调研两个阶段。

调研过程的第一阶段是要求调研人员设计出精简的市场问卷,主要是调查人们对沃尔沃汽车的态度,在此基础上,再进行更深入的和成本较高的定量调查分析研究。

在定性调研阶段得出了以下结论:

潜在的购买者对沃尔沃汽车的看法很不相同。一些人看重沃尔沃,并将轿车的品牌选择局限在沃尔沃公司生产的某个品牌中;另外的一些人也比较看重沃尔沃,但在最后决策时却将它放弃了。

有的消费者虽然很看重沃尔沃品牌，但连沃尔沃的展厅都没有去过。

虽然沃尔沃汽车在美国的市场上份额比较小，但定性调研也要深入到沃尔沃几个重要的次细分市场。

问题：
1. 沃尔沃公司为什么要进行这样一次调查？
2. 定性调查为沃尔沃汽车在美国市场的定位提供了什么样的帮助？

讨论题：在什么情况下，使用定性调查法分析问题是有效的？

第二节 定性调查之焦点小组访谈法

一、焦点小组访谈的定义

深度访谈（In-depth Interview）是一种无结构的、直接的、一对一的访问形式。在访问过程中，由掌握高级访谈技巧的调查员对调查对象进行深入的访问，以揭示调查对象对某一问题的潜在动机、态度和情感。这一方法最常应用于探测性调查。其应用范围包括详细了解复杂行为、敏感话题或对企业高层、专家、政府官员进行访问。

焦点小组访谈与头脑风暴法相似，是近年来新发展起来的用于进行定性研究的重要手段。焦点小组（Focus Group）做法是选取一组具有代表性的消费者和客户。该组由9~13人组成，在一名主持人的引导下对某一主题或观念进行深入的讨论，从而获得消费者的消费需求、心理和行为等重要特征，为进一步的定量调查奠定基础。

焦点小组访谈法的应用范围包括：消费者使用态度测试、产品测试、概念测试、媒体研究等。小组调查的目的在于了解人们心中的想法及其原因。调查的关键意义在于使参与者对主题进行充分和详尽地讨论，了解他们对某种产品的观念、想法或对组织的看法，了解所调查的事物与他们生活的相关度和契合度，以及他们在感情上与被调查事物的认可程度。

焦点小组访谈的原理来自于群体动力学（Group Dynamics），提供群体互动是焦点小组访谈法成功的关键：一个人对问题的反应会成为对其他与会者的刺激，从而激发受试者参与讨论的热情，这样可以得到比同样数量的人单独陈述所能提供的更多的信息。

在市场调查研究中应用群体动力的想法是受社会心理学的启示。社会心理学的研究发现：来自社会各个阶层、各种生活和各种职业的人们尽管已意识到会对某一种社会现象或问题产生一定的看法，但一般情况下，人们不会比较深入地探讨和表露自己的见解；只有当他们受到鼓励时，他们才会主动地表现自己而不是被动地回答某个问题，并且他们会对这些主题表达出更为全面和更为深入的看法。因此，在焦点小组访谈中，要尽量避免直截了当的问题，而代之以间接提问的形式来激发自发的议论。

二、实施焦点小组访谈法的过程

焦点小组访谈应该具备一定的条件，这样才能使访谈能够顺利地进行下去。图4-1是焦点小组访谈的实施框架：

准备焦点小组访谈 → 选择主持人、制定讨论指南 → 编写访谈报告 → 实施焦点小组访谈

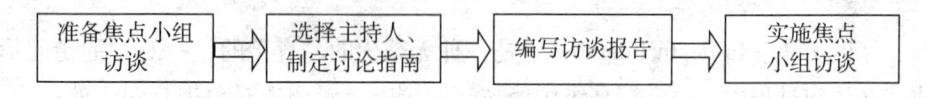

图4-1 焦点访谈实施框架

1. 准备焦点小组访谈

（1）环境准备

准备一个装有单向镜及录音设备或闭路摄像设备的房间，最好由调研机构提供一个具有起居室式样的房间环境来代替会议室。在这样的非正式环境里，可以使参与者感觉更放松，就像身处于一般的家庭环境中一样温馨。当然再准备一些点心、茶水等，会使访谈更为随意、轻松。

（2）甄选参与者

参与者是通过不同的方法征集来的。通常调研人员都会为应征的参与者制定一些资格审查标准，当然，调查人员还应极力避免焦点小组中出现重复性的或"职业性"的受访者。受访者的职业最好是分散一些。

值得注意的是，如果讨论的主题针对性较强或者是技术色彩较浓，那么就只需要较少的受访者。小组的类型也会影响到所需的人数，比如经历性小组比分析性小组所需的受访者人数多。

2. 选择主持人

拥有合格的受访者和一个优秀的主持人是焦点小组访谈成功的关键因素。一

般地讲，一个优秀的主持人需要具备两方面的技能：

（1）主持人必须能恰当地组织一个小组讨论。

（2）主持人必须具备良好的商务技巧，以便有效地与委托商或者受访者进行互动。

组织焦点小组访谈的人的关键性特征和技巧包括：

（1）对人的行为、情感、生活方式、激情和观点真正感兴趣。

（2）接受并重视人与人之间的区别，尤其是同自己的生活截然不同的人的区别。这被称之为无条件积极对待。

（3）具有良好的倾听技巧，既要能听到已说出来的，又要能分辨出没有说出来的潜台词。

（4）具有良好的观察技巧。能观察到正在发生的和没有发生的细节，善于理解肢体语言。

（5）具有广泛的兴趣，能使自己完全融入到所讨论的话题中，能很快学会必需的知识和语言。

（6）具有良好的口头和书面交流技巧。善于清晰地表达自己的观点，并能在不同类型和规模的团体中很自信地表达自己。

（7）具有客观性，能够抛开个人的思想和感情，听取他人的观点和思想。

（8）具有市场调查、市场营销和广告等方面的扎实的基础知识，了解这些领域基本的原理。

（9）具有灵活性，善于面对不确定性，并且思维敏捷，能够迅速作出决策。

（10）善于观察细节，具有很好的组织能力。

在焦点小组访谈法实施之前，不仅对主持人的培训非常重要，还应该对受访者在调查之前可能出现的各种情况作好充分的准备。

以下一系列的事前准备方法可能有助于通过焦点小组访谈获取更多的信息。

（1）在小组访谈之前，调查人员必须要完全熟悉讨论指南。主持人尤其要熟悉所需要的信息类型以及每一次讨论的重点。

（2）如果是委托咨询，委托商必须提前与小组成员沟通，还要特别重视与主持人的沟通。委托商可以有机会与主持人交换对参与者提供信息的看法（比如主持的方式、方法）并建议一些新的话题。

（3）在讨论开始之前，要列出3~5条希望从参与者那里获得的重要信息，这样在咨询过程中就能确定主持人是否要就这些问题进行充分的讨论。

（4）讨论小组的注意力必须关注整个讨论的场面而不是讨论中的某一种人的意见，不应该只注意一两个最活跃的人，或者是对积极讨论主题的人给予肯定，对讨论主题最消极的人给予否定。最好是对每一个参与者的发言都作好记录，然后再综合分析。

（5）在焦点访谈小组会议之后，必须要有总结，总结中至少要涉及到以下三项内容：

本次讨论得到的最重要信息是什么？

未能解决的、需要在随后的小组访谈中涉及的问题是什么？

为将来的讨论指南提出建议，以获取更有建设性的信息。

3. 编制讨论指南

讨论指南是一份在小组访谈中所要涉及的话题的概要。通常讨论指南是由小组调研者根据调研客体和委托人（商）所需信息而设计的。讨论指南必须保证按一定顺序逐一讨论所有突出的话题。

下面是一份讨论快餐业发展的指南（讨论思路）

· 讨论对外出吃饭的感受和态度。

· 转向讨论快餐食品。

· 讨论某一快餐连锁的食品和就餐环境。

· 各抒己见，提出建议。

调研小组编制的讨论指南通常会有三个部分：第一部分和被访者建立友好关系，解释访谈中的规则，并提出讨论的主题；第二部分是由主持人激发小组成员深入地讨论；第三部分是总结归纳，得出本次访谈的重要结论。

下面是一篇讨论指南概要：

大学生使用信用卡观念访谈指南

（1）解释访谈的规则（10~15分钟）

· 只需说出你自己的观点，这里没有"正确"的答案。

· 注意倾听别人的发言。

· 所有人对你的意见都非常感兴趣。

· 为了能够全神贯注地倾听你的发言，我们将采用录音和录像设备。

· 请大家一个一个地发言，我们不希望漏过任何一个人的意见。

·不要向主持人提问，因为主持人的想法和观点并不重要，你们的想法和感受才是最重要的。

·我们要讨论一系列的问题，因此我们将不时地将讨论转入到下一个话题，请你们不要见怪。

·大家还有什么问题？

（2）信用卡使用的历史（20分钟）

我们对同学们使用信用卡的情况以及同学们对信用卡的态度很感兴趣。请你们回答下面的几个问题：

·你知道有多少种信用卡？你现在使用的是什么信用卡？你是什么时候拥有这些信用卡的？

·你为什么要使用这些信用卡？你是如何得到这些信用卡的？

·你最常用的是什么信用卡？你为什么经常使用它？你经常使用信用卡的目的是什么？

·大学生申请信用卡是不是很困难？是否有些信用卡比较容易得到？哪些信用卡更容易得到？大学生是否很难得到一张"满意"的信用卡？

·你对目前的信用卡以及使用它的感觉如何？当你拥有一张信用卡后，你的态度是否有所改变？是如何改变的？

（3）平面广告设计（25分钟）

下面我们将向你们展示几种信用卡的平面广告设计，它们将会出现在校园中学生比较集中的地方。每一种展示广告都代表不同的产品和服务，我想知道你们对不同展示广告的反应。我出示一种广告后，请你们写下对它的第一反应，请在1分钟内完成。之后，我们将更为详尽地讨论每一种广告设计。

出示第一种广告设计

·让同学们记下自己的第一反应。

·讨论：

①你对这个广告设计的第一反应是什么？你喜欢该设计的什么地方？不喜欢的是什么地方？任何的意见都可以。

②你会停下来仔细观看广告或者阅读广告词吗？你会被它吸引吗？为什么会？为什么不会？它有什么吸引人的地方？

出示第二种广告设计（重复前面的步骤）

出示所有的广告设计（重复前面的步骤）

- 在这些广告中，有没有吸引你注意力的广告？如果有的话，是哪一种广告最可能吸引你的注意力，能够使你停下来观看？为什么？
- 哪一种广告最不能吸引你的注意？为什么？
- 哪一个广告的广告词最能表达商品的内在含义？
- 你是如何看待环保与教育促销的？是喜欢还是不喜欢？

（4）信用卡设计（10分钟）

最后，我们想让同学们看一看附带环保赠品的信用卡的几种设计。同前面的讨论一样，我每出示一种设计，就请同学们记下自己的第一反应，然后讨论每一种设计。

出示第一种设计

- 记录反应。
- 讨论：

①你的第一反应是什么？在这个设计中，你最喜欢的是什么，最不喜欢的是什么？

②在设计中是否有什么东西使你感到现在使用的信用卡有点别扭？你毕业以后将选用什么样的信用卡？

出示其他的信用卡设计（重复上面的步骤）

- 最后的讨论：

①你最喜欢的是哪一种卡的设计？你会选择使用哪一种卡？

②你是否会选择其他的品种？为什么？

4. 编写焦点小组访谈报告

正式的书面报告可以有若干种不同的形式，这取决于信息需求者的需要、调研者的风格以及调研方案中的规定。调研者也可以凭借记忆作一个简要的印象性总结。如果焦点小组访谈的主要目的是使商家接触到有血有肉的消费者，那么就可以采用这种简要的总结。商家通常会保留会谈录音带并反复倾听，以真正了解消费者所说的话。

另外一种方法称之"剪贴技术"，这种方法虽不需进行"临床病情分析"所要求的深度心理分析，但仍要求调研者具备深度分析的技巧和理解力。首先，需要调研人员重放全部小组会议过程，其次，调研人员要集体审视全过程，分析各种反应方式的思想和倾向，将各组中类似的反应方式"剪贴"在一起，作为调研报告编制的重要资料。最后，需要编写出真实的报告。报告开头通常解释调研的目的,说明所调查的主要问题,描述小组参与者的个人情况,并说明征选参与者的过程;接着是对讨论主题的真实记录、观点摘要,并进一步阐明这些观点的现实意义;最后是调研发现及相关的建议。

三、焦点小组访谈法的优缺点

1. 焦点小组访谈法的优点

(1) 参与者之间的互动可以激发新的观点和想法,这是一对一的面谈不能达到的,而且群体的压力可以使激进者把自己的想法控制得更现实一些。

(2) 可以让信息的需求者(商家)亲自接触到消费者对产品的态度和认识。

(3) 焦点访谈法通常比其他方法更容易执行,而且通过小组访谈法反映出的事实更容易理解,并能直接获得最迫切需要的信息。

美国凯彻姆广告公司(Ketchum Advertising)的营销调研部主管 J. A. Mutter 说:我们可以给客户(商家)代表看他们的产品在世界各地销售情况的所有图表,但这些图表所带去的效果却无法同让他们看到八个或十个消费者围坐在桌子前说这个公司服务(产品)好或者不好所产生的震撼力相比。

2. 焦点小组访谈法的缺点

(1) 征集的参与者如果与目标市场人群不一样,会得到一些与主题不相关的信息,使访谈误入歧途。

(2) 主持人的个人风格或者偏见可能会导致讨论的方向产生偏差。比如,一种进攻性逼迫式的风格通常会使受访者为了免受攻击,而说一些他们认为主持人想要他们说的话;如果主持人表现得很"深沉"又会让受访者不敢轻易说出自己的见解。

(3) 受访者本身的性格、气质等也会影响访谈的内容和进程。比如有些人比较内向,不喜欢当众发言,而有些人又似乎争强好胜,爱出风头,想独占整个讨论。后一类人自认为什么都知道,总是第一个回答问题,而且不给其他人说话的机会。

讨论题: 在焦点小组访谈过程中,最重要的是什么?

第三节 其他定性调查方法

一、深度访谈法

深度的意思主要是指无限制的一对一会谈，这一般要求访谈者在刺探和诱导详细回答方面受过严格的训练，具有丰富的专业知识。有时心理学家会被聘来充当深度访谈的主持人。随着会谈的逐渐展开，面谈者将详尽彻底地探求每一个问题，并根据回答来决定下一个问题。比如在每一个回答后，都可以继续追问"你还能再说些什么吗？""你能更详细说一下吗？""还有吗？"等等。然后会谈可转向下一个问题。

相对于焦点小组访谈来说，深度访谈具有以下优点：

（1）消除了群体压力，因而可以使每个受访者提供更诚实的信息，而不必只说最容易被群体接受的话。

（2）一对一的交流可以使受访者感到自己是注意的焦点，他的感受和想法会受到重视。

（3）在交谈中，受访者的意识容易被激活，因为他（她）与面谈者形成了一种融洽的关系；并且由于周围没有其他的人，可以鼓励受访者吐露更多的信息。

（4）可以深入地探查受访者，揭示隐藏在表面陈述下的感受和动机。

（5）个人会谈容易激发出偶然的思路和发散思维，常能为解决主要问题提供重要的线索。

（6）一对一的近距离接触使面谈者对非语言的反馈更加敏感。

与焦点小组访谈法相比，深度访谈法的缺点是：

（1）访谈成本比较高，特别是当受访者人数较多时更是如此。

（2）对主持人来说，深度访谈很消耗体力，一天内会谈的人数有限，不会超过4～5人，而访谈小组则一天可以达到25人左右。

（3）焦点小组访谈的主持人可以利用群体动力杠杆作用来刺激组员的反应，这在深度一对一访谈是无法实现的。

任何一种深度访谈的成败很大程度上都取决于面谈者，因此这对面谈者的文化和心理素质的要求很高，而这样的人很难找到且寻找的费用很高，这些都要影响到深度访谈的普及。

二、投射法

投射法来源于临床心理学。简言之，投射测试的目的是探索隐藏在表面反应下的真实心理。投射测试的基本原理来自于"人们经常难以或者不能说出自己内心深处的感觉"的观点，或者说，人们受心理防御机制的影响而感觉不到那些情感。

投射测试是穿透人的心理防御机制，旨在通过一种无结构、非直接的询问方式激励被访者，将他们所关心的潜在动机、态度和情感反映给研究人员，使他们真正的情感和态度浮现出来的技术。这种测试一般会为被访者提供一种无限制的、模糊的情景，要求他（她）作出反应。由于这种情景展示很模糊，受试者必须根据自己的偏好来作出回答。在理论上，受试者将他的情感"投射"在一些无规定的刺激（如某种事物）上，受试者并不是在直接谈论自己，而是在谈论其他的事物或其他的人，所以绕过了自身的防御机制，然而在谈论中却透露出了自己的内在情感。

在市场调查与分析中，最常用的投射测试是词语联想法、句子和故事完型法、漫画测试法、照片归类法、消费者绘画法和叙述故事法等。

1. 词语联想法

此方法让来访者给受访者读一个词，然后要求他说出脑海中出现的第一种事物。通常受访者反应是一个同义词或反义词，一般是由来访者快速地念出一连串词语，不让受访者的心理防御机制有时间发挥作用。如果受访者不能在三秒钟内作出回答，那么可以断定他已经受到了情感因素的干扰，这时就要重新换一个词。

词语联想法常用于选择品牌名称、广告主题、标语等。例如一家保健品企业为了替一种男性保健品命名，可能会测试消费者对以下候选名称的反应：无限、激情、珍宝、遭遇、渴望、澎湃。其中的一个词语或消费者建议的一个同义词可能会被选作新产品的品牌名。

2. 句子和故事完型法

句子和故事完型法可以与词语联想法连用。受访者会事前拿到一段不完整的故事或一组残缺的句子，并按要求将其补充完整。例如下面的句子：

成都人民商场是……

到成都人民商场购物的人是……

成都人民商场应该是……

我不明白为什么成都人民商场不……

王燕刚从哈尔滨搬到成都,她在哈尔滨时是雅芳的销售员。现在她是成都地区雅芳的销售经理。她的一位邻居张丽第一次到王燕家做客,她们谈到到哪里去购物。王燕说"我曾听人说过成都人民商场",那么张丽将如何回答呢?

句子和故事完型法是给受访者一个较有限制和较详细的剧情,目的是让受访者将自己投射到剧情中假设的人物上,由此来了解受访者(消费者)的感受或联想。

3. 漫画测试法

漫画测试法通过使用漫画图像或连环画的形式,创造出高度的投射机制。典型的漫画测试法包含两个人物——一个人的话框中写有对话内容,另一个的则是空白的,要求受试者完成空白中的对话框。如图4-2。

图4-2

漫画测试法可以适用于多种用途,主要用来了解对两种类型的商业机构的态度,了解这些机构与特定产品(服务)之间是否协调。它可以测试对于某种产品和品牌的态度的强度,还可以确定特定的态度的作用。

4. 照片归类法

此方法由美国最大的广告代理商BBDO公司开发的。它是让受访者通过一组经过特殊安排的照片的表述来表达他们对商品品牌的感受。这些照片展示的是不同类型的人群，从高级白领到未就业的大学生。受试者将照片与他所认为的这个人应该使用的品牌连在一起。比如，对通用电气公司的照片归类调查发现，消费者认为受这个品牌吸引的是保守而年长的商界人士。为了改变这一品牌形象，通用电气公司进行了一次"为生活增添光彩"的宣传促销活动，其目的是吸引更为广泛的消费者。

5. 消费者绘图法

这种方法来自心理学。调查者要求消费者画出他们的感受，或者是他对一个事物的感知。消费者画出的图形往往可以揭示他们的消费动机，表达出他们对消费的一种理解。图形有时比语言更富有想象力。

6. 叙述故事法

叙述故事法就是让消费者讲述他们消费的经历，从中洞察出一些微妙的消费行为。比如请一些年轻女性讲一讲为什么她们在一些特定的场合会抽烟或喝酒。

以上是各种定性分析法。事实上，这些定性分析方法可以交叉使用，这样更有利于研究者分析被测试者的内心世界。

三、专家咨询研讨法

1. 专家研讨咨询法

专家研讨咨询法是以研讨会的形式对一些重大问题进行大范围的专家讨论并由此来获得一些专业性的认知信息的方法。比如宏观经济走势分析讨论年会就是各路专家学者发表见解的信息发布会。这种方法常由政府机构或咨询机构出面组织，在国际国内都比较盛行。由中国政府牵头的博鳌经济论坛就是这种方法的体现。采用研讨会进行专家咨询是一种开放式的咨询，参加研讨会的专家人多面广，以文入会。专家资格以文章质量或社会声誉地位取得，这特别有利于收集一些有真知灼见的专家发表的有见地的意见和观点。在研讨会上，专家意见既带有咨询性又带有学术性，组织咨询者可以集思广益，从各方面听取咨询意见，收集相关信息。

研讨会的缺点是：由于研讨会自由度较大，意见比较分散，需要由组织者会后把各位专家的意见归纳成咨询报告；研讨会预备周期较长，组织工作费时费事，稍有疏忽就会影响咨询效果。因此研讨会的最终效果有好有坏，较难估计。

还有一些研讨咨询会不要求以文入会，而是由咨询机构邀请一定数量的专家学者，通过预先给定咨询题目，让其中一部分专家作书面发言，而另一部分专家只作启发式发言,抛出相关论点,对某一专题展开讨论和研究。这种研究咨询会主题比较集中,有中心发言人,有辅助发言人,大家互相启发,讨论比较活跃。其缺点是与会人员容易受心理因素和社会地位的影响,倾向于认同权威专家和大多数人的意见,而一些具有真知灼见的少数人的意见则容易被忽视。

2. 头脑风暴法

头脑风暴法属于专家探讨咨询,是一种宽松式的研讨咨询。此方法的特点是专家邀请得较多,而且要求有不同领域的专家参加,以便于从不同的专业领域对相同的咨询问题提出咨询见解。收集咨询意见不需要作充分准备,而是在一种非常轻松、融洽的气氛下以座谈方式进行。会议通常先由咨询机构的负责人介绍情况,提出咨询问题,请各位专家根据自己的专业知识、技术和经验即兴发表咨询见解,不受任何框框限制,与会专家也可以在其他专家的启发下,发表自己的意见或新的假设见解。

头脑风暴法有两个基本原则:

自由发言,各抒己见,不允许相互批评指正。

欢迎提出大量方案和意见,方案和意见越具有创意性越好。要求各位专家善于结合别人的见解提出方案或补充方案。

头脑风暴法通过专家们的相互交流、相互启发,引起"思想激励"和"思维共振",产生创造性的思维,提出具有新意的见解,以形成有综合效应的咨询意见。

讨论题:比较各种定性分析方法的优劣。

复习思考题

一、复习题

1. 什么是市场调查定性分析法?
2. 定性分析法的作用是什么?
3. 焦点小组访谈法对主持人的要求是什么?
4. 什么是深度访谈法?
5. 什么是投射法?它的基本原理是什么?

6. 投射法包括的最主要的方法有哪些？

二、思考题

1. 既然定性分析法具有一定的主观性，那么为什么它会永远存在？
2. 焦点小组访谈法和专家访谈法的主要区别在什么地方？
3. 深度访谈法和焦点小组访谈法分别在什么情况下比较适用？

三、模拟题

1. 组织一次焦点小组访谈，其主题如下：
（1）学生们对学生会的感受。
（2）学生们喜欢的娱乐项目以及可能会喜出望外的新项目。
（3）课堂教学方式如何保证教学质量。
2. 选择饮料，将下面的饮料和各种类型的人或职业对应起来：
可口可乐、百事可乐、橙汁、椰汁、豆奶汁、草莓汁、雪碧、啤酒、
男人、女人、老年人、中年人、年轻人、小孩、职业、体型（胖、瘦等）

四、案例讨论题

[案例]　　　成都锦江区商业区建设筛选性调查问卷

背景介绍：成都市锦江区准备在原成都第一百货公司撤出的原地址上建立一个锦江区内最大的商贸中心，因为这里是成都市区最繁华的地段之一。锦江区正在探索包括修建新的商贸楼和饭馆的创意在内的各种长期发展战略。在这之前，锦江区已经成功开发了成都的繁华地段春熙路商贸区。

目的：向锦江区政府提供消费者对创意的理解和对每个创意可行性的评估。评估完成后，将挑选一个合适的创意进行市场检测。

具体目标：
（1）商贸店铺设计创意。评估顾客对于每一组备选店铺的创意的反应及偏好。
（2）对创意的兴趣。调查那些有一定兴趣并可能经常光顾商业区的人，收集他们对饭店创意、名称、标志的反应及喜爱程度。
（3）生活方式调查。将调查对象划分为不同的生活方式群体，其目的是为

了确定针对生活方式细分市场的适当战略。

(4) 人口统计。收集有关每个调查对象的详细的人口统计数据。

方法：在确定目标群体后，通过电话调查得到定量调查报告。

这个阶段的调查包括三个数据收集步骤：

——初步电话访谈。对各种生活方式群体进行随机调查。

——邮寄。将店铺的设计方案、陈设方案、产品样品和菜单有组织地邮寄给那些同意参加第二阶段调查的人。在对调查对象进行访谈后的三天内寄送邮包，在包裹中另附礼品以表感谢。

——创意评估电话访谈。在调查对象收到包裹后，调查人员将再次联系那些适于参加创意评估访谈的人。这次访谈的重点在于发现零售创意的最佳选择。

(5) 生活方式群体筛选。筛选调查对象名单，使之包括各种生活方式群体中的成员。这些群体将被锦江区商贸开发委员会选为零售创意检测目标对象的代表。最后，确定家庭平均年收入在35 000元以上的家庭作为调查对象。

(6) 初步电话访谈。初步电话访谈的设计将实现目标（3）和（4）。

——抽样规模。同意接收邮件并参加第二阶段访谈的调查对象为600人。

——层次。在成都市五个老城区和邻近郊区分别抽取大致一样多的样本。这些样本是从每个城区群体中抽取的。

——抽样误差。对于600个样本容量，抽样误差为±4%，置信度为95%（即检验水平＝0.05）。

抽取的人口样本范围：

(1) 基本特征：收入稳定，属于知识阶层，居住中等以上的城内住房（主要是档次较高的社区，别墅居住者除外）。

数据：占成都市家庭的比例——8%

基本年龄跨度——45~60岁

平均家庭年收入——15 000元

平均家庭资产——500 000元

统计特征：头等的城内居住地区、独立单元住宅、大学毕业、公务员、大学教师、医生、律师、公司高级白领等。

样本居住地：成都市市中心五城区。

(2) 基本特征：富裕、有车、大成都郊区的新贵。

数据：占成都市家庭比例——3%

基本年龄跨度——35~50岁

平均家庭年收入——200 000元

平均家庭资产——800 000元

统计特征：主要是成都市区的郊区社区、独立单元房（连体别墅）、新富之家、中等以上学历、企业主、高级主管。

样本居住地：大成都除市中心五城区外的所有区、市、县。

（3）基本特征：最好的蓝领工人，最富裕的企业社区。

数据：占成都市家庭比例——25%

基本年龄跨度——25~54岁

平均家庭年收入——40 000元

平均家庭资产——300 000元

统计特征：中等工人街区、独立单元住宅、主要是城市人口家庭、高中以上学历、蓝领工人。

样本居住地：成都市中心五城区。

（4）基本特征：新创业者，普通的城内住房和公寓。

数据：占成都大城区家庭比例——5%

基本年龄跨度——30~44岁

平均家庭年收入——30 000元

平均家庭资产——100 000元

统计特征：中等的城内及邻近地区、独立单元住宅、单身或已婚的居住者、部分是大学学历、自由职业。

样本居住地：成都市中心五城区

下面是一份关于饭店用户的调查。

饭店客户——筛选性调查问卷

某某女士、先生：

您好。

我们是成都市锦江区的市场调查人员。我们正在您所在的社区内进行饭店用户的调研，希望了解一下您的观点。我们的问题只占用您几分钟时间。请在您的选中项下划√或填写数字，谢谢。

1. 您是家庭户主吗？

(1) 是 (2) 不是

2. 您或您家中的成员有没有为广告公司和市场调研公司工作或拥有或管理一家饭店的？

(1) 有（谢谢，结束） (2) 没有（继续）

3. 您每周至少会在饭店里买一次食品或在饭店里就餐一次吗？

(1) 是（继续） (2) 不是（请到问题8）

(3) 不知道（请到问题8）

4. 在下列情况下，一般您每周在饭店中进餐或买走食品几次？（请在括号中填写数字）

(1) 早餐。 （ ）

(2) 午餐。 （ ）

(3) 晚餐。 （ ）

(4) 其他情况，如夜宵。 （ ）

(5) 一般您每周去几次快餐店？ （ ）

(6) 一般您的家庭每周在饭店就餐共多少次？ （ ）

(7) 一般您的家庭每周从饭店买走食品共有多少次？ （ ）

(8) 回想一下您家庭的情况，一般每周一个人在出外就餐上的花费是多少？

（ ）

5. 假设要选择一家饭店用午餐或便餐，请用1到10排列下列影响选择的因素的重要性，1表示非常不重要，10表示非常重要，依此类推，不知道的填写11。

——菜单种类繁多 （ ）

——气氛 （ ）

——回家方便 （ ）

——上班方便 （ ）

——内部陈设有吸引力 （ ）

——有餐桌服务 （ ）

——创新的独特食品 （ ）

——食品物有所值 （ ）

——原料新鲜 （ ）

——服务人员态度友好 （ ）

——服务速度　　　　　　　　　　　　　　　　　　　（　　）

——有无健康食谱　　　　　　　　　　　　　　　　　（　　）

6. 假设选择在一家饭店订购午餐或便餐外卖食品，请从 1 到 10 排列下列影响选择的因素的重要性，1 表示非常不重要，10 表示非常重要，依此类推，不知道的填 11。

——菜单种类繁多　　　　　　　　　　　　　　　　　（　　）

——气氛　　　　　　　　　　　　　　　　　　　　　（　　）

——回家方便　　　　　　　　　　　　　　　　　　　（　　）

——上班方便　　　　　　　　　　　　　　　　　　　（　　）

——创新的独特食品　　　　　　　　　　　　　　　　（　　）

——食品物有所值　　　　　　　　　　　　　　　　　（　　）

——原料新鲜　　　　　　　　　　　　　　　　　　　（　　）

——服务人员态度友好　　　　　　　　　　　　　　　（　　）

——服务速度　　　　　　　　　　　　　　　　　　　（　　）

——有无汽车服务窗口　　　　　　　　　　　　　　　（　　）

——有无健康食谱　　　　　　　　　　　　　　　　　（　　）

——结实的包装材料　　　　　　　　　　　　　　　　（　　）

——包装材料吸引人　　　　　　　　　　　　　　　　（　　）

7. 您每个月都会尝试新的饭馆吗？

（1）非常可能　　　　　　　　　　　　　　　　　　（　　）

（2）可能　　　　　　　　　　　　　　　　　　　　（　　）

（3）不一定　　　　　　　　　　　　　　　　　　　（　　）

（4）不太可能　　　　　　　　　　　　　　　　　　（　　）

（5）非常不可能　　　　　　　　　　　　　　　　　（　　）

（6）不知道/拒绝回答　　　　　　　　　　　　　　　（　　）

最后，下面还有几个能帮助我们将您进行分类的问题。

8. 您的性别是？

（1）男　　　　　　　　　　（2）女

9. 请问您属于哪个年龄组？

（1）18~22 岁　　　　　　　（2）23~30 岁

（3）31~40 岁　　　　　　　（4）41~50 岁

(5) 51~60 岁 　　　　　　　　　　(6) 60 岁以上

(7) 拒绝回答

10. 您目前的婚姻状况是?

(1) 已婚 　　　　　　　　　　(2) 离异/分居

(3) 丧偶 　　　　　　　　　　(4) 独身/未婚

(5) 拒绝回答

11. 您目前有 18 岁以下的孩子同住吗?

(1) 有（继续） 　　　　　　　　(2) 没有（到问题 14）

(3) 拒绝回答（到问题 14）

12. 您的孩子有多大?

(1) 6 岁以下 　　　　　　　　　(2) 7~12 岁

(3) 13~17 岁

13. 您的最高学历是?

(1) 高中肄业 　　　　　　　　　(2) 高中毕业

(3) 大学肄业/技校 　　　　　　　(4) 大学毕业

(5) 研究生 　　　　　　　　　　(6) 拒绝回答

14. 您的居住背景是?

(1) 成都市居民 　　　　　　　　(2) 郊区城镇居民

(3) 农村人 　　　　　　　　　　(4) 外省移居者

(5) 其他 　　　　　　　　　　　(6) 拒绝回答

15. 请问在 2006 年，您的家庭成员的年收入总和是多少?

(1) 25 000 元以下 　　　　　　　(2) 25 000~35 000 元

(3) 36 000~45 000 元 　　　　　　(4) 46 000~55 000 元

(5) 56 000~75 000 元 　　　　　　(6) 多于 76 000 元

(7) 不知道 　　　　　　　　　　(8) 拒绝回答

　　您的回答对我们很有帮助，我们想请您继续参加第二阶段探索各种饭店创意的调研。我们将寄给您一本小册子，里面有关于我们的饭店创意的详细资料。您收到小册子之后，我们将打电话给您，询问您对于这一创意的看法。在邮件中将另附 50 元以感谢您花费的时间及提供的观点。

　　您愿意帮助我们完成这项计划吗?

(1) 愿意（继续） (2) 不愿意（感谢你的支持）

为了将小册子寄给您，请告诉我们您的名字和邮政地址。我们不会将您的个人材料用于其他用途。如果由于我们的原因造成您的个人信息泄露，我们愿承担一切法律责任。

请正确地写下您的名字及邮政地址。

调查对象姓名：

地址： 省 市 街 邮政编码：

电话号码：

您将在几天内收到一份小册子。非常感谢您的合作，我们期待着您的观点。

问题：

1. 评估调查的目标是什么？
2. 评估与调查目标相联系的调查设计是如何进行的？
3. 运用计算机数据库总结调查结果，整理问题 4~15 的答案。
4. 用分组表比较问题 4~7 和统计问题（问题 8~15）。它们有明显的区别吗？若有，请解释这意味着什么。

第五章
定量调查之原始资料收集法

定性调研主要是要获取被调查对象（群体）的态度和价值取向等资料，而定量调研则主要是要获得被调查对象（群体）的分布和统计特征。定性和定量是相辅相成的，一般来讲，一次完整的市场调查与分析必然包含了定性和定量的两大部分，这两大部分缺一不可。

第一节 询问法

询问法是利用问卷来收集事实、意见和态度，并由此获取原始数据，进而进行定性和定量分析的最流行方式之一。询问法的类型有哪些？询问调研可能产生哪些类型的误差？在询问调研中会遇到哪些类型的误差？我们将在这一节讨论。

下面是一份简单的关于使用互联网的询问调查报告。

[案例]

信息时代的到来，特别是互联网技术的发展，现代社会的生活、理念、娱乐、甚至投资方式等都在悄然地发生改变。网络经济给人类社会带来了巨大财富，并且现代人的日常生活也离不开网络。表5－1所示的这份关于人们在日常生活中使用计算机上互联网的原因询问调查结果充分说明了这一点。

表5－1   使用互联网一般意向调查结果

查询信息	70%
E-mail	60%
娱乐	45%
新闻	43%
金融服务	32%
公告（blog）	28%
聊天	41%

一、频繁使用询问调查的原因

与其他类型的原始资料收集方法相比，询问法在市场调查中用得最为频繁，其主要原因如下：

1. 可以很好地了解"为什么"

企业在市场信息的调查与研究中，最需要了解的就是在市场消费行为过程中什么因素对消费行为具有决定性的影响，人们为什么消费某种商品或者为什么不消费某种商品。在市场调研中找出这些原因显然对企业的生产和营销决策都是十分重要的。例如：在同类产品中，消费者最喜欢的是什么品牌？消费者为什么买或者不买我们的品牌？他们喜欢我们品牌的哪些方面？是价格、质量还是功能影响了消费者购买我们品牌的产品？等等。

2. 可以很好地了解"如何"

一般来讲，调研人员都认为有必要在消费者采取消费行动之前了解他们的消费决策程序；他们是如何作决策的呢？都经历了哪些时间段？他们将考察或考虑哪些问题？他们在哪里、在什么时候作出决策？下一步他们计划做什么？等等。

3. 可以很好地了解"谁作"

调研人员也需要了解被调查者的人口统计特征或生活方式：在家庭消费决策中家庭成员分别扮演什么样的角色，亲朋好友等对消费者本人购买决策的影响，年龄、收入、职业、婚姻状况、家庭成员、教育程度以及其他因素导致且由谁来作消费决策等。这些因素对市场营销、市场细分的识别和确定等方面是很有必要的。

[案例]

暴龙（BOLON）眼镜以其时尚的款式、夺目的色彩著称。2005年以前，公司主要是生产时尚的太阳镜。现在，公司试图利用已有的资源优势，进军时尚近视眼镜领域。为此，公司销售部制作了一份问卷，主要是调查时尚眼镜，顺带对其他的眼镜也进行了询问调查，其目的就是要了解消费中的"为什么"、"如何"和"谁作"的问题。问卷设计如下：

暴龙眼镜调查问卷

亲爱的顾客：

您好。我们是暴龙（BOLON）眼镜的市场调查人员，我们现在正在作一项关于时尚眼镜市场需求状况的调查，希望得到您的支持。请您抽出您宝贵的几分钟时间，完成下面的问卷，谢谢。

对下面的问题，请您打√选择。

1. 请问您配戴眼镜的时间？

  A. 1 年以下   B. 1～5 年

  C. 5～10 年   D. 10 年以上

2. 您的眼镜更换的频率？

  A. 1 年以内   B. 2～3 年

  C. 3～5 年   D. 损坏才换

3. 您对现在所使用的眼镜有哪些不满意的地方？（可多选）

  A. 重量   B. 材质

  C. 款式   D. 售后服务

  E. 价格

4. 当您购买眼镜时，主要考虑哪些因素？（可多选）

  A. 价格   B. 重量

  C. 材质   D. 品牌

  E. 款式   F. 售后服务

5. 您认为佩戴时尚眼镜和哪些搭配有关？（可多选）

  A. 衣着   B. 发型

  C. 场合   D. 首饰

  E. 心情

6. 您是从什么渠道获得时尚眼镜的信息的？（可多选）

  A. 影视   B. 广告宣传

  C. 互联网   D. 朋友告诉

  E. 社会名流

7. 对于镜框颜色的设计，您倾向于哪一种？

  A. 单一颜色   B. 多种颜色

8. 对于镜框设计，你更喜欢哪一种？

  A. 流线型   B. 全框

  C. 半框   D. 无框

E. 圆框 F. 方框

G. 非标准设计

9. 对于镜框材质，您有什么要求？（可多选）

　　A. 防滑 　　　　　　　　　B. 柔韧性

　　C. 抗过敏 　　　　　　　　D. 全金属

　　E. 塑钢

10. 您是否有兴趣购买变色镜片或有色镜片？

　　A. 有 　　　　　　　　　　B. 没有

　　C. 临时决定

11. 您对隐性眼镜的看法是？（可多选）

　　A. 方便 　　　　　　　　　B. 不方便

　　C. 安全 　　　　　　　　　D. 不安全

12. 如果同质的隐性眼镜和有框眼镜价格相同，您将选择哪一种？

　　A. 隐性眼镜 　　　　　　　B. 有框眼镜

13. 如果你将购买隐性眼镜，您会选择哪一类型的隐性眼镜？

　　A. 日抛型 　　　　　　　　B. 月抛型

　　C. 半年抛型 　　　　　　　D. 年抛型

　　E. 不确定

14. 您对美瞳隐性眼镜（能使瞳孔看起来又大又黑的隐性眼镜）的看法是？

　　A. 没有戴过，但会尝试 　　　B. 戴过，但只在一定的场合

　　C. 没有戴过，也不想尝试 　　D. 很好

　　E. 不确定

15. 您对有色隐性眼镜的看法是？

　　A. 没有戴过，但会尝试 　　　B. 戴过，但只在一定的场合

　　C. 没有戴过，也不想尝试 　　D. 很好

　　E. 不确定

16. 您是否会购买具有度数（近视或远视）的太阳镜和游泳镜？

　　A. 会 　　　　　　　　　　B. 不会

17. 您为什么不会购买具有度数（近视或远视）的太阳镜和游泳镜？

　　A. 价格太高 　　　　　　　B. 没有必要

　　C. 质量可能不过关 　　　　D. 没有理由

18. 购买太阳镜时，您主要考虑哪些因素？（可多选）

  A. 镜面弧度   B. 颜色

  C. 价格   D. 品牌

  E. 镜架美观度

19. 您更中意什么款式的眼镜？

  A. 日韩式   B. 古典式

  C. 卡通式   D. 民族风格式

20. 您认为可以接受的眼镜价格是？

  A. 100 元以下   B. 100~250 元

  C. 250~400 元   D. 400 元以上

21. 如果有关于"时尚眼镜导购"的讲座，你愿意参加吗？

  A. 愿意   B. 不愿意

22. 您在购买眼镜时，主要取决于谁的意见？（可多选）

  A. 自己   B. 朋友

  C. 配偶   D. 父母

23. 请你列出你知道的眼镜品牌。

您的性别：（1）男   （2）女

你的年龄：（1）16~20 岁   （2）21~30 岁   （3）31~40 岁

     （4）41~55 岁   （5）55 岁以上

调查时间：

调查员：

二、询问调查中误差的类型及减少误差的策略

  在评估通过询问调查获得的信息的质量时，管理者一般需要知道这些调查结果的精度，这就要求信息调查与分析人员仔细研究所使用的调研方法可能导致的误差的类型。在询问调查中，可能遇到的各种误差的类型如图 5-1 所示：

  这些误差是客观存在的，但我们可以通过一些方法来控制。

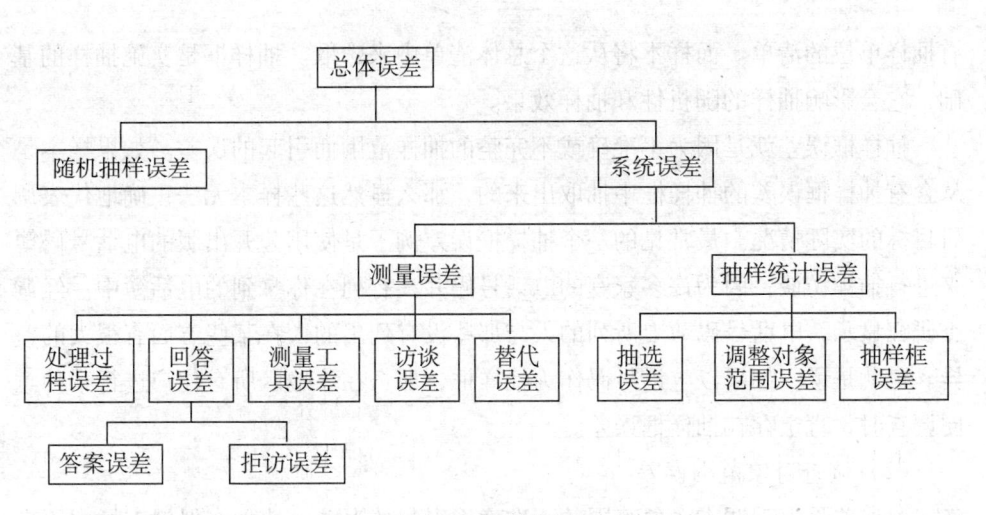

```
                          总体误差
                   ┌─────────┴─────────┐
              随机抽样误差            系统误差
                          ┌────────────┴────────────┐
                      测量误差                  抽样统计误差
           ┌──────┬──────┼──────┬──────┐    ┌──────┬──────┬──────┐
        处理过  回答   测量工  访谈   替代   抽选  调整对象  抽样框
        程误差  误差   具误差  误差   误差   误差  范围误差  误差
                  ├──────┐
               答案误差  拒访误差
```

图 5-1 误差分类图

（一）抽样误差

抽样误差也称为抽样偏差，这是抽样调查中必然存在的一种客观现象。询问法通常试图对目标总体中有代表性的横截面进行调查而获得信息，旨在通过抽取样本的情况推测目标总体的情况。因此，即使样本选择过程是适当的，调查结果仍不免因各种偶然的原因而产生一定的误差（随机误差或随机抽样误差）。

虽然这种误差是不可避免的，但我们还是应该把样本的价值与真实总体的价值的概念区别开来。为了尽量减少因样本选择带来的误差，我们有时只能通过将随机抽样的范围增大来减少这种误差。当然，我们也可以用一定的置信水平来估计随机抽样的误差以达到控制的目的。

（二）系统误差

系统误差是指因调研设计或实施抽样设计中的错误或问题而产生的偏差。如果抽样的结果与我们根据被调查对象的真实值所作的估计总是有一定的偏差（偏高或偏低），则抽样结果便很可能存在系统误差。系统误差包括除随机抽样误差之外的其他所有误差。因此，有时又将系统误差称为非抽样误差，它是从系统上影响抽样的结果。系统误差在总体表征上分为样本设计误差和测量误差。

1. 样本设计误差

样本设计误差是在样本设计或样本抽选过程中产生的误差，它主要包括：

（1）抽样框误差

抽样框（Sampling Frame）又称抽样范围，它指的是一次直接抽样总体中所有抽样单位的清单。而样本将从这个总体清单中来选取。抽样框是实施抽样的基础，它会影响抽样的随机性和抽样效果。

抽样框误差就是因为不准确或不完整的抽样范围而引起的误差。如果样本是从含有抽样框误差的抽样框中抽取出来的，那么显然这些样本无法正确地代表调研目标的实际情况。最常见的一个抽样框误差例子是使用公开出版的电话号码簿来进行抽样访谈，因为许多家庭的电话号码并没有列在你拿到的电话簿中。经调查研究显示，电话号码簿上所列的人与那些没有列出的人在某些方面有很大的差异。也就是说，如果以电话号码作为抽样框，那么在该地区所有住户进行某种意向调查时，肯定存在抽样框误差。

（2）调查对象范围误差

此误差是由于调查对象范围的不准确而引起的误差。比如在保健市场中原来将调查的对象被限定在40岁以上，后来发现有不少30岁左右的年轻人也应该包含在这个研究之中，即当初的调查范围应该限定在30岁以上。如果按40岁以上的范围，就没有包括30～39岁这一年龄段的人群，那么对保健品的人群消费特征的调查而言，我们的抽样就产生了调查范围误差。

（3）抽选误差

抽选误差是因为不完整或不恰当的抽选过程或者正确的抽选过程未得到恰当的执行而产生的误差。即使抽样框的组建与调研对象的确定都没有什么问题，抽选误差也可能发生。例如，在随机访谈中，调查人员可能会绕过那些相貌较丑、长相较凶或个子较矮的人。因为调查人员可能主观上不喜欢这些人或可能认为这些人不太友好，这样就会导致调研结果产生抽选误差。

2. 测量误差

测量误差对于抽样调查的准确性来讲比随机抽样误差更具威胁性。测量误差是指获得的原始信息（实际价值）与经测量处理的信息之间的差异，它主要包括以下几个方面：

（1）替代信息误差

替代信息误差是指由实际所需的信息与调研人员所收集信息之间的差距而产生的误差。这种误差主要与调研设计的问题有关，特别是与对一些问题不恰当的定义有关。一个典型的例子是国内某品牌手机对用户的调查。该调查仅仅集中于用户对手机款式的意见，而忽略了用户对产品的价格、功能等的看法，最后导致了该调研结果的严重失真而使市场决策产生失误。这一问题说明，生产商应该意识到：除了某些显著的特征外，消费者购买某种产品，还有其他很多的原因。

(2) 调查人员访谈误差

访谈误差是指因调查人员与受访者之间的相互作用而引起的误差。调查人员有时会自觉或不自觉地影响被调查者，使被调查者给出一些不真实或不准确的回答。一般来讲，调查人员的衣着打扮、年龄、气质、面部表情、形体、语言甚至语音语调等都有可能影响受访者部分或全部的回答。这种类型的误差是由于调查人员的挑选和培训不当或调查人员没有遵循调研指导计划而造成的。有时，一些调查人员甚至会编造调查记录，以骗取报酬。由于编造的调查数据完全失真，这将会产生严重的误差，导致错误的结果。

(3) 测量工具误差

测量工具误差是指因测量工具或问卷设计本身而产生的误差。也就是说，这样的误差是由于所提出的问题或问卷设计中的某些因素而导致的回答的偏差，或者使回答时容易产生错误。当然，这样的错误可以通过细致的问卷修改或试调查而加以避免。

(4) 处理过程误差

处理过程误差主要是指调查资料或调研数据在计算机输入过程中所产生的误差。

(5) 拒访误差

在抽样调查中，我们很难做到使被调查者百分之百地接受调查。比如设计在某个特定的人群中进行 500 个样本的抽样，理想的状态是对这 500 个样本都进行调查，而实际上如果有 50% 的人能够接受调查，就非常不错了。现在的问题是：同意接受访问者与拒访者之间是否有什么特定的差异？我们将由这种差异引起的误差称为"拒访误差"。由此可知，回答率越高，拒访误差的影响就越小。如果随着回答率的提高而统计结果没有明显变化的话，则可认为用以提高回答率的投入是一种浪费。

对 5000 名被调查者在两个月内随机抽 400 名进行调查，由此产生了一次访问和七次访问的调查结果统计对照表，如表 5-2 所示。

表5-2

人口统计特征	一次访问	七次访问
年收入高于三万元	45%	47%
学历在大专水平以上	47%	49%
全日制工作	76%	78%
已婚	65%	63%
1~3人的家庭	82%	82%
离异家庭	29%	30%
在五年内购房购车的家庭	48%	50%
男性	45%	46%

从表5-2中可以看出，一次访问和七次访问调查的结果很接近，也就是说，这样的调查次数多了就是一种浪费。

拒访误差一般在以下三种情况下发生：

在特定的时间无法联系到被访者；

虽然得到受访者默许，但在当时的环境下他不能或不愿意接受访谈；

虽然能够联系到被访者，但被访者拒绝接受访问。

其中，最后一种情况最为严重，因为前两种情况都要有重新进行访问的可能，而第三种已经没有接受访问的希望。

人们拒访的三个主要原因是：不方便占64%，对调查的主题没有兴趣占22%，害怕带有商业行为占14%。

(6) 回答误差

如果人在作某一特定问题的回答中有特定的偏向，就会产生回答误差。回答误差的产生有两种基本的形式：有意错误与无意错误。

有意错误的产生是由于被调查者故意对所提问题作出不真实的回答，这种情况有时无法避免。人们在调查中故意地给出错误信息有多种原因，但其中最重要的原因可能是他们有意回避使他们感到尴尬的答案或是隐瞒他们认为属于个人隐私的内容。例如，在一项有关个人收入的调查中，人们可能会很好地回答他们每月的固定收入，但对于他们的非固定收入，他们一般会推托，以记不清来回避。

无意错误是指回答者希望能够给出真实、准确的回答，但却给出了不正确的答案。这种类型的误差可能是由问题的格式、内容或其他原因造成的。

(三) 减少误差的策略

1. 随机误差

通过增加样本数量来减少。

2. 系统误差

（1）抽样框误差。通过组建最为完善的抽样和进行最基本的质量控制检查以确保抽样框的完整和准确。

（2）调研对象范围误差。由于此误差是因为调研设计中的错误而产生的，因此只能通过更为仔细的考虑和对调查范围的限定使其减少。

（3）抽选误差。通过严格的随机挑选和质量控制检查手段来确保抽样计划的实施，以减少此类误差。

（4）替代信息误差。这种误差是因为不良的设计而产生的，因此只有通过慎重地选择适合调研目标的信息类型来加以避免。

（5）调查人员访谈误差。可以通过细致地挑选和培训访谈员来加以避免。

（6）测量工具误差。可以通过细致的问卷设计和预先测试加以避免。

（7）拒访误差。可以通过缩短问卷、使问题更为友好、多次访问、使用物质刺激以及选择最佳访问时间等来避免。

（8）回答误差。可以通过细致斟酌问卷的格式、内容来避免。要特别注意那些难以回答的问题，要避免尴尬的局面。

（9）处理过程误差。通过建立严格录入程序和质量控制来加以避免。

三、询问调查的类型

（一）传统的询问法

1. 入户访谈法

入户访谈法是指被访者在家中单独接受访问的方法。入户访谈法是唯一可以进行深度访谈和针对特定室内用品进行测试的访谈方式，它至少有两大优势：

第一，它是一种私下的、面对面的访谈形式，可以直接地对复杂问题或隐私问题进行解释。特别是在要使用书面材料来提高访谈数据质量的时候，可以使用专门的问卷技术，能够对被访者进行深入的启发。

第二，能够确保被访者轻松自如，使他在一个自己感到熟悉、舒适、安全的环境中接受访谈。

然而，这种方法仍存在很多不足之处，主要是入户访谈涉及到了被访者的家庭隐私和一些安全问题。这也是此方法在商业市场调查中使用率逐步降低的原因。

2. 街上拦截法

街上拦截法是一种很流行的询问调查方式，约占个人访谈法使用总数的三分之一。这种调查方法相对简单。例如，在超市等公共场所，购物者被当场拦住或被引导到商场中特别的地方进行访谈。通常认为，这种方式作为入户访谈的替代方式，具有成本低廉的特点。

街上拦截法之所以比入户访谈法费用低，是因为被访者自己出现在调查员的面前，而不是通过其他方式去寻找被访者，而且节省了入户访谈的行程及车马费用等。除费用低廉之外，街上拦截法还同样具有入户访谈的一些优点，例如可以直接对被访者进行启发、能够运用专门的问卷技术等。然而，街上拦截访谈法同样具有很多不足，主要表现在：

第一，由于是随机拦截，会使被访者感到唐突，许多人因此会拒绝街上拦截访谈。

第二，街上的访谈环境并不像入户访谈的环境那样舒适，被访者可能会由于不安、匆忙或是访谈员无法控制的其他一些嘈杂的环境状态，影响访谈的深入；

第三，在购物市场调查时存在一个明显的缺陷——有些人逛商场的频率高（如女性），接受访谈的几率就高，因而影响调查的覆盖面，进而影响到收集到的信息的质量。

3. 经理商务访谈法

经理商务访谈是指对工业用户进行的、相当于入户访谈的专门访谈。这种类型的访谈主要是针对商务人员进行，以在他们的办公室中进行有关工业品销售与服务的访谈内容为主。例如，惠普公司需要了解用户对它们即将生产的新型电脑打印机的性能要求的有关信息，就需要对已有的使用者和未来的购买者进行调查访谈。由于是办公用品，因此在使用者的办公室进行调查最为恰当。

这种类型的访谈费用是很高的。第一，必须确定产品购买的实际决策者是谁。特别是对于一些大公司来说，要确认那些对购买行为产生影响的人是很耗费时间的。第二，一旦购买的关键人物被确定，就要想法使这个人同意接受访谈，并安排访谈的时间。第三，访问员必须如约到达指定地点，但往往被访者会因工作繁忙等原因需要访问者等待，而且被访者取消访谈的情况也并不罕见。第四，这类调查访谈需要相当出色的调查人员，因此培训费用也比较高。

4. 电话访谈法

电话访谈法是调研者比较喜欢使用的方法之一。它的优点在于：第一，可以利用电话收费相对低廉来降低收集信息的费用，节省访谈员的行程时间和制作调查问卷、购买礼品等费用；第二，在电话访谈的同时如果再结合恰当的抽样和回访程序，有可能获得高质量的抽样样本和完善的相关市场信息。

但电话访谈法也存在一些明显的不足。首先，在电话访谈中，被访者看不到任何提示；第二，电话访谈中，调查者无法对被调查者的情绪和态度进行判断和估计，无法控制访谈的情景；第三，电话访谈的时间有限，被访者的耐心有限，因此所得到的信息在数量上和质量上都极为有限；第四，电话访谈很难进行一些较为深入的访谈。

5. 邮寄调查法

在市场信息调查分析中，邮寄调查主要有两种方式，即单程邮寄调研和邮寄小组调研。

（1）单程邮寄调查法

单程邮寄调查法是调查员在从恰当的抽样总体中抽选出样本，在得到被调查者的姓名和地址后，将问卷邮寄给他（她）。一般不需要提前联系被调查者，而且样本只用一次。当然，为了提高整体回答率，同样的问卷可以重复寄给那些前一两次没有回答的人。

（2）邮寄小组调查法

邮寄小组调查是用信函提前联系所选择的样本。在初次联系中，要说明被访者即将参加的调查活动的目的。一般情况下，被访者都会得到一定的报酬以保证持续参与一段时间。在初次联系中，要请被访者填写一份背景材料问卷，其中包括家庭人口、年龄、教育程度、收入、汽车类型及使用年限、电器和电脑使用等，甚至还包括喂养的宠物类型等问题。

在初次联系之后，被访者会不时地收到一些不同的问卷。事实上，第一次的有关背景的问卷使得调查者可以将不同的问卷发放给适当的被访者。例如，一个有关宠物食品的调查问卷，只会发给家庭中有宠物的被访者。

邮寄小组调查是一种纵向研究。所谓纵向研究是指相同的被访者在不同的时间点上会被反复地进行逐渐深入的调查。

邮寄调查的优点是不需要对调查人员进行挑选、培训、监督、雇佣等，而难以接近的被访者也可以参加调查，而且邮寄调查方便、迅速、费用低廉。

邮寄调查也存在明显的不足。首先，调查现场无访谈人员辅助回答问题，没有人来启发、引导被访者回答开放式的问题，这就限制了调查信息的类型及一些调查技术的应用。第二，拒访率比较高。一般邮寄调查的问卷回答率都要在10%~70%之间浮动。第三，一些高学历、高职位的被访者拒访的可能性较大，这就使调查的范围容易产生系统误差。

为了提高邮寄调查的回答率，可以采取很多与回答率有关的措施。例如，提前用明信片或电话进行提醒、采用金钱刺激或物质奖励、附贴好邮票的回程信封、真诚恳求、表明与大学或研究所联办、信封用手写笔迹、真诚地指出被访者是经过先筛选才从很多候选者挑选出来的，等等。

（二）现代询问调查法

1. 电脑直接访谈法

电脑直接访谈法可以采用比较灵活的方式，主要是让受访者在电脑前直接输入要回答的问题的答案，或对一些开放性的问卷进行阐述。电脑中设计出的标准问卷提示有利于使被告访者思维连贯，有利于他们系统地回答问题。

电脑直接访谈法的最大优点是可以减少访谈员的数量，只需要指导人员教会被访者怎样使用和回答已经制作好的问卷就行了。其最大缺点是一些年龄较大的被访者不喜欢坐在电脑前操作，因此拒访率较高。

2. 互联网调查法

（1）互联网调查的优点

主要表现在以下几点：

第一，问卷的制作、发放及信息数据的回收速度均可以大大提高。

第二，节省了印刷、邮寄、录入及使用调查人员的费用。

第三，调查人员可以通过跟踪受访者的态度、行动和时间展开纵向调查，而且问题可以时常改变并加以筛选。

第四，调查范围可以比较广泛，可以涉及到市场、商贸特色、服务态度、产品认识等问题上。

例如，如果一个人上了某企业的网上主页或"产品链接"，在此网页被打开后，可以询问他几个有关企业产品和服务的特定问题。

（2）互联网调查的缺点

主要表现在以下几点：

第一，上网者的人口分布问题。网络调查最大的缺点是上网的人不能代表所有年龄层次的人口。在使用者中，中青年人居多，还有就是那些教育水平较高、有相关技术、有较高收入的人群。

第二，安全性问题。由于网络的公开性，使很多人为个人的私密信息担忧。

第三，样本无限制问题。这是指网上的任何人都能填写问卷，这完全由网民自己决定。尤其是同一个人如果重复填写问卷的话，问题就变得更为复杂了。

第四，不能避免一些恶意破坏。

虽然网上调查存在这样一些缺点，但其优点也是非常明显和突出的，特别是它的快速性、广泛性得到了调查分析人员的青睐。因此现代市场信息调查已经越来越多地采用网上调查的形式。

3. 互联网调查的样本类型

互联网调查的样本可分为三类：随机样本、过滤性样本和选择性样本。

过滤性样本是指通过对期望样本特征的配额限制，确定出一些自我挑选的、不具代表性的样本，对其予以分类或剔出。这些特征可以是性别、收入、地理位置或与产品有关的标准，如某些人喜欢奢侈品、某些民族忌讳某类商品、由性别差异导致的消费差异等。对于已分类的样本，应根据不同的类型提供适当的问卷。

另一种方式是调查者创建样本收藏室，将那些填写过分类问卷的被访者首先进行分类放置。只有那些符合统计特征要求的被访者才会再填写适合该类型群体的问卷。

选择样本实际上是对已经建立起来的抽样数据库再进行一次随机选择。这样更有利于信息收集的集中性和真实性。

4. 互联网调查的主要方法

互联网调研的方法主要有以下三种形式：

（1） E-mail 问卷。

（2） 网络视频工具。

（3） 专门为网络调研设计的问卷链接及传输软件。

四、影响调查方法选择的因素

在特定的条件下，有很多因素影响调查方法的选择，调查者应当选择能够提供合适的数据类型、数量、质量及成本最低的询问调查方法。影响调查方法选择的因素主要有以下的类型：

1. 对抽样精度的要求

对抽样精度的要求是决定在特定条件下选择何种询问方法最为恰当的一个重

要的因素。一般来讲，对于抽样精度要求较高的调查，宜采用特定的数据库（人群）抽样，比如邮寄调查法中的小组调研法。对抽样精度要求不高的调查，可以采用随机数据（人群）抽样，比如街上拦截访谈法。

2. 预算费用

商业市场信息调查经常遇到的一个问题就是调查费用影响调查方法的选择。事实上，费用的多少也往往同其他因素结合在一起影响到决策。例如：假设一项市场调查的费用限制在 10 000 元，达到所需精度的基本要求是样本数量为 1000 份；如果预算入户访谈方式的每份问卷需 15 元，而街头拦截访谈方式只需 8 元，则选择的方法就显而易见了。

3. 给予被访者各种刺激

在许多市场信息调查中，市场调查人员需要给予受访者各种理念或感官刺激，如产品理念、产品性能、产品广告等。大多数情况下，只有被访者和访谈人员之间面对面的交流才可能激发被访者对这些刺激的反应，非面谈方式可以不考虑这类问题，当然互联网调查可能除外。有些产品或服务的市场信息调查必须采用实物刺激的方式，比如产品口味测试、产品款式测试、保健理疗服务等。

4. 数据质量要求

数据质量要求是选择询问法方式的一个重要因素。所谓数据的质量是指由收集到的市场信息分析得出的最终结果数据的有效性和可靠性。有效性通常被认为是数据所反映的群体的有效程度。而可靠性是指对同样或相似群体进行调查得到的结果的稳定性。

各种调查方式所产生的数据质量的优缺点如表 5-3 所示：

表 5-3　　　　　各种数据收集方式在数据质量上的优缺点

方法	优点	缺点
入户访谈	应答者在家中，放松、安全，可以出示刺激物，可以解释、追问。	不易于监测访问过程，可能会由于其他家庭成员、电话等干扰发生访问员误差。
街上拦截	调查人员可以出示刺激物，可以解释、追问。	在街上可能会有许多分心的事发生。应答者可能行色匆匆，在想其他心事，不能集中思想。有可能发生访问员误差和抽样误差。

表 5-3（续）

方法	优点	缺点
电话访谈	易于监控访谈过程，有获得好样本的潜力，访问员可以解释、追问。	应答者可能会受家里事务的干扰。长的和开放式问题不适合。
邮寄	省去了访问人员以及入户访谈法产生的误差，应答者可以在方便的时候完成问卷。	不能解释、追问，也没有展示的机会。由于不应答者比较多，样本代表性差，而且对于谁来完成问卷没有办法控制。
互联网	管理费用低，可以利用图像展示各种刺激物，数据收集快速、简洁。	人口群无法控制，保密性差，应答者可能多次回答相同的问卷，产生系统误差。

5. 问卷长度

完成每一份问卷的平均时间（即问卷长度）是决定选择何种询问调查方法的重要因素。如果一份问卷需要相当长的时间才能完成，比如一个小时，那么它采用的调查方式便相当有限了。较长的问卷调查对于电话调查、街上拦截调查、在线调查以及其他一些除了入户访谈之外的方式都是不适用的。

6. 发生率

发生率是指一般总体中符合调查要求的样本比例。例如，某地区进行一份有关康师傅方便面口味的试测调查，要求所有在过去 30 天内曾经购买过该产品的人参与调查。经估计，在这个抽样总体中只有 5% 的人符合其要求。这 5% 即为发生率。

如果搜索成本（即确定合格样本的时间和费用）很高，而发生率又很低，宜选择费用较低的访谈方式。

7. 问卷结构化程度

问卷结构化程度也是一个决定调查方法的重要因素。问卷的内容是具有连续性、顺序性的，而且多为封闭性问题（即客观选择题），则这种问卷称为结构化问卷。与之相反的问卷（即主观阐述问卷）则称为非结构化问卷。非结构化问卷一般适用于入户访谈形式。结构化程度高且简单的问卷，并不要求面对面地访谈，因此这类问卷适用于电话、邮寄、网络等调查方式。

五、市场调查人员

虽然许多市场信息调查与分析是由专业公司来负责完成的,但在市场调查的实际操作中,许多调查过程是由非专业的市场调查人员来完成的,他们多半是一些低报酬的小时工。

调查(访谈)人员通常要经过少量的培训,而且这些人员的初次访谈失败率都很高。但是经过一番挫折和相当的培训后,也可以造就一批勤奋而富有才干的市场调查人员,这是一个典型的"适者生存"竞争系统。

市场访谈人员在市场调研活动中虽然不是主要角色,但访谈人员是与被访者发生联系的主要人员,也是取得被访者合作的主要纽带。因此,必须要注意对市场访谈人员的专业化素质培训和恰当的心理素质训练。

[案例]   Yahoo!用户分析调查

Yahoo!是一家互联网媒体公司,专门提供一些全球共享程序,并且要收集、综合网上的主要内容,为商业用户及一般消费者服务。作为一家网上搜索引擎,www.yahoo.com 是最大的一家涉及信息流量、广告、日常起居的大型网络公司,也是网上最著名的品牌之一。

Yahoo!的欧洲网站在上世纪末就有了许多广告商,最近三大互联网广告商之一的 IBM 宣布已经选择 Yahoo!开始其市场首创的全球多语种互联网广告节目。Yahoo!在欧洲的其他主要广告商包括:英国航空、欧宝、雀巢、标致等。

Yahoo!最近授权一家英国营销调研企业大陆研究公司对德国及法国的 Yahoo!使用者进行分析调研。同时,大陆研究公司将与纽约一家名为"QUANTIME"的公司合作完成此项任务。该公司提供抽样调查软件及服务设备。

大陆研究和 QNANTIME 公司设计了一个分为两阶段的调查方案。

第一阶段,收集德国、法国及美国的 yahoo!商业用户及一般用户访问 yahoo!网站的数据,了解其上网动机及主要网上行为。这就要求 yahoo!应做到所有的调查及问答过程都必须使用被访者的本国语言,同时,还要求被访者提供其 E-mail 地址,以备第二阶段调研的再次联系。

第二阶段,进行深度调查。该阶段的主要问题就是吸引、督促被访者参与和完成调查,以确保收集到最佳、最真实的信息。

第一阶段:收集基本信息

Yahoo！第一阶段的调查包括 10 个问题，涉及到被访者的媒体偏好、年龄、消费模式、网络购买偏好等等。问卷结构性很强，前面问题的答案可供后面的问题使用，以便使调查适合于每一位被访者，并有效鼓励其合作。该阶段仅在 2 周内便接到了 1 万份来自这三个国家的回答完全的答卷。这意味着调查已经接触到了目标群体。

仅有 10% 的被访者没有完成全部问卷，造成这种情况的原因可能很多，如厌烦、掉线、失去耐心等。但由于所耗费用几乎近于零，所以没有造成任何损失。

第二阶段：深度调查

在第二阶段，对已留下 E-mail 地址的人进行深度调查。可以在其上次中断的地方进行重新访问。这样做虽然使第二阶段的问卷相对长了些，但中途掉线率降到了 5%～6%。

第一阶段所调查的是激活调研窗口并完成基本调查的网上使用者，而第二阶段则对那些在第一阶段留下了 E-mail 并同意继续接受访谈的人进行。这些被访者将收到一份 E-mail 通知，告知他们调研的网址。第二阶段会涉及到一系列有关生活方式的深度调研问题。

第二阶段的调查结果显示：在有关互联网使用情况的调查者中，80% 的被访者为男性，60% 为公司雇员，35% 受访者年龄在 25～35 岁之间。这项调查还揭示了一个奇怪现象：虽然占一半的互联网使用者的使用目的是公事、私事兼而有之，但使用者上 Yahoo！网站的主要目的还是进行商业活动。而在其相关网站的使用者中，利用网络进行休闲娱乐及其他方式私人活动的人数约为其他类型使用者的两倍。

问题：

1. 请你帮助判定第一阶段的 10 个问题。
2. 你认为互联网是获取所需信息的最好方式吗？为什么？
3. 你认为第二阶段的揭示对公司有什么帮助？

讨论题： 街上拦截法调查的对象仅是那些去过某家商店的顾客，因此，只有与该商店有关的顾客才能接受此项调查。这种看法对吗？

第二节 观察法

要对一些市场现象如商业场所周围的情景、事物、人物的状况、活动的规律等进行分析和判断，采用询问调查法是无法获取所需信息的。因为这些信息都是属于市场潜在的信息，需要信息的收集者自己去判断、寻找，而观察法正是主要用于获取潜在信息资源的方法。由于观察法是由信息采集者自身来完成的，因此难免带有一些观察者的观点，有一定的主观性。

一、观察法的本质

与询问调查法向人们提问不同，观察法主要是观察人或事物存在的行为和状态。简单地讲，观察法就是不通过向被访者提问或交流而由市场调查人员系统地记录人、物体或事件的行为或状态的一种过程。当某一事件发生时，一位运用观察技巧的市场调查人员应见证并记录信息，或者根据以前的记录来编辑整理证据。进一步讲，观察法既包括对人的观察，又包括对现象的观察，既可以由人来进行，也可以由机器来进行。在收集市场信息时，应观察的内容主要有：

第一，市场情景，包括市场上商品的结构、规格、花色品种、价格、陈列布局方式等，还应观察商品的广告内容、广告制作方式、采用的媒体形式等等。

第二，人物，包括消费者、经营者及市场竞争对手等。在观察消费者时，还应注意他们的身份、职业、购买行为、行为的频率以及行为趋向等等。

在观察中，要注意作好原始记录，必要时还可采用一些先进的技术手段，如录音、摄像等。

二、观察法使用的条件

成功地使用观察法，并使其成为市场调查中的数据收集工具，必须具备以下三个条件：

1. 所需的信息必须是能观察到的

既然市场的相关信息是由市场调查人员通过一些观察工具来获取的，那么这些信息肯定是可以直接观察到的，或者是能从观察到的行为中推断出来的。例如，市场调研人员可以通过情景观察来了解为什么一些商业场所人流如织，另一些商业场所门可罗雀。

2. 所观察到的行为不是偶然的

观察法所观察到的行为必须是重复性的、频繁的或在某些方面可预测的。例如，可以观察人们对某种消费品的购买频度，并由此来决定这种消费品的市场供给量。

3. 所要观察的行为是相对短期的

这也就是说这种行为发生前的决策和行动的过程时间是比较短的。例如，一般消费者购买一个大件商品，如汽车或者房子，整个决策过程可能要几周乃至几个月甚至更长的时间，但购买的（行为）时间却很短。

三、观察法的种类

观察法的种类比较多，主要包括下面的一些形式：

1. 自然观察法

自然观察法是让观察的对象完全处于自然的状态，完全没有人工干预。比如统计在特定时间内有多少人使用某个银行的银行卡进行消费是一个完全自然的状态。观察者在他们所感兴趣的观察中没有扮演任何角色，那些被观察的人也没有意识到他们在受到观察。

2. 设计观察法

设计观察法是经过事前设计的观察，在观察前使观察者和被观察者都进入某个角色，然后再进行观察。例如，为了确定超市的货架上物品的摆放顺序，可以招募一些人充当临时的消费购物者，让他们进入超市（可以是一种模拟形式）中购物，并让他们随意浏览货架，挑选他们平时常用的商品。在这样的调查中，被观察者知道自己正在参加一项调查计划，而观察者也可以详细地记录下购物者在被测商品前滞留的时间长短，以及此种商品被实际选择的次数，从而对不同商品的展示顺序效果形成一定的整体概念。

3. 公开观察法

公开观察是被观察者知道有人在观察他们的行为过程。公开的观察往往会使被观察者的行为受到影响，也就是说他们的行为可能会与平时的行为有所不同。在公开的观察中观察员的言谈举止也会影响到被观察者，会导致被观察者的行为偏差。

4. 隐蔽观察法

隐蔽观察是指在不为被观察者所知的情况下观察他的行动的过程。最典型的隐蔽观察是通过监视器观察。

5. 结构性观察法

结构性观察法就是观察者为每一位被观察者填写一份已经设计好的结构性问卷式表格，按问卷的安排来进行观察的方法。

6. 非结构性观察法

在完全的非结构性观察中，观察员只是对被观察的行为作一些记录。

一般来讲，如果人们对感兴趣的问题知之甚多，那么采用结构性观察可能更有意义。如果知之甚少，非结构性的观察则更合适，比如要观察人们对突然事件的反应就适合于非结构性观察。

7. 直接观察法

直接观察指的是观察被观察者的当前行为，它强调的是观察人们在某个时点上的行为，比如在超市中直接观察消费者的购买行为。

8. 间接观察法

在有些时候，以前的行为或未来的行为也需要观察。为做到这一点，求助于以往的记录或今后发生的记录是必要的，这种方法就是间接观察法。间接观察是对人的行为进行一种连续时间段的观察。例如考古学家根据挖掘出土的居民定居点的遗址建筑及一些文物等实物证据来确定古代文明时期的生活方式和行为就是间接观察。如在商品使用的调查中采用间接观察往往是非常有意义的。例如，给一些消费者同时发放一定数量的洗衣粉和洗涤剂试用，过一段时间请他们将未使用的交回，那么从交回的数量中，就可以知道被调查者家庭实际使用那种商品的数量，这对生产厂家是非常重要的数据。

9. 人员观察法与机器观察法

人员观察是常用的方法，但在某些情况下，用机器观察（比如摄像机）来取代人员观察是可能的甚至是必要的。因为在特定的环境下，机器观察可能比人员观察更便宜、更精确、更容易完成工作。例如交通流量观察、红绿灯管理等就是如此。摄像机和其他视听设备记录人们的行为可以比人员观察更客观、更详细。越来越多的商品零售店在使用的电子记录仪，它能够提供比人员观察所能提供的有关产品动向的更精确、更及时的信息数据。

四、观察法的优缺点

观察人们实际在干什么而不是依赖他们的描述，这是观察法最明显的优点。

第一，它可以避免许多由于调查人员及询问方法的诱导作用所产生的误差，这就是我们所说的事实胜于雄辩。第二，调查人员不会受到被观察者意愿和回答能力的困扰。第三，通过观察，可以更快、更准确地收集某些类型的数据。

观察法的主要缺点是：第一，只能观察到行为和自然的物理特征，而无法直接了解人们行为的动机、态度、想法和情感，对此只能靠推断。第二，只有公开的行为才能被观察到，一些私下的行为，如家庭活动、公司决策过程等，都超出了调查者观察的范围。第三，被观察到的行为只是当前的行为，并不代表在这之前的和在这之后的行为。比如，消费者当时购买了某种品牌的商品，但这并不代表他下一次或者在更长的时间内肯定会购买这一品牌的商品。第四，如果被观察者的行为不是经常发生，那么观察调研会很耗时，而且成本会很高。

五、扮演购物者

1. 扮演购物者的形式

调查人员可以装扮成购物者，以此来收集商店及顾客与售货员之间的相互交流等数据。当然调查人员也要以购买者的身份与售货员进行交流比如问问款式、价格等，这种相关交流并不是访谈，而只是为了观察售货员的行为和给予评价，所以它也是一种观察调研方式。

扮演购物者有四种不同的基本形式，每一种都为收集不同深度和类型的信息提供了选择的机会。

形式1：购物扮演者通过打电话询问购买以及其他方式来评估所接受服务的水平。

形式2：购物扮演者参观某种商品展销，快速购买东西，不需要过多地与售货员沟通或完全不需要与售货员沟通，而只需要对商店的交易能力和场所的形象进行评估。

形式3：购物扮演者造访某个企业，用事先准备好的手稿或方案与服务代表或销售代表谈话。这种方式可能没有购买行为，而主要是对企业的服务进行评估。

形式4：购物扮演者进行一次需要高超交流技巧和关于某产品的丰富知识的访问。这样的例子包括讨论家庭贷款、购买新车或者参观购买房屋等。

我们知道，服务影响着销售，顾客的满意程度最终将影响顾客对商品的忠诚度，从而决定公司的利润。扮演购物者可以改进公司员工、顾客服务代表以及其他和消费者打交道的人对全体消费者的服务态度，并且可以告知管理人员"一线工作人员"是否一致地以一种符合公司标准的方式对待消费者。一般来讲，由公司人员来扮演购买者，总能够找出一些需要改进的地方，能够促进服务绩效的提高，并且将观察到的一些结果进行标准化，以此作为一种工作标杆。扮演购物，可以识别出公司的优势和薄弱环节，为业务培训和政策修改提供指导。

2. 购物形态和行为

一般购物形态的研究是用于追踪商店里顾客的行踪。通过对具有代表性的购物者之间行走路线的比较，商店经理可以决定哪里是摆放能引起顾客购物冲动的商品的最佳地点。

购买行为调查包括对购物者在各种不同场景中的行为进行现场观察或先摄影再观察。一般的消费者在购买商品时往往有一种惯性思维，比如先注意某种商品，后选择其他商品等，因此，某种商品的摆放位置甚至会影响到这种商品的销售量。对消费者购买行为的观察在大型超市中显得尤为重要，因为在超市中没有柜台人员向消费者介绍产品。

通过对顾客购物形态和行为的观察研究可以为商场的商品摆放确定最佳的地点和最佳的位置。

讨论题： 对于消费者的购买行为调查，为什么用观察法比用询问法更为有效？

第三节　实验法

实验法是指市场调研人员改变一些市场因素（一般称为自变量或解释变量），并观察由于这些因素的变化对其他因素（因变量）产生的影响。在市场营销实验中，因变量经常是衡量销售的一些指标，如销售额、市场份额等，自变量主要是对销售产生直接影响的量，如价格、质量、广告数量、产品类型、功能特点等。

一、因果关系

实验法通常也称为因果关系证明法，因为它的实质是要去证明一种变量的变化能否引起另一种变量的预见性的变化。

为了证明两种因素 A、B 之间存在因果关系，即 A 引起 B 的变化，我们必须证明 A、B 之间符合以下三个条件：

1. 存在相关关系

为了证明 A 的变化引起 B 的某种变化，我们首先必须说明 A 与 B 之间的相互关系，也就是说，它们之间会按照某些可预见的方式一起变化。当然，这种关系可能是正相关，也可能是负相关。比如广告和销售量就是两个变量正相关的例子，而价格和销售量就是两个变量负相关的例子。调研人员可能借助统计程序来验证统计关系的存在和方向，即证明它们存在相关关系。

值得注意的是，相关关系本身不能证明因果关系，只是因为两种变量碰巧以某些可预见的形式一起发生变化而已，并不能证明一个变量的变化必然引起另一个变量的变化。比如，美国的经济增长往往会带动世界许多国家的 GDP 增长，这只能证明世界第一经济大国经济的增长会对世界范围内的各国经济增长产生一定的影响，但不能证明美国经济的增长必然会导致世界范围内经济的增长。再如 2007 年 2 月 27 日，中国股市经历了一次暴跌，在接下来的几天，世界上一些主要证券市场的股票指数也产生了不同程度的下跌。有人据此认为，中国证券市场的涨跌已经对世界证券市场具有举足轻重的影响。其实这次中国股市指数的暴跌引起世界范围内股指的下跌只是一种巧合，这和中国股市下跌没有必然相关关系。

2. 发生存在适当的时间顺序

要证明两个变量之间存在因果关系，还必须证明它们的发生之间存在适当的时间顺序。即证明 A 发生引起 B 发生，也就是市场调查人员必须能够证明 A 在 B 之前发生。例如，为了证明价格变化会对销售量产生影响，必须能够说明价格变化的发生在销售量变化之前。

3. 排除其他可能的原因性因素

在许多市场营销实验中，最难证明的是 B 发生变化并不是 A 以外的其他因素引起的。例如，一个公司产品的广告费用增加了，产品销量可能上去了，而它的一个主要竞争者可能在此时降低了广告费用、提高了产品价格，或者撤离了市场。此时竞争环境可能也发生了改变。即使竞争环境没有改变，一个或者其他因素的联合变化作用，也可能影响到销售量。因此，排除其他可能的原因性因素是很复杂的。

二、实验的有效性

1. 内在有效性与外在有效性

内在有效性是指对于可观察到的实验结果可以避免争议的解释程度。如果市场研究人员能够证明实验变量或自变量真正使因变量产生可观察到的明显差异，那么这个实验就被认为是有内在有效性的。这种有效性需要证据来证明因变量的变化是由实验变量这一因素引起的而不是其他因素引起的。

外在有效性指在实践中被测量的因果关系可能一般化到外部的人、设置和时间的程度。比如，产品价格的上涨，影响到产品的销售量，同时也影响到消费者的购买行为和购买时间。因此，价格具有明显的外在有效性。

2. 外在变量对实验有效性的威胁

一些外在变量往往会对实验的结论产生影响，因此，在实验设计中要尽可能地排除这些影响观察效果的外在因素。

（1）历史因素。历史因素是指不受市场调研人员控制、发生在实验的开始和结束之间并影响因变量数值的任何变量事件。如在一个正常的销售期内的某一时段，增加了广告投入、加大了推销力度等对销售量的影响。

（2）计量因素。计量因素是指用以解释测量差异的测量工具的任何变化因素。在市场营销实验中，这是一个重要的问题。比如对同一事物的测量（观察、访问）可以由不同的访问员或观察者在不同的地点、不同的时间进行，由此可能产生不同的认识差异。这些在测量中产生的差异反映了不同的人在访问时间、地点或观察方法上的差异。就是同一个访问员或观察员，也会因思想、情绪的波动而导致工作质量的不同，如由于工作情绪低落导致工作草率等。

（3）选择误差。选择误差是指实验或测试的群体与设计的群体有系统差异。比如本来是计划选择20~30岁的群体，抽样时却用了30岁以上的群体。

（4）测试效应。测试效应主要来源于实验过程本身对我们所观察到的结果产生的影响。比如在登广告以前对产品态度的测量可能会影响到登广告以后对产品态度的测量。

（5）均值回归。均值回归是指具有极端行为的目标群体在实验过程中向着行为的均值（集中趋势）发展的趋势。这些被调查者因为偶然或某些极端行为而被特别选中，而这些极端事件的发生在实验过程中可能向均值变化，这会对测量均值产生不可小视的影响。

三、市场测试

市场测试这一术语通常泛指以下两个方面的任何形态的研究。一是指在单个市场、一组市场或某个地区测试一种新产品或现有市场营销组合（产品、价格、渠道、促销等）的任何变化的研究。二是指在实验过程中的研究。

1. 市场测试的用途与目标

我们知道，新产品对利润的贡献是巨大的；但我们还知道，新产品的失败率也很高。一般认为，新产品的失败率可以高达56%~90%。因此，市场测试研究工作的目的就是协助营销经理对新产品作出更好的决策，并对现有产品或市场营销组合进行调整。市场测试研究通过提供一种真实市场的测试，来评估产品和市场营销计划。市场营销人员利用市场测试，在规模较小且成本较低的基础上，对所提出的全国计划的所有部分进行评估。这种基本思想可以通过确定产品在全国推广后得到的估计利润来认知产品的销售状况否超过市场的潜在风险。市场测试研究至少可提供以下信息：

（1）评估产品的市场份额与容量，由此来推测整个市场。

（2）新产品对公司已上市的类似产品销售量的影响。这种影响可以用替换率来表示，其公式为：

$$产品替换率 = \frac{新产品市场销售量}{老产品市场销售量 + 新产品市场销售量}$$

它的含义是指新产品取代公司现有产品的程度。

（3）购买产品的消费者的特征。人口统计数据几乎都可以收集到，甚至连消费者的生活方式、心理特征和其他形式的分类数据也可以设法收集到。这些信息将有助于公司改善产品的市场营销战略。例如，了解可能购买者的人口统计特征将帮助公司制定出更有效、更有影响力的媒体计划。

（4）测试期间市场竞争者的行为也可以提供一些信息，至少可以据此预测新产品在全国推广后竞争者的可能反应。

2. 市场测试的成本

市场测试的成本是昂贵的，其直接成本主要包括：

（1）商业广告的制作成本。

（2）支付广告代理商的服务费用。

（3）联合调研的费用。

(4) 分析消费信息和相关数据的费用。

(5) 赠券和样品费用。

(6) 为获得分销渠道而支付的贸易折让费用。

正是因为市场测试费用很高，所以市场测试方法仅用于市场迹象已表明新产品或新的市场营销组合战略已经有了相当大市场潜力的时候。事实上，它应该是市场营销研究过程的最后一步。在一些情况下，即使市场测试失败，也可能比直接上市新产品损失更小。

[案例]　　　　　　　　　　　　虚拟购物

现在，计算机图表和三维模型取得的重大进展，大大拓宽了模拟市场测试的应用范围，营销者可以快速、低成本地在计算机屏幕上复制出一种类似真实零售店的感觉。

消费者可以在电脑屏幕上看到装满各种产品的货架，通过触摸监视屏上货物的图像就可以选择货架上的物品。一旦选定后，选定的产品会转移到屏幕中心，购物者可以利用三维追踪球来转动产品，以便从各个侧面来查看产品。想购买的消费者只需触摸购物车（或购物篮）图像，产品就会移到购物车中或购物篮，这与顾客在超市中购买产品放到手推车中有一样的感觉。在购买过程中，计算机毫无困难地记录下顾客购买每一件产品所花费的时间、检验包装的每一侧面所用的时间、购买产品的数量以及购买产品的顺序等。

计算机模拟环境提供了许多优于传统研究方法的优点：

(1) 虚拟商店可以将一个实际的商场完全加以复制，顾客可以在一个更为现实和复杂多样的环境中模拟购买。

(2) 市场调研人员能迅速地实施并改善这些测试。一旦产品图像被计算机扫描，调研人员便可以在大约几分钟内在货架空间方面作出调整，包括各种品牌的集合、产品包装、价格等。

(3) 由于展示是在计算机操作的基础上创造出来的，所以测试成本相对较低。因为一旦测试的硬件、软件都准备就绪，测试的成本就主要只取决于被测者人数（因为对参与的受试者要给予一些物质奖励）。

(4) 这种模拟具有高度的灵活性，它能用于测试整个新的市场营销观念或用于调整现有的产品的组合计划。

更重要的是，这样的市场测试调研方法可以赋予市场调研人员和市场营销人员想象的空间，特别是能为市场营销组合描绘出一种更能使购物者轻松愉快购物的现实场所。它可以模拟发生在实验计划后期的一个"做还是不做"的决断；可以试验新的思想和理念，而不必实际制造或购买产品；可以模拟支出广告费用及设置促销折扣，也不必首先了解新思想是好还是坏。一切都可以在实验测试中加以改进，为市场营销经理提供了一个完美的创意场所。

3. 市场测试调研的步骤

一旦决定进行市场测试，就必须为取得满意的结果就必须采取许多有效的步骤。它们主要包括：

（1）确定目标

过程的第一步就是确定测试目标。典型的市场测试目标有：

· 估计市场份额和销售量。

· 决定产品购买者的特征。

· 决定购买频率和目的。

· 决定在哪购买（零售渠道选择）。

· 测量新产品的销售对产品线上现有相似产品销售的影响。

（2）选择一种基本方法

确定市场测试目标以后，下一步是决定适合既定目标的市场测试方法的类型。以下三种方法是可行的：

· 模拟市场测试。正如前一小节所述，模拟市场测试并不是在现实市场中进行的真正的测试，它实际上是一种虚拟市场。在这种测试中，我们可以将被测试者推到多种刺激之下（新产品、新市场营销组合理念创意），并让他们在这些刺激下作出类似的购物选择。这些结果将被用来成为一种市场营销模式的第一手信息资料，以便在今后的市场营销规划中加以利用。比如应用在要进行产品的市场推广、确定采用什么形式的销售手段上。

· 标准的市场测试。这种方法是在有限的基础上进行的真正市场测试。

· 受控的市场测试。这种方法是由测试公司操纵小市场，就像受控制的商品小组一样。控制测试的公司一般要保证商店里的新产品占小市场的一定比例。它们有代表性地提供仓库设备，并让自己的（产品）代表把产品卖给零售商。这些代表的主要任务就是负责填充货架和跟踪销售。例如，现在遍布全国各地的药店中的药品是由药品生产商招聘的医药代表来寻找零售商和监控销售情况。

（3）制定详细的测试程序

确定了目标和基本的测试方法后，第三步是要制定详细的市场测试计划。必须详细规定用于测试的市场营销计划细节，要选出基本的市场定位方法，制定出保证定位得以实施的商业广告计划、价格策略、媒体计划以及各种促销活动。

(4) 选择测试市场

选择测试市场是一个很重要的决策。在作出选择时，必须考虑以下诸多因素：

· 市场没有进行过太多的测试。

· 该市场在相应的分类中属于正常发展的市场。具体产品的销售应具有典型性和普遍性。

· 应该避免人口统计特征不寻常的市场，如大学城、旅游区等。

· 选中的城市应该反映出明显的地区差异。例如不同的民族地区可能对商品消费有不同的观念。

· 市场惯用的大众传播工具形式要与全国的普遍标准类似。比如地区的电视受众不应该与全国的受众群体有太大的差异。

· 选中的市场应该大到足以提供有意义的结果。但市场也不能太大，因为太大可能导致测试成本过高。

· 选定的市场分销渠道应该与全国的模式基本一致。

· 选定的市场竞争环境应该与该产品所在类别的全国市场环境相似。例如，一个没有多个国内主要竞争对手参与的市场不宜选为测试市场。

· 所选择的城市人口统计情况应该彼此相似。

通过考察上述因素可以发现，测试市场一般应是产品最终销售的某一地区或与全国情况类似的地区。

(5) 分析测试结果

尽管在实验进行过程中也要评估所产生的数据，但是在实验完成之后，必须进行一次更详细、更彻底的数据分析。这种分析主要集中在以下几个方面：

①购买数据。这通常是实验产生的最重要数据。在整个实验过程中，最初的消费者购买水平（试用）表明了企业所做的广告和促销活动的效果，而重购率（进行第二次购买或更多次购买的消费者占总消费者的百分比）则表明了产品在有广告和促销的情况下产生的预期程度。显然，试用（第一次）和重复购买者为估计产品的销售情况提供了基础，而且如果产品向全国市场推出的话，这些结果也可以用来反映产品可能的市场份额。

②认知数据。这主要体现在产品的市场认知方面。例如：媒体力度和促销计划能起多大作用？顾客是否了解我们产品的成本？他们知道产品的关键特征吗？

③竞争反应。理想的情况是在市场测试期间同时监测竞争对手的反应。例如，针对己方的市场活动，竞争者可以通过提供特殊的促销、价格、数量折扣等方式来影响己方的测试结果。事实上，己方可利用这样的情景来获得一些有用的信息，至少它可以反映出己方产品在进入全国分销渠道时，自己将在市场中作什么样的准备和采取什么样的行动，并且能为估计这些行动将对他方的产品产生什么样的影响提供依据。

④销售来源。如果公司推出的新产品是属于某个产品类别（比如化妆品）的，那么，确定产品的销售来源（购买者来源）是十分重要的。在测试中可以确定购买测试产品的顾客以前购买的是哪一种品牌，这将给公司带来有关真正竞争者的信息。如果推出的新产品是市场中已有的品牌系列，那么通过测试，可以明确地告知生产厂商新产品对公司现有品牌和竞争品牌将产生什么样的影响。

通过以上的估计和测算，企业可以完善自己的市场营销计划或改善自己产品的特质，并最终决定该产品是进入全国分销系统还是不进入。

讨论题：在市场测试中，模拟市场测试和真实市场测试谁更有效？

复习思考题

一、复习题

1. 什么是询问法？为什么询问法被普遍采用？
2. 在询问调查中有哪些误差类型？
3. 市场调查中的主要误差有哪些？
4. 询问调查法的类型有哪些？
5. 邮寄调研的好处是什么？
6. 什么是现代询问调查法？
7. 影响调查方法的因素有哪些？
8. 观察法的本质是什么？
9. 观察法有哪些种类？

10. 观察法有哪些优缺点？
11. 什么是实验法？它有什么用处？
12. 实验法的有效性是什么？

二、思考题

1. 比较街头调查与深度调查的优劣。
2. 比较传统调查法与现代调查法的优劣。
3. 如何培养市场调查人员？
4. 在什么情况下可采用观察法？
5. 扮演购物者调查法有什么好处？
6. 为什么有时必须采用实验法？
7. 市场测试法对市场营销战略的制定有什么好处？

三、讨论题

1. 假设你是一个推销员，以注重营养的大学生为目标受试者，为一种新型的快餐食品作市场测试。请问你将如何选择产品的测试城市？为什么选择这些城市？在确定这种快餐食品的测试实验中，应处理哪些独立变量？

2. 如是你将在大学中推销三种不同的品牌的饮料，但最终可能只提供其中之一种，请设计一个实验来决定你最后的选择。

3. 市场调查过程中的关键内容都由市场访谈人员来完成，但他们的工资又普遍偏低。如果你是老板，你认为应该如何来解决这件事情并提高询问调研的质量。

4. 成都太平洋百货公司想了解一下到该店购买东西的顾客与到其他商店购买东西的顾客有什么不同，同时还想知道其他竞争者对太平洋百货公司的印象如何。由此准备进行一项调查，费用为 10 000 元人民币，准备在四周内完成。你将推荐哪一种调研方式？为什么？

四、实践讨论题

[案例]   **MDS 实验室市场测试系统**

康润公司是总部设在成都的一家大型市场营销调研公司。该公司提供了一种适用于实验室市场测试的 MDS 系统（Marketing Design System）。实验室市场测试或模拟市场测试提供了一种能降低实施市场测试成本和时间的途径。MDS 可以用来预测新产品推广后的市场表现，提供如何改进产品来提高成功率和总体市场业绩的信息。另外，MDS 测试有助于营销人员了解影响某一特定产品的试用和重购决策行为和态度因素。MDS 的简要程序如下：

第一步，从新产品的目标市场获得有代表性的消费者样本来参与一系列实验。在实验中，消费者被领入一间测试室，并要求完成一份有关他们的人口统计特征、购买实践以及关于新产品所在产品类别的购买行为问卷调查。问卷完成后，要请消费者观看在竞争环境中的新产品测试广告。这些商业广告在模拟的实际电视节目中播放，这些节目中有许多与该产品同类别的现有产品品牌的商业广告，也有一些其他种类产品和服务的商业广告，其目的是使测试环境尽可能和现实一样。当然产品的种类并不是要覆盖产品类别中的每一种品牌，但要保证一些重要产品品牌必须包括在内。

第二步，将参与者组成一些小组进入一家模拟商店。这家商店有他们所看到的节目中的广告的品牌和一些测试实验内没有包括的其他竞争品牌。组织者给被测试者一定数量的钱，但是所给的金额应低于测试产品最低的价格。要求被测试者从这家模拟商店中购买物品，如果被测试者不购买，测试完毕后就会被要求交还得到的钱。测试开始，被测试者可以根据自己的喜好购物（或决定不买）。很显然，要想购买测试产品，就需要被测试者用他们自己的钱，至少是一部分钱。这样的设计与其他方法设计的测试相比，增加了一个现实因素（因为不买则要求将钱交回给测试方）。在这个测试中，只有那些受到商品品牌特征和用途强烈吸引的人才会用自己的一部分钱购买商品。

第三步，讨论被测试者的选择以及作出选择的原因，同时填写覆盖同样问题的结构化问卷。在完成讨论和涉及选择原因的问卷调查后，被测试者可携带他们购买的商品离开，回家后他们会按平常的方式使用购买的产品。

第四步，在过了足够长的一段时间后（比如三至五个月），给参与测试的消费者打电话。要强调的是，他们事先并没有被告知会再次联系他们。电话追踪访谈的目的是为了查明：

（1）参与测试的消费者对自己所选的产品感觉如何。

（2）其他家庭成员对产品有怎样的反应（如果这是一种可能被家庭中其他成员使用、消费的产品）。

(3) 他们对产品的满意程度。

(4) 他们是否满意的原因。

(5) 他们对所选产品与其他他们曾经用过的同类型产品/品牌的比较。

(6) 他们使用的产品数量。

(7) 如果产品在市场上可以买到的话,他们是否已购买了更多的这样的产品。将来他们购买此种产品的可能性有多大。

测试者将对所有品牌的上述信息加以列表分析,其结果可为市场营销人员提供被测试产品与其他产品品牌的关系分析,同时确定出测试产品的相对优势或劣势。

问题:

1. MDS 法与传统市场测试方法有什么不同?
2. MDS 法与传统市场测试法相比有什么优势和主要缺点?
3. 你如何使用 MDS 方法去测试一种苹果口味的新饮料?
4. 你比较倾向于传统测试法还是 MDS 法?为什么?

第六章
问卷设计

问卷设计的好坏会直接影响所获得信息的数量与质量。因此，我们必须认识问卷设计的目的，了解问卷在收集数据过程中的作用，学习问卷设计的程序，理解问卷在数据收集成本中的重要作用。

第一节　问卷的定义与作用

一、问卷的定义

问卷是询问调查过程中进行数据收集的一种重要的工具，调研人员可以利用此工具来生产市场调查分析的基础产品——被调查者（市场）的基本信息。

我们知道，询问调研的每一种形式都依赖于问卷的使用。采用问卷式调查几乎是所有数据收集方法中的一般思路。问卷是为了达到市场调研目的和收集必要的市场数据而设计出的由一系列问题构成的表格，是收集来自被访者信息的正式一览表。

二、问卷的作用

问卷提供了标准化和统一化的数据收集程序，使问题的用语和提问的程序标准化。每一个应答者看到或听到的都是相同的文字和问题，每一个访问员问的都是完全相同的问题。如果没有问卷，每一个调查者都是随意而问，不同的调查人员将以不同的方式提问，那么收集到的将是一堆杂乱无章的数据，对不同的被访者进行比较的有效基础也就不存在了。从统计分析的角度来讲，没有典型特征的数据很难进行统计学处理，因此问卷也是许多询问调查的一种有效控制工具。

三、问卷在调研中的地位

问卷在市场调研过程中处于一种承上启下的重要地位。没有问卷，就无法知道消费者（被调查者）的信息；没有问卷，就无法传递调查者的询问意图，无法进行关于市场信息调查的统计分析；没有问卷，就无法了解市场的需求状况，从而无法进行市场营销活动。

问卷在市场信息调研中的地位如图6-1所示。

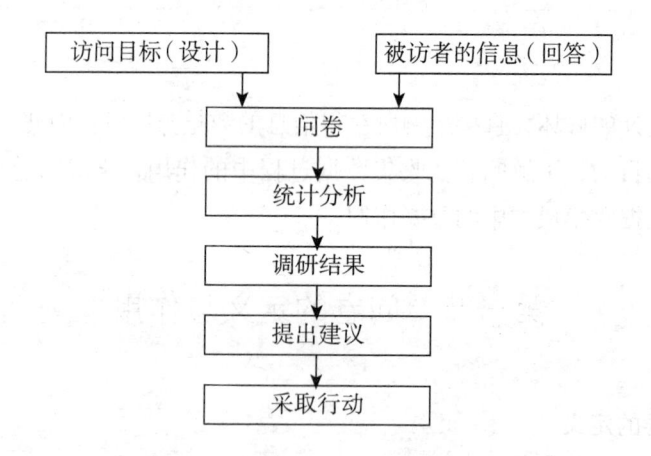

```
访问目标（设计）          被访者的信息（回答）
          ↓                    ↓
              ┌─────────┐
              │  问卷   │
              └─────────┘
                   ↓
              ┌─────────┐
              │ 统计分析 │
              └─────────┘
                   ↓
              ┌─────────┐
              │ 调研结果 │
              └─────────┘
                   ↓
              ┌─────────┐
              │ 提出建议 │
              └─────────┘
                   ↓
              ┌─────────┐
              │ 采取行动 │
              └─────────┘
```

图6-1 问卷在市场调查中的位置

[案例]　　　　中国证券业协会对投资者开展问卷调查工作

《中国证券报》2007年8月2日报道：为全面了解我国证券投资者的实际状况，日前，中国证券业协会会同投资者保护基金开展了投资者问卷调查工作。目前，问卷调查工作已结束。调查显示，个人投资者与机构投资者对2007年市场走势的预测普遍持较为乐观的态度，两类投资者中各有六成认为牛市至少可以延续到2008年奥运会之前。

调查显示，六成受访调查者对市场走势持乐观预期。同时，在个人投资中存在投资理念和投资行为错位的现象。一方面，六成以上的投资者追求稳健的投资收益，崇尚理性投资，能够承受的最大亏损仅在20%以内；另一方面，五成以上投资者的投资行为却以短线操作为主，持股时间选择在3个月以内，这表示投资者普遍期望在短期内实现高收益。参与调查的投资者的平均持股时间为116天。

值得关注的是，约70%的个人投资者的股市投资资金量占到其家庭全部金融资产的1/3以上，其中13.4%的投资者动用了家庭的全部金融资产投资于股市。在老股民中，有8.3%的股市资金来源于向别人借款或银行贷款；而在2006年至2007年入市的新股民，他们通过借贷获得的炒股资金占其投资资金总量的10.81%，比老股民高出2.5个百分点。

调查显示，八成左右的个人投资者认识到投资基金存在风险。机构投资者和个人投资者对基金投资普遍担心的是基金经理的道德风险和个人利益输送问题。

另外，调查表明，对于股指期货的认知度，个人投资者明显不足，其中32%的投资者表示从未听说过股指期货，50%以上的投资者表示目前对股指期货的专业知识掌握不足，只有25%的投资者参与过仿真交易。而机构投资者对股指期货的认知度不存在问题，41.4%的机构投资者参与了仿真交易。个人投资者对于股指期货的参与态度较为谨慎。

在投资者权益保护意识方面，调查结果显示，绝大部分个人投资者认为自身权益受到了侵害，而信息披露不规范、股票价格被操纵、政府行为缺陷和大股东侵权等问题是主要原因。他们普遍认为加大对违法行为的处罚力度是保护投资者权益的最有效手段。

为全面了解我国证券投资者的实际状况，有针对性地开展投资者教育工作，根据2007年中国证券业协会投资者教育工作方案，中国证券业协会会同投资者保护基金开展了投资者问卷调查工作。目前，问卷调查工作已结束，相关的数据分析和分析报告编写工作已完成。

本次问卷调查工作自5月初开始设计，原定于6月1日开始，因5月30日股市波动，推迟到6月11日正式启动。问卷回收截止日为7月5日。调查工作历时25天。本次调查的对象分为个人投资者和机构投资者两部分。个人投资者调查问卷的发放与回收通过银河、安信和国泰君安证券营业网点完成，调查覆盖了北京、上海、广州、成都、大连、哈尔滨、沈阳、佛山、顺德、苏州、杭州、宁波、深圳、石家庄、太原、武汉、西安17个城市的73个营业网点；发放问卷3650份，回收答卷3001份，其中有效答卷2880份，答卷有效率为95.97%；个人问卷内容为51道单选、多选题目。机构投资者调查问卷的发放与回收统一通过中国证券协会信息快递系统完成，调查对象包括证券公司、基金公司、保险机构、信托投资公司、财务公司等五大类共计178家大型金融机构；回收答卷145份，回收率为81.46%，全部为有效答卷；机构问卷内容为20道单选、多选题目。

投资者保护基金聘请的专业机构对回收答卷进行了数据汇总统计与分析，并形成了《中国证券市场投资者问卷调查分析报告》。报告就调查问卷涉及的个人投资者基本情况和行为偏好、2007年市场预测、基金投资、股指期货、金融创新、投资者权益等问题进行了分析，较为全面、充分地反映了我国证券投资者的现状，可以为行业监管部门及有关各方有针对性地开展投资者教育工作提供参考。调查结果概要如下：

1. 个人投资者基本情况

调查数据显示，个人投资者以33~54岁的中青年群体为主，约占调查总数的50%。在归纳的12类职业分布中，下岗/离退休人员和自由职业者在市场中较为活跃，约占调查总数的35.5%；其次为企业/公司人员和专业技术人员，约占31.1%。个人投资者总体文化素质较高，大学教育程度及以上的投资者占总数的60%。从收入情况看，个人投资者以月收入在5000元以下的中低收入群体为主，占总数的70%左右。从入市时间分布看，2000年以前入市的投资者最多，占调查总数的52%，2006年以后入市的新投资者约占总数的23%。

2. 个人投资者投资现状

个人投资者投资资金规模在10万元以下的约占调查总数的25%，资金规模在50万元以下的约占总数的70%。值得关注的是，约70%个人投资者的股市投资资金量占到其家庭全部金融资产的1/3以上，其中13.4%的投资者动用了家庭全部金融资产投资于股市。在老股民中，有8.3%的股市资金来源于向别人借款或向银行贷款；而在2006年至2007年入市的新股民中，通过借贷获得的炒股资金占其投资资金总量的10.81%，比老股民高出2.5个百分点。

在个人投资者中存在投资理念和投资行为错位的现象。一方面，六成以上的投资者追求稳健的投资收益，崇尚理性投资，能够承受的最大亏损仅在20%以内；另一方面，五成以上投资者的投资行为却以短线操作为主，持股时间选择在3个月以内，这表明投资者普遍期望在短期内实现高收益。参与调查的投资者的平均持股时间为116天。

3. 对2006年证券市场的评价

调查显示，个人投资者和机构投资者对"2006年中国证券市场进步的主要标志"的认识存在较大差异：88.3%的机构投资者认为"股改圆满成功"是2006年中国证券市场进步的主要标志；而52.4%个人投资者则认为"市场由熊转牛"是市场进步的最显著标志。在2006年监管机构实施的一系列监管措施中，95.2%的机构投资者认为股权分置改革是最富成效的监管工作，其次是证券公司综合治理和清理上市公司大股东欠款工作。对于股权分置改革工作,个人投资者认为其重要意义在于"健全了相关制度"、"完善了上市公司治理结构"、"推动了中国资本市场与国际接轨"和"提高了中小股东的话语权"。

4. 对2007年证券市场的预测

调查显示,个人投资者与机构投资者对2007年市场走势的预测普遍持较为乐观的态度,在两类投资者中各有六成认为牛市至少可以延续到2008年奥运会之前。关于2007年的投资计划,个人投资者中倾向于维持投资现状的占调查总数的54%,倾向增加投资的投资者占总数的17%。对于收益的预期,大多数个人投资者的预期不高,预期收益在10%~50%的投资者最多,达到了调查总数的60%左右。

5. 基金投资分析

八成左右的个人投资者认识到投资基金存在风险。机构投资者和个人投资者对基金投资普遍担心的是基金经理的道德风险和个人利益输送问题。近60%的个人投资者倾向于中长期持有基金,当基金净值下跌时,超过40%的个人投资者选择继续持有。在基金种类的选择方面,近60%的个人投资者选择偏股型基金。个人投资者2006年的基金投资收益较为丰厚,年收益率达到30%以上的投资者约占调查总数的60%。

6. 对股指期货的认知度

个人投资者对股指期货的认知度不足,其中32%的投资者表示从未听说过股指期货,50%以上的投资者表示目前对股指期货的专业知识掌握不足,只有25%的投资者参与过仿真交易。机构投资者对股指期货的认知度不存在问题,41.4%的机构投资者参与了仿真交易。个人投资者对于股指期货的参与态度较为谨慎,明确表示不会参与的投资者占总数的32.8%,目前持观望态度的投资者占33.2%,表示会投入少量资金的占25.8%。在股指期货推出的时机问题上,多数投资者认为在3500~4500点时适宜推出股指期货。

7. 金融创新的需求

有86.9%的机构投资者认为市场迫切需要金融创新,尤其是产品创新;个人投资者对金融创新意愿也非常强烈,特别对交易制度的创新非常关注。个人投资者希望近期能够推出的市场创新举措位居前列的依次是T+0交易制度、融资融券、20%涨跌幅和股指期货。关于金融创新的参与意愿,47%的个人投资者表示对金融创新产品将采取先观望、后参与的态度,15.3%的个人投资者表示非常愿意参与金融创新。而机构投资者则期望金融产品越多越好，其中40%的机构投资者认为金融产品越多越有利于投资选择，35.2%的机构投资者认为金融创新产品的推出应当把握好节奏。

8. 投资者权益保护意识

调查结果显示，绝大部分个人投资者认为自身权益受到了侵害，而信息披露不规范、股票价格被操纵、政府行为缺陷和大股东侵权等问题是主要原因。他们普遍认为加大对违法行为的处罚力度是保护投资者权益的最有效手段。在投资者的行权意识方面，调查结果显示，有63.4%的个人投资者表示没有参加过对董事会提案的表决，表示对这方面事情一无所知的个人投资者占调查总数的14.3%，只有14.2%的个人投资者参加过对董事会提案的表决。由此可以判断，多数个人投资者缺乏行使股东权益的主动性，尚未树立起股东意识，还仅仅处于投资股票赚取溢价的阶段。

讨论题：通过阅读上面的案例，你对市场信息调查的作用有了什么新的感受？

第二节　问卷设计的标准

问卷设计的好坏直接影响到市场信息调查的质量，因此问卷的设计应该有一个明确的目标标准。一份好的问卷将给调查者带来很多有用的信息。因此，我们在设计问卷时必须考虑到以下几个问题：

一、问卷能否提供必要的决策信息

市场信息调查问卷的主要作用就是为管理者提供管理决策所需的信息，任何不能提供管理决策重要信息的问卷都将被放弃，或至少应该加以修改。这个含义本身就意味着这样一种要求：问卷中将要采集的数据首先应该得到将要利用这些数据的经理们（管理者）的认同。也就是说，只有在经理们认可问卷的情况下，才可以将问卷投入市场调查，否则就必须放弃或修改。

二、问卷必须考虑被访问者的情况

在问卷调查中，据多年实地调查的统计，有超过40%的被联系者拒绝参与调查，这主要是因为问卷设计欠佳、令人迷惑、时间太长、内容太多等。所有这些都会失去数千个潜在的应访者。

为了方便调查访问，一份问卷应该简洁、有趣、具有逻辑性且方式明确。问卷可能是在办公室中制作出来的，但它是要在各种不同的情景和不同的环境下实施的。在市场调查中，家庭主妇、上班族、年轻人、老年人等具有不同特征的受访者对问卷的态度显然是各不相同的。

问卷的设计者不仅要考虑调查的主题和受访者的类型，还要考虑受访者的兴趣。一项调查研究发现，当受访者对调查的问题不感兴趣或不重视时，问卷的长度相对而言就不重要了；换句话说，无论问卷是长是短，人们都不会有兴趣配合调查。同时，研究还发现，当消费者对题目感兴趣或当他们感到回答问题不太困难时，他们可能会回答一些较长的问卷。

三、问卷设计的要求

1. 逻辑性

问卷主题设计必须要有很强的逻辑性和连贯性，问卷的前后问题一定要保证关联性，不能从一个问题突然跳到另一个与该问题差异较大的问题。例如，当消费者正在回答购买某种洗涤用品的习惯时，突然又向消费者问及食品消费的问题，这样就破坏了问卷的逻辑性和连贯性。

2. 简洁性

一般来说，问卷的长度对消费者的受访情绪有很大的影响，访问时间越长，越难找到乐于合作的参与者，调查终止率也就越高，而半途中止的调查数据对研究来讲是毫无意义的。同时，问卷如果设计得太长，既费时，费用又高，也会使访问人员感到时间和耐心上的压力。

3. 适宜性

问卷设计一定要使问卷适合于应答者，一份问卷应该明确针对预期应答者设计。例如，儿童用品访问的问卷应当用儿童的语言来表述，对成人购买者的问卷就应当使用成人的语言。

总之，问卷设计最重要的任务之一是使问题适合潜在的应答者。在问卷设计中必须避免使用营销专业术语和可能被应答者误解的术语，最好运用简单的日常用语。比如一份对服装面料的市场调查问卷中有这样一个问题：

请问您的消费品属于哪一类子市场？

（1）低档　　　　（2）中档　　　　（3）高档　　　　（4）不知道

应该改为：

请问您在消费中属于哪一类消费群体？
（1）低档　　　（2）中档　　　（3）高档　　　（4）不知道

讨论题：现在要搞一次学生学习状况调查，你认为应该注意到哪些问题？

第三节　问卷设计的过程

设计一套问卷，应包括一系列逻辑步骤，如图6-2所示：

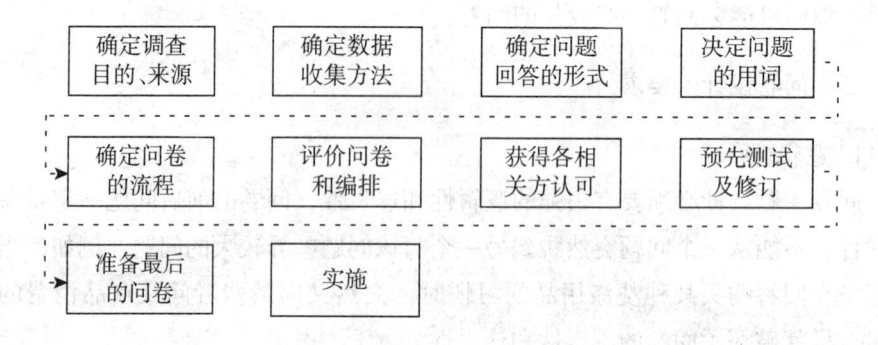

```
确定调查      确定数据      确定问题      决定问题
目的、来源    收集方法      回答的形式    的用词

确定问卷      评价问卷      获得各相      预先测试
的流程        和编排        关方认可      及修订

准备最后      实施
的问卷
```

图6-2　问卷设计的步骤

一、确定调查研究的目的、来源和限制因素

市场信息调查往往是因为管理人员在作某种决策时感到所需的市场信息不足才进行的一种调查，也就是说市场信息调查主要是针对这些不足信息而进行的，因此，市场调研应有明确的目的性。但是，某一方面信息的收集，可能同时又会涉及到企业生产和销售的各个方面。例如，由品牌经理发起的市场调研可能会涉及到产品经理、市场营销经理等，这些经理人员也应当一起参与讨论，完善所需要的信息。询问的目标应当尽可能精确、清楚，以便使访问人员更快、更好地收集到有用的信息数据。

不管什么形式的调查访谈，总会受到一些因素的限制，如预算经费、访问时间、访问地点等。一般来说，一次街头拦截访谈应控制在10分钟内，但我们知道，在这样短的时间内收集到的数据在数量方面是很有限的。数量上的不足有可能会导致质量不高。当然，我们又不可能将问卷的时间加得太长，这样被访者可能会感到烦躁而中止访谈。

二、确定数据的收集方法

获得询问数据的方法是多种多样的，主要有人员访问、电话调查、邮寄调查等。每一种调查方法对问卷的设计都有影响。事实上，在街上进行街头拦截调查访问比入户调查访问有更多的限制。例如在时间上，街头拦截访问就比入户访问要求更强。一些由受访者自行填写的问卷要求问卷必须设计得非常清楚而且相对简短，因为访问人员不可能在街头现场讲解问卷。也就是说，街头拦截调查没有为受访者提供弄清问题的更多机会，而电话调查则要求语言词语要丰富、具有感染力等。

三、确定问题的回答形式

在问卷设计过程中，有三种主要的问题设计类型：开放式问题、封闭式问题、量表应答式问题。

1. 开放式问题

开放式问题是一种应答者可以自由地用自己的语言来回答和解释有关想法的问题类型，它对应答者的选择没有作任何限制。

开放式问题经常需要"追问"，追问是访问员为了获得更详细的材料或使讨论继续下去而对应答者进行的再提问，这是一种鼓励形式或一种连续的深究形式。开放式问题对调研人员来讲一个最大的优点是：它可以使应答者给出他对问题的一般性反应。

比如，面对下面的问题：

你将购买的电视机品牌是：

A. 长虹　　B. 康佳　　C. TCL　　D. 海信

E. 日本的　F. 韩国的　G. 其他国家的

如果应答者选择的是C，访问者可追问："你为什么选TCL而不选择其他品牌？"或者"你为什么认为TCL更好？"等等。

开放式问题的另一个优点是它为研究者提供了大量的、丰富的信息。应答者是以他自己的参考框架来回答问题的，他们可能用生活中的语言而不是一些专业术语来讨论有关问题，这样有助于商家更好地设计广告主题和制定促销活动用语，使促销方案创作更接近消费者的语言。

对开放式问题的分析还可以解释封闭式问题选择的进一步原因或动机。

例如，在服装的选择上，假设消费者认为色彩是第三重要因素，如果进一步追问"为什么"，将搞清楚色彩在消费者心中的重要性。

开放式问题也有一些缺点，它的第一个缺点是存在访问员误差。尽管我们可以在培训会上强调逐字记录开放式问题的重要性，但在实际调查中经常做不到。记录较慢的访问人员也许会无意中错过一些重要的信息，从而带来资料收集误差。

开放式问题的第二个缺点是：开放式问题可能向性格外向的、善于表达自己意思的应答者偏斜。一个能够详细阐述他的观点并且有能力表达自己意思的应答者也许会比一个害羞、不善于言辞的应答者有更多的信息输出，而那些羞涩的应答者同样可能是产品的潜在购买者。

第三个缺点是：开放式问题不适宜用在自我管理性较强的问卷之中，如果是对一种问题选择的确定，就不能采用开放式问题。

比如，"你一周有几个晚上看电视连续剧"这样的问题就不宜采用开放式问题，而应该设计出具体的答案由应答者来选择。如果采用开放式问题，应答者回答的可能是"有时间就看，没有时间就不看"，这样的信息对调研人员来讲就没有多大的价值。

2. 封闭式问题

封闭式问题是一种需要应答者从一系列应答项中作出选择的问题。封闭式问题的优点主要是避免了开放式问题的缺点。

第一，封闭式问题可以减少访问人员误差。因为封闭式问题的设计都是按照应答者的意愿作出选择，这样避免了临时判断和含糊的回答。

第二，选题答案有时也许会给应答者的记忆以提示，从而可能使他提供一个更切合实际的选择。同时，由于封闭式问题无需应答者对有关主题进行解释，因此避免了向那些善于表达自己意思的人偏斜的可能性。

传统上，封闭式问题主要分成"两分式"选择和"多分式"选择。两分式选择也称为二项选择，主要表示的是一种二择一的选择。

例如：

（1）你认为现在物价会有怎样的趋势？

  A. 上涨   B. 下降

（2）你在公共场所会不会抽烟？

　　　　A. 会　　　　　　　　　　B. 不会

但二项选择中，应答者被限于两个固定选项中加以选择，这就容易实现自我管理，应答者也可以快速方便地回答问题。

在二项选择题容易产生大量的测量误差，因为选择答案处于两个极端，这样就略去了两极之间大量可能的选择答案。比如我们前面的第一个问题，还应该有"没有上涨"或"不清楚"等选择。

多分式选择也称为多项选择，它要求应答者给出一个正确表达他（她）意见的选项，或者在某些情况下，选择出所有合适的选项。

例如：

（1）请选择你所在的年龄组。

　　A. 18～20 岁　　　　　　　B. 21～35 岁

　　C. 36～60 岁　　　　　　　D. 60 岁以上

（2）在过去三个月中，你购买了哪些护肤品？

　　A. 洗面奶　　　　　　　　B. 祛斑霜

　　C. 防晒霜　　　　　　　　D. 润肤霜

　　E. 去皱霜

封闭式多项问题的主要不足是：首先，调研人员必须花较多的时间来想出一系列可能的答案，它在任何情况下都要比开放式问题或二项选择问题花费更多的时间和脑力。其次，在范围选择问题中，如果多项选择的选项偏多，应答者可能被搞糊涂或失去回答问题的兴趣。

3. 量表应答式问题

量表应答式问题就是用数字来代表强度的选择的问题。

例如：

（1）既然您已经试用过该产品，您认为您将会再购买它吗？

　　A. 是的，会购买。　　　　B. 不会购买。

这个问题的设计没有强度，只有方向（买还是不买）。如果我们改成：

（2）既然您已经试用过该产品，您认为您将选择：

　　A. 肯定购买。　　　　　　B. 可能购买。

　　C. 也许会购买，也许不会购买。　D. 可能不会购买。

　　E. 肯定不会购买。

这个问题设计的强度就非常明显，我们可以用数字来量化，比如购买欲望由强至弱的分值可以是由 5~1 分构成。

四、确定问题的用词

在问卷问题设计的用词上，应遵循下面的三个原则：

1. 用词必须清楚

如果说调研人员认为问题是绝对必要的，那么问题的表达对每个人来讲必须意味着同样的意思，此时要绝对避免使用含糊不清的用语。比如"你住的地方离上课的地方只有 5 分钟的路程吗？"这句话的含义就很不清楚。5 分钟是走路的时间、骑自行车的时间，还是开汽车的时间？

清楚也意味着要使用合理的用语，问卷应当尽量避免使用专业术语，用语必须适合目标应答者，一般应该将专业用语转化为日常用语。

比如：

"请你说一下你常用的洗涤剂的功效如何"。应该改成：

你对你常用的洗涤剂的评价是？

A. 非常满意　　　　　　　　B. 比较满意

C. 不满意

2. 要考虑到应答者回答问题的能力

在某些场合，应答者可能会对回答问题所需的信息一无所知，比如你随便向一个农民工询问"哈根达斯冰淇淋的口味如何？"可能不会得到任何一种回答。也就是说，当某问题对于被访者来说显然不可能回答的时候，得到的答案没有任何价值。这就产生了测量误差。

还有一种情况是遗忘。由于遗忘，应答者不能回答所提的问题。比如：你如果问："去年的这个时候，你购买过巧克力吗？"显然应答者很难作出准确的回答。但如果你问："上周你曾买过巧克力吗？"应答者的回答就可能是很明确的。如果他（她）回答的"是"，接下来访问者才可能问到品牌购买动机以及"你一年一般花多少钱在巧克力上"等问题。

3. 应考虑到应答者回答问题的意愿

一些敏感性或涉及到个人隐私的问题，最好不要出现在问卷中。因为对于这样的问题，要不应答者不会给出真实的回答，要不就会朝符合社会需要（伦理）方向倾斜，比如涉及到借钱、个人卫生、性生活以及犯罪记录等尴尬话题。如果必须出现在问卷中，最好是采用第三人称方式来设计，以避免应答者以第二人称回答的尴尬。例如：

"在什么情况下，你会用透支信用卡？"应该改为：

"有些人喜欢用信用卡透支，你知道是什么原因吗？"

再如："假设你一生只洗三次澡，你觉得可以吗？"可以改为：

"据说某个民族的人只在他们认为的人生的重要时刻洗澡，一生只洗三次澡，你认为可以接受吗？"

通过这样修改提问，调研人员也许才能够了解到应答者对有关债务、卫生等方面的个人态度信息。

五、确定问题流程的编排

将一个一个的问题阐述明确后，下一步的问题就是对问卷进行版面编排。我们应该知道，问题不能任意编排，问卷每一部分的位置安排都应具有一定的逻辑性。问卷制作是获得被访者信息的关键步骤。应答者的答案是否详尽与问卷问题的流程安排有很大的关系。下面是组织编排问卷流程的一般性准则。

1. 运用过滤性问题以识别合格的应答者

有一些商品，它的适用范围是特定的某些人群，因此只有合格的应答者才会被调查访问。在这样的情况下，我们可以设计几个过滤性问题，以此来识别合格的应答者。

过滤性问题一般可以出现在问卷的开头上，不合格的应答者将因开头的几个问题的回答而被筛选出局。这样我们可以节约相当多的读信息的时间。

表6-1是一份关于剃须刀的含有过滤性问题的调查问卷的几个卷首问题，主要是想询问每周修面（刮脸）比较多的男士。

表6-1

尊敬的先生：
　　您好。我们是吉列公司的产品调查人员，如果不耽误您宝贵的时间的话，请您在下面问题的选中项的括号中打√：

1. 请你选择以下的年龄组：
18岁以下（　　）　　　18岁~35岁（　　）　　　36岁以上（　　）
（如您是18岁以下，谢谢您的合作；如您不是18岁以下，请继续）
2. 您修面是用电动剃须刀还是手动剃须刀？
电动（　　）　　　手动（　　）
3. 您一般一周刮几次脸？
三次以下（　　）　　三次（　　）　　三次以上（　　）　　每天（　　）
（如果刮脸次数少于三次，谢谢您的合作，其他选项者请继续）
……

通过以上三个问题，可以减少很多不合格的应答者。

2. 最初的问题应具有诱导性和简洁性

在筛选出合格的应答者后，应设计出使应答者感兴趣的问题。提出的问题应当简单、容易回答，特别是问卷的开始几个问题，更应该简洁有趣，又能抓住应答者的注意力，不需应答者多考虑。比如表6-1的第三个以后的问题可以如表6-2所示：

表6-2

4. 您知道吉列公司吗？
知道（　　）　　　不知道（　　）
5. 您使用过吉列公司的产品吗？
使用过（　　）　　　没有使用过（　　）　　　今后准备使用（　　）
没有兴趣使用（　　）
……

3. 先问一般性问题

一般性问题应首先出现，可以使应答者从一开始就联想到有关的概念、公司或产品类型等，然后再问具体的问题。例如表6-3是一份关于洗发用品问卷的卷首问题：

表6-3

我们是宝洁公司的代理商，请您回答下面几个问题，谢谢。
  1. 请问您在过去的三个月内，曾经购买过洗发水、护发素和定型剂吗？
    买过（   ）   没有买过（   ）
  2. 您曾经购买过什么品牌的护发用品？
    请填写（   ）
  3. 您对您所购买的护发用品满意吗？
    满意（ ）   一般（ ）   不满意（ ）
  4. 在过去的三个月，您购买过多少次护发用品？
    一次（ ）   二次（ ）   三次（ ）
  ……

在表6-3所示问卷中，第一个问题是促使被访者开始考虑有关护发用品的问题；第二个问题是提示被访者开始考虑品牌，了解他们对某种品牌的认知度；第三个问题是调查被访者对品牌的满意度；第四个问题是调查被访者再购买的意向等。问题的编排呈逻辑性地推进，促使消费者跟着问卷进一步考虑洗发用品的问题。这样，消费者对提问已没有任何反感了，融洽的关系也随之建立起来。因为此时消费者可能已经认识到这些问题是对信息的合理要求，不是为了推销产品，会由此产生信任，并且愿意提供个人信息。

  4. 需要思考的问题应放在问卷中间

对一些需消费者（被访者）思考的问题，最好的办法是将它放在问卷的中间部分，这是因为只有当被访者有兴趣回答问题后，他们才会花一定时间去思考；如果放在卷尾，被访者也许会由于疲劳失去认真回答的兴趣而导致信息误差。

  5. 将敏感性问题、人口统计问题等放在最后

最好把一些关于个人信息资料的问题或者涉及隐私的问题放在问卷结束处。因为若放在卷首，可能会导致应答者和被访者出现防卫心理而中断回答。放在卷尾，一方面是因为通过前面的访问使访问者和被访问者已经建立起了较为融洽的

关系，这些问题获得回答的可能性增加了；另一方面，由于回答的连贯性，在连续回答了许多问题之后，应答者也许会条件反射地回答一些原本他（她）不愿意回答的问题。

六、问卷的评估

一旦问卷初稿设计好后，问卷设计人员应再回过头来作一些批评性的评估，这样也许可以找出原稿的一些不足。评估主要包括下面一些原则性问题：

1. 提出的问题是否必要

提出的问题应该是必要的，即每一个问题都必须服从于一定的目的。要么它是过滤性的，要么是培养兴趣的，要么是过渡用的，要么是直接地或清楚地与所陈述的特定调查研究目标有关的。任何问题如果不能达到上述目的中的一个，就应当删除。

2. 问卷是否太长

问卷的设计不能太长，一般回答的时间不应超过30分钟，而街头拦截调查则应该更短一些，控制在20分钟以内。如果有比较有吸引力的刺激物，也许问卷可以稍微长一点。一般来讲，应当给被访者提供一些有刺激的礼品。

3. 问卷中的问题是否涉及到了调研目标所需的信息

调查人员必须确定有足够数量和类型的问题包含在问卷中，以满足管理者决策的信息需求。这就需要检查问卷中的问题是否与调研目标相联系，这是一个非常重要的环节。应该将那些与目标联系甚少或者没有联系的问题删除，以便使问卷显得紧凑、简洁。

这一步的完成，可能要求助于各个部门的管理人员。

4. 避免问卷杂乱

撰写问卷并不是一件很困难的事情，但要撰写一份优秀的问卷却不是一件容易的事情。要有清晰的思路和逻辑性，设计出的问题才能使应答者很容易地应答。下面是避免问卷杂乱的一些要点：

（1）避免书写一些应答者可能不明白的缩写、俗语或生僻的用语。比如："你对ISO有什么认识？"很可能并不是每个人都知道ISO代表的是国际标准化组织（International Standard Organization）。如果这一问题是以一般公众为目标的应答者，调查人员可能会遇到麻烦。再如："您认为现在的蔬菜价格很'相因'吗？""相因"这个词是成都话中的俗语，意思是"便宜"，可能有很多外地来成都工作的人员会不明白这个词的含义。

（2）要具体。由含糊的提问得到的答案也会含糊。例如："您的家庭收入是多少？"应答者是回答税前收入还是税后收入呢？是回答2006年的收入还是回答2007年的收入呢？是月收入，还是年收入呢？再如下面的选择提问：

您在过去一年中，曾经到电影院看过电影吗？

从未去过（　　）　　　偶尔去过（　　）　　　经常去（　　）

这里除第一个选项回答很明确外，第二、三选项都显得含糊其辞。从未去过明确表明过去一年去电影院的次数为零，但偶尔和经常呢？"偶尔"代表的是次数较少，但具体有多少？"经常"代表多，但多到什么地步？是每周去一次、两次，还是每月去一次、二次？

（3）要求不能过头。当问题的要求过多时，应答者是不会回答的。比如一个问题列出了10多个选项，可能就使应答者感到无可适从。他们可能要么拒绝回答，要么就是胡乱猜测、应付了事。

（4）确保问题易于问答。要求过高的问题也会导致拒答或猜测。例如表6-4是一份调查汽车消费的问卷中出现的问题：

表6-4　　　　　　　　　汽车消费意向调查

请您列出以下15项购买新车时优先考虑的因素的顺序。
．价格　　　　　　　　　（　　）
．质量　　　　　　　　　（　　）
．品牌　　　　　　　　　（　　）
．款式　　　　　　　　　（　　）
．颜色　　　　　　　　　（　　）
．制造商　　　　　　　　（　　）
．排量　　　　　　　　　（　　）
．手动档　　　　　　　　（　　）
．自动档　　　　　　　　（　　）
．内饰　　　　　　　　　（　　）
．百公里加速　　　　　　（　　）
．百公里耗油　　　　　　（　　）
．底盘高度　　　　　　　（　　）
．外表装饰　　　　　　　（　　）
．安全性　　　　　　　　（　　）

这个问题事实上是在要求应答者作大量的比较排列计算工作，应答者多半会拒答。改正的办法应该是让消费者在以上影响购买的15项因素中选出最重要的4个或5个因素，而不是让他们去排序。

（5）不要隐含假设。所谓隐含假设是指问题的撰写者默认或假设人们在回答问题之前就已经具有了对问题的一些知识、态度、行为等。例如：您对现在央行调高银行利率的举措是倾向于同意还是反对？这一问题是假设应答者知道中央银行将准备调高利率。

为了避免这样的错误，问卷的制作者必须要准备一些指导性问题。例如，如表6-5中所示：

表6-5

1. 中央银行最近表明了对市场投资过热和物价上涨的担忧，您是否知道中央银行对此现象准备采取措施？ 是（　　），请继续下面的问题　　　否（　　），结束，谢谢 2. 请您描述一下您对央行调节措施的理解。 抑制物价上涨（　　）　　抑制投资过热（　　）　　不知道（　　） 其他原因（请描述：　　　　　　　　　　　　　） 3. 您对央行的利率调节措施是支持还是反对？ 支持（　　）　　　　　反对（　　）

（6）不要设置双重问题或模棱两可的问题。这类问题的回答只会使结果模糊。例如："您赞同重理论而不重实践的教学方式吗？"如果回答"是"，那很肯定。如果回答"否"，那就有比较多的解释，可以解释为应答者不赞同只讲理论，不重实践；也可以理解为应答者赞同既讲理论，又讲实践；还可以理解为应答者赞同要重视实践。这就有些模棱两可。

（7）避免引导性误差。一些问题如果带有引导性暗示，可能会使应答者的回答产生误差。比如一项对在校本科生调查的问卷中曾出现过这样的问题："现在许多在校本科生都申请了攻读第二学位，你申请了吗？"这一问题的应答者多半会感到一种暗示的压力，他会选择"是"，实际的情况是一些应答者根本就没有申请第二学位。这样就会产生和真实情况不相吻合的系统性误差。

以上各要点，可以通过问卷的事先测试给予检验。

5. 问卷的内容要得到各类经理（管理）人员的认同

通过上面的四个步骤，问卷的基本稿件已经完成，但并不能说是大功告成。这时还应该征求相关部门的意见，获得各个部门的支持或认同。如果能够得到他们的认同，就表明各部门经理都希望通过问卷的调查来获得相关的信息。

6. 最后的修订、印制

在征求意见后修订，力求问题完善、准确、最后付印。

7. 实施市场调查、整理

实施了市场调查后，问卷填写完毕，此时就要马上开展问卷信息的整理，及时分类说明，然后归类、存档。

8. 调研报告

这是最后一步，要分析信息数据，写出相关的分析调查报告、结论和建议等。

[案例] 希望工程

新中国成立50多年来，中国的基础教育有了长足的发展，学龄儿童入学率逐年提升，国家每年投入教育的经费不断增加。但因人口庞大和经济相对落后，仍有不少贫困地区的儿童因家庭贫困不能继续上学。

发展教育，仅靠政府增加投资难以解决问题，还必须动员全社会的力量，共同关心、支持教育。在此情景下，中国青少年发展基金会于1989年10月30日发起倡导并组织实施了一项公益事业——希望工程。它的宗旨是贯彻政府关于多渠道筹集教育经费的方针，动员海内外民间的财力资源建立基金，资助我国贫困地区的失学儿童继续学业，救助贫困地区家庭特困儿童，使其重返校园，保障适龄儿童接受义务教育的权利，改善贫困地区的办学条件，促进贫困地区基础教育事业的发展。

希望工程从实施的那一天起，就得到了社会各界的广泛关注和支持。中国前国家领导人邓小平欣然题写"希望工程"四个大字；社会各界怀着对特困孩子的同情和振兴教育的期望，纷纷解囊相助，涌现出了很多感人至深的事迹。不少海外友人也认为希望工程表达了人类共同的美好愿望，纷纷热情关注和实际援助。

目前，中国"希望工程"累计接受捐款27亿元人民币（约合3.3亿美元），援建希望小学11 266所，资助贫困学生2 600 000余名，培训希望小学教师20 000余名，改变了一大批家庭特困儿童的命运；并为10 000多所偏远地区的乡村小学赠送了"希望书库"，为2000余所希望小学配备了现代化影视教学设施，大大改善了贫困地区的办学条件。20年来，这项被命名为"希望工程"的事业已经家喻户晓，成为20世纪90年代以来我国社会参与最广、最具影响力的社会公益事业，很好地促进了中国基础教育的发展。

问题：请你就希望工程的社会效果作一次社会调查，设计出调查问卷。

讨论题：在问卷设计的前期，应该重点注意什么问题？

复习思考题

一、复习题

1. 解释问卷在市场调研过程中的作用。
2. 问卷设计的要求是什么？
3. 比较开放式问题与封闭式问题的优、缺点。
4. 为什么要制作过滤性问卷？

二、思考题

1. 设计三个开放式问题和五个封闭式问题来检测顾客对海尔白色家电的态度。
2. 以下问题有什么不足？
（1）您认为这种高质量的咖啡口味如何？
（2）您认为皮尔卡丹的衬衫款式如何？
（3）离您家的住处最近的林荫道有多远？
（4）您一般在何处购买您需要的食品？

三、实践题

设计一份针对快餐食品的调查问卷，然后分成小组讨论其可行性。

第七章
抽样方法

在确定了市场信息调查的基本目标以后，就要针对不同的既定市场，找出最佳的方法，从调查范围中抽取信息资料。事实上，抽样的方法是比较多的，但是我们知道，不同的抽样方法需要不同的成本。信息资料的质量不同，将会导致与之相关的抽样准确度也不同。关键的问题在于能否以尽可能低的成本和最恰当的方法获得调查所需要的信息，这就是抽样的方法选择问题。

第一节 抽样调查的基本概念

市场是由各种千差万别的个体组成的一个复杂的总体。要想准确把握市场的总体形势，就需要进行一些必要的调查。如果能够对市场的总体情况作全面、普遍的调查，那当然是最能反映市场的真实情况的，但这通常需要花费大量的时间和精力。而且事实上在很多情况下这种全面的调查甚至是不可能实现的。我们通常所说的商品质量检查，如检测灯泡的使用寿命、食物中各种指标的含量等，这种会对商品产生破坏性影响的调查只能采用抽样调查的方式。抽样调查是从调查对象的全体中抽取一定数量具有代表性的个体进行调查，这样可以大大减少工作量。将得到的调查资料采用统计方法加以分析、处理和计算后，可以得到与普查相近的结果。因此在市场调查中，抽样调查是一种广泛应用的方法。

一、与抽样调查有关的常用术语

1. 总体和样本

总体即调查对象的全体。总体可以是有限的，由有限的个体（单位）组成，叫作有限总体；也可以是无限的，总体中所包含的个体（单位）数量有无限多个，叫作无限总体。通常用 N 表示总体规模的大小。假设对某地的学校进行调查，那么这个地区的所有大学、中学、小学以及国有的、民办的等各种性质、大小不等的所有学校就构成了一个总体。

样本是由总体中的部分个体构成的集合，它是遵循一定的原则从总体中选取的。一个样本是由从总体的所有个体中抽出的部分构成的一个子集。通常用 n 表示样本中个体数的多少，这被称为样本的容量。例如要对某地学校的体育达标情况进行调查，从全体学校中按照一定的原则抽取一定数量的学校进行调查，则被抽取出来的学校就构成一个样本，被抽取出来的学校数量就是样本容量。

在市场抽样调查中，总体是唯一确定的，而从总体中可以抽取多个容量为 n 的样本。

2. 抽样与普查

普查也就是对调查对象全体进行全面调查。这个概念描述的是获取同质总体中每一个单位的信息。市场信息调研中并不经常用到普查。因为任何一个同质总体中一般情况下包括成千上万的个体单位，这样大规模地进行普查在成本和时间上的耗费都是巨大的，以至于在通常的情况下是不可行的。

事实已经不止一次地证明：一个相对较小但精心选择的样本能准确地反映出所抽查的总体的特征。从总体子集中获得的有关信息可以用来估测总体特征。理想的情况是：子集能够代表总体的各个部分。

尽管市场信息调查中很少用到普查，但是有时它们也适用于某些案例。比如在工业产品营销中，一个企业只向少量客户销售极为特殊的产品。这时，普查则是适当的和可行的，因为总体中的单位数少，完全可能从整个总体中获取信息。尽管全面调查可能很有吸引力（因为一般认为普查与抽样相比具有更大的准确性），但有时不需要这样做。例如，在做人口普查时，试图从总体每个成员获取信息事实上存在很多障碍。我们不可能取得总体中每个成员的完整、准确的资料，或许总体中某些成员会拒绝提供信息。考虑到这些障碍，即使涉及的总体规模较小，也很难进行全面调查。

3. 抽样单元和抽样框

我们可以将总体划分成互不重叠的数量有限的部分，每个主要划分出的部分称为抽样单元。例如，在对某地全体学校进行体育达标情况调查的时候，每个学校就是一个抽样单元；每个学校又可以分为较小的二级单元，如年级；每个年级还可以分为班级等更小的三级单元。

抽样框是指将抽样单元按照某种顺序排列编制的名单，它的内容就是所需认识总体的抽样单元。例如，要从 100 所学校中抽取 20 所组成一个样本进行调查，则这100所学校的名册就是抽样框。抽样框的形式是多种多样的，可以是名单或清单，也可以是一张地图，等等。

4. 重复抽样和不重复抽样

从总体中抽取样本的方法有两种：重复抽样和不重复抽样。重复抽样又称放回抽样，即从一个总体中随机抽出一个样本单元后，又将它放回到总体中，这样被抽中的样本还有继续被抽中的机会，在抽样过程中总体单位数始终保持不变。不重复抽样又称无放回抽样，即被抽中的样本不再放回到总体中去，也就是说每一个样本一旦被抽中，就不可能有第二次被抽取的可能。

二、抽样调查的特点

抽样调查最主要的特点在于运用了科学的方法在总体中抽取具有代表性的对象进行调查，克服了普查耗时长、费用高、难度大的缺点，也克服了如重点调查、典型调查等调查方法的主观性和代表性不强的缺点，具有较强的代表性和可操作性，是当前运用较广泛且较科学、客观的一种调查方法。通过科学抽样，可准确地估测出总体指标，还可以节省大量资金。

另外，为确定总体包括哪些人，通常情况下确定应排除在外的人的特征较为重要。例如，大部分商业市场调查就因一些所谓的安全性问题而排除了某些个体。通常，问卷调查表上的第一个问题就是询问采访对象或其家庭成员是否从事市场调查、广告或生产与调查内容有关的产品的职业。如果采访对象被认定从事其中某项工作，那么就不必要去采访他了。因为这样的采访对象不保险，他们也许是竞争对手或是为竞争对手服务的人员。如果不将他们排出，调查的一些商业秘密就会泄露。

此外，排除某些个体还有其他原因。比如，可口可乐公司就宁愿采访一些在一周内饮用五瓶或五瓶以上各种包装软饮料的人，而不愿采访那些只喝可口可乐的人。因为公司要加深对这些不喝可口可乐而喝其他软饮料的人的了解，因此就会排除那些过去一周内经常喝可口可乐的人。

1. 抽样调查的优点

（1）抽取的样本具有客观性

这个优点主要表现在随机抽样中。随机抽样按照随机的原则从总体中选取样本，这样就避免了主观因素的干扰，保证了样本推断总体的客观性。这既是抽样调查的科学性所在，也是市场调查结果真实性和可靠性的基础。

（2）时间短、收效快

由于抽样调查所涉及的样本单位数较少，因此需要收集、整理和分析的数据也就相对较少，耗费的时间也比较短，由此得到的需要处理的资料也就较少，取得调查结果会比较快，能够在较短的时间内获得与市场普查大致相同的效果。市场千变万化，因此人们对市场信息的时效性要求很高。而市场抽样调查具有时间短、收效快的特点，能使决策者及时、迅速地掌握市场信息，以作出正确的决策。

（3）调查的质量高

由于抽样调查是建立在数理统计的科学方法之上的，由专门的人员进行抽样调查，严格按照抽样程序和要求进行抽样，因此所取得的资料真实可靠、误差较小。这特别适合于不必要或不可能进行全面普查的情况。同时，还可以运用抽样调查统计推断总体来检验普查及有关资料的正确性，并给予必要的修正。

（4）调查的费用低

由于抽样调查是由样本推断总体，只需从总体中抽取一定数量的样本进行调查，这样就能大大地减少工作量，显著地节约人力、财力和物力，降低费用开支，提高经济效益。

（5）抽样调查的应用广泛

在市场信息调查中，各行各业以及各个地区都可以对需要了解的对象采用抽样调查的方式，其应用十分广泛。

2. 抽样调查的缺点

抽样调查的主要缺点是：由样本推断总体存在抽样误差。由于是从总体中抽取一部分进行调查分析，由于抽样的不完全性其结果难免会与全面调查的结果产生差异，因此存在抽样误差。但是，在抽样调查中，抽样误差的存在是客观的，在一定范围内也是允许的，而且我们还可以采用一定的概率统计方法对其进行修正。

三、抽样调查的种类

（一）随机抽样

随机抽样也称为概率抽样，是按照随机的原则从总体中抽取一定数量的样本进行观察。每一个样本都有平等的被抽取到的机会，这排除了人的主观因素的影响，保证了抽样的同质性，从而使根据样本所得出的结论对总体具有充分的代表性。随机抽样具体的方法有：简单随机抽样、分群随机抽样、分层随机抽样和系统随机抽样。

1. 随机抽样的优点

（1）随机抽样是从总体中按照随机的原则抽取样本进行调查分析，排除了人的主观因素的干扰，基本保证了样本的同质性，调查者可获得被抽取样本的全部信息。调查结果较为客观，抽取的样本能大致代表总体。

（2）由于随机抽样是从总体中选取一定的样本，并利用抽样调查的结果来推断总体，因此调查范围较全面调查小，可以有效地节约人力、物力、财力并充分利用资源。

（3）随机抽样调查的结果能通过一定的技术计算其概率统计分布，推算估计值与实际值的差异（即抽样误差），并能将误差控制在一定的范围内。

2. 随机抽样的不足

（1）由于随机抽样遵循随机原则，无法体现调查的重点。

（2）随机抽样调查的结果需要进行一定的分析和误差控制等，因此需要具有专业知识的人员进行抽样和分析，一般的调查人员难以胜任。

（二）非随机抽样

非随机抽样也称为非概率抽样，是根据调查目的或要求等一定的标准来抽取样本的，每个样本不具有被平均抽取的机会，主要依赖研究者个人的经验和判断来推断结果，因此无法估计和控制抽样误差，也不能根据样本资料的结果来科学地推断总体。非随机抽样具体的抽样方法有：任意抽样、判断抽样、配额抽样和雪球抽样。

1. 非随机抽样的优点

（1）非随机抽样根据一定的主观标准选取样本，能充分利用已知的或现存的资料，使选取的样本能更好地与总体接近。

（2）调查者可以根据调查的要求和目的选取样本，提高样本使用的有效性。而且有针对性地进行抽样也能节约大量的人力、物力和财力。

2. 非随机抽样的不足

（1）由于凭主观抽取样本，每个样本被抽取的概率不一样，很难保证样本的同质性，因此无法根据概率统计推算值与实际值的差异来确定抽样误差，其误差无法控制。

（2）由于如何抽取样本是由调查人员根据自身的经验和专业知识判断的，

因而样本的选取会受调查人员主观因素的影响，这对调查人员本身的能力要求较高，而判断失误的风险也较大。

四、抽样调查的适用范围

在市场信息调查中，虽然全面市场调查收集的统计数据比较多、资料比较全，但是由于它要耗费大量的人力、财力和物力，这通常在实际情况中会遇到困难。同时，全面市场调查由于其调查的全面性，需要花费的时间也比较长，而在当今市场形势变化比较快的竞争环境中，人们对信息的时效性要求比较高，全面调查这种时间上的滞后性会使其收集来的统计资料随着市场情况的变化而减少价值。因此，在市场调查中常常运用抽样市场调查的方法。

在市场调查中，抽样市场调查主要适用于以下情况：

1. 进行普查不可能

当需要全面了解和掌握某种经济现象，但又不可能进行全面市场调查的时候，应采用抽样市场调查。具有破坏性的商品质量检测、食物中各种指标的含量、耐用品的寿命测试等适用于抽样市场调查。

2. 普查实施没有必要

当调查对象的总体范围过大、样本数量过多时，虽然进行全面调查是可能的，但是实施起来比较困难或没有必要，可以采用抽样市场调查。例如，了解消费者对某种商品的认可度、调查市场对某种商品的潜在需求等适用于抽样市场调查。

3. 统计资料的修正

对全面市场调查所获得的统计资料进行检查和修正，此时应采用抽样市场调查。全面调查的样本数量通常较多，当对全面调查的精确度要求较高时，可以用抽样市场调查的方法对全面市场调查的资料和结论进行检查和修正。

讨论题：样本和总体的主要差别是什么？它们在统计特征上有没有区别？

第二节 随机抽样调查方法

随机抽样是调查者从总体样本中按照随机的原则抽取样本的方法。它能保证每一个总体单元都有被平等抽取的机会，因此抽样的结果能大致代表总体的情况，具有较高的可信度。从理论上讲，随机抽样应该满足概率分布的条件。

随机抽样的基本方法主要有：简单随机抽样、等距抽样、分层随机抽样和分（整）群随机抽样。

一、简单随机抽样

简单随机抽样也称为单纯随机抽样，是各种抽样方法中最简单的一种，也是各种抽样方法的基础。它是从总体中的 N 个单位（个体）中无放回地逐次抽取 n 个单位（个体），以构成一个样本。每次抽取都是对前一次抽样后剩下的未抽到的个体再进行抽样。只要能保证每个个体被抽取到的概率相等，简单随机抽样也可以一次性从总体中抽取 n 个单位。通常只是在总体单位之间差异程度较小、数目较少时，才采用简单随机抽样的方法。通常只要一个抽样框（列出所有的总体单位）是可以得到的，调查人员就可以选择简单随机抽样方式。

在简单随机抽样中，为了保证总体中每个个体都有同等被抽中的机会，常常采用编号抽签法和随机数表法。

1. 编号抽签法

用编号抽签法抽取样本，先将总体的每个个体都编上号码，然后将号码写在号签上，使之与每个个体的号码一一对应，然后将全部号签充分摇匀后随机从中抽取样本；抽中一个号码代表一个个体，直到抽足所需的样本数目（容量）为止。这种方法主要适用于总体中个体数目较少的情况。

[例 7-1] 从某市 100 所小学中抽取 10 所作为样本调查其教学设施配备情况。将 100 所小学编上 1～100 的号码，并将号码写在 100 个号签上，从这 100 个号签中随机抽出 10 个。若抽中的号签上的数字为 5、13、22、34、39、56、62、69、79、93，那么编号与上述 10 个数字相对应的学校即为抽中的样本。

2. 随机数表法

随机数表就是由一些任意的数毫无规律地排列而成的数表。表 7-1 就是一个 100（不含 100）个数以内的随机数表。

利用随机数表抽取样本，可以任意指定一个数字作为开始数，接着可以自上而下，或从左至右，或按照一定的间隔（隔行或隔列）顺序取数，即可得到样本。若抽取的样本数字大于抽样总体时则舍去。如果不是重复抽样，则抽到相同的数字也舍去，直到抽足所需的样本容量数目为止。

表 7-1　　　　　　　随机数表（01~99）

03	47	43	73	86	36	96	47	36	61	46	98	63	71	62
97	74	24	67	62	42	81	14	57	20	42	53	32	37	32
16	76	62	27	66	56	50	26	75	07	32	90	79	78	53
12	56	85	99	26	96	96	68	27	31	05	03	72	93	15
55	59	56	35	64	38	54	82	46	22	31	62	43	09	90
01	22	77	94	39	49	54	43	55	82	17	37	93	23	78
41	11	17	53	71	57	24	55	06	88	77	04	74	47	67
61	26	63	78	59	16	95	55	67	19	98	10	50	71	75
33	21	12	86	29	78	64	56	07	82	52	42	07	44	38
57	60	17	34	44	09	47	27	96	54	49	17	45	09	62
70	28	17	12	13	40	33	20	38	26	79	83	51	03	74
56	62	37	35	18	98	83	50	87	75	83	11	25	93	47

[例 7-2] 从 87 家超市中抽取 10 家作为调查样本，需先将 87 家超市按 1~87 编号，然后在随机数表上的任意行列中选取一个数字作为起点数，从这个数字起按自上而下或从左至右的顺序开始读起，在样本总体内的数字即为被抽中的样本。若从第五行第十列的数字向右读起，则所抽取的单位是：

22　31　62　43　09　01　77　39　49　54

在顺序抽取的过程中，要舍去遇到的比抽样总体大的数字。此例中的 90、94 由于大于 87，故舍去不用。若不是重复抽样，则要舍去遇到的重复的数字，因此本例中的抽到第六行第二列的 22 也要舍去。

简单随机抽样一般适用于调查总体各单位之间差异较小的情况，或调查对象难以分类、分组的情况。

由于简单随机抽样要以一个完整的总体单位表为依据，而在现实中编制这样一个完整的表是极其困难也是不可能做到的，因此简单随机抽样可以通过电话随机拨号功能完成这个步骤，然后可以从电脑档案中挑选调查对象。电脑资料是可以得到的或从电脑档案中抽取的随机样本的纪录，如顾客名单。

如果总体中单位数目过大或总体间各单位的差异较大，简单随机抽样实施起来就比较困难：它需要一个包含全部个体的抽样框，而得到的样本单元较为分散，不利于分析。在这种情况下，要将简单随机抽样和其他随机抽样方法结合使用。

二、等距抽样

等距抽样法又称为系统抽样法或机械抽样法。它是先将总体中的个体按一定的顺序排列，在规定的范围内随机地抽取一个个体作为初始样本，然后按事先确定的规则抽取其他样本。

等距抽样经常作为简单随机抽样的代替物使用。由于它很简单，所以应用相当普遍。等距抽样得到的样本几乎与简单随机抽样得到的样本相同。

使用等距抽样这种方式，必须要获得一份总体单位表，这一点与简单随机抽样方式一样。调查人员在决定了一个样本距离后，要在此"距离"的基础上选择个体单位。样本距离可通过下面公式确定：

$$样本距离 = \frac{总体单位数}{样本单位数}（取整数）$$

或：$k = \left[\dfrac{N}{n}\right]$ (7.1)

其中 N 为总体个体数，n 为样本容量，$\left[\dfrac{N}{n}\right]$ 表示 $\dfrac{N}{n}$ 的整数部分。

[例 7-3] 对某公路旁边的 160 棵树木进行病虫害检查，确定抽样检查 12 棵。

第一步：将这 160 棵树木按照一定的顺序进行排列，并按 1~160 编号；

第二步：求取总体单元的抽样间隔。已知调查总体单元数 N = 160，样本容量 = 12，所以样本距离 $k = \left[\dfrac{160}{12}\right] = 13$。

第三步：确定初始抽取单元。用简单随机抽样法在 1~$\left[\dfrac{N}{n}\right]$（即 1~13）的数中随机抽取一个号码作为样本中的第一个入样数。假如本例抽取的是 7 号，则 7 号为抽取的初始样本。

第四步：确定被抽中的样本。从抽取的初始单元开始，按照样本距离开始抽取，即 7，7 + k，7 + 2k，…，7 + 12k。所抽的样本编号为：7，20，33，46，59，72，85，98，111，124，137，150。由此得到抽出的 12 棵树木。

等距抽样法相对于简单随机抽样法最主要的优势就是费用较低。与简单随机抽样相比，它更容易确定样本，并且对抽样框的要求也比较简单，花的时间更少，并且成本费用也低。等距抽样只需要将总体单位按照一定的顺序进行排列，就可以进行抽样。但是，对于某些总体样本按照排列顺序呈周期性变化并且样本距离与这种周期性变化吻合的情况，采用等距抽样就会产生系统误差，大大降低抽样的准确度。因此，在采用等距抽样法前，要对总体样本的变化情况有所了解，以避免在这种情况下使用等距抽样法。

由此可知，使用等距抽样方式最大的缺陷就在于总体单位的排列上。要避免以下两种情况：

（1）总体单位呈周期性变化，样本距离刚好和周期吻合。

（2）总体单位数可能包含隐蔽的形态，调查者可能由于疏忽而没有把它们抽选为样本。

三、分层随机抽样

将总体中的各个个体按照一定的特征分为若干个子总体，每个子总体称为层（或组）。在每层中进行简单随机抽样或其他抽样，不同层的抽样相互独立，这样的抽样称为分层抽样。在分层抽样中，要先对各层样本的参数进行估计，再对这些层的估计值取和或加权平均得到总体总量或总体平均数。

分层抽样适用于既要对对象总体进行估计又要对各类型对象进行估计的情况。其抽样的基本原则是：尽可能地使层内的个体特征差异较小，而使层间的差异较大。这样由于各层内部的差异较小，可减少层内的抽样误差。各层间的差异虽然较大，但由于在各层都进行了抽样，对于所有层来说这就是全面调查，抽样误差也较小，因此只要对总体分层得当，就能减少总体的抽样误差。

因此，当面对总体中的某些个体与其他个体显著不同，又需要掌握总体数据的情况时，常常采用分层抽样。例如：家庭收入按高、中、低分层，企业类型按大、中、小分层，农业经济调查按农、林、牧、渔分层等。

[案例]　　　　　　　　　　企业分层抽样设置

抽样框的范围包括：

（1）全部年营业收入为1000万元以下、执行企业会计制度的、在调查涉及行业内的全部服务业企业（以下简称"限额以下社会服务业企业"）。

（2）全部年末从业人员数为100人以下、执行事业会计制度和其他会计制度（非企业和行政会计制度）、在调查涉及行业内的全部社会服务单位（以下简称"规模以下社会服务业事业单位"）。对确定的样本框进行分层处理。

分层的目的是将个体之间相似（同质性）的企业（单位）分在一层，这样可以降低层内的方差，用较小的样本容量得到该层特征的良好估计。依据抽样的主要目标和企业（单位）个体的差异程度，对样本框进行两级分层：

（1）一级分层

按国民经济行业（GB/T4754-2002）大类对抽样框进行数据整理，按照各行业大类中被调查企业数少于500家的行业大类，以及按所属行业门类进行合并的原则对抽样框进行最终分类（一级分层结果见表7-2、7-3）。

表7-2　限额以下社会服务业企业一级分类的结果（按行业大类分）

行业大类名称	行业大类代码
电信和其他信息传输服务业	60
计算机服务业	61
软件业	62
租赁业	73
商务服务业	74
研究与试验发展、专业技术服务业	75、76
科技交流和推广服务业	77
地质勘查业、水利管理业、环境管理业、公共设施管理业	78、79、80、81
居民服务业	82
其他服务业	83
教育	84
卫生、社会保障业、社会福利业	85、86、87
新闻出版业、广播、电视、电影和音像业、文化艺术业、体育	88、89、90、91
娱乐业	92

表7-3　规模以下社会服务业事业单位一级分类的结果（按行业大类分）

行业大类名称	行业大类代码
电信和其他信息传输服务业、计算机服务业、软件业	60、61、62
租赁业、商务服务业	73、74
研究与试验发展业、专业技术服务业、科技交流和推广服务业	75、76、77
地质勘查业、水利管理业、环境管理业、公共设施管理业	78、79、80、81
居民服务业、其他服务业	82、83
教育	84
卫生	85

表7-3（续）

行业大类名称	行业大类代码
社会保障业、社会福利业	86、87
新闻出版业、广播、电视、电影和音像业、文化艺术业、体育、娱乐业	88、89、90、91、92
国家机构	94
群众团体、社会团体和宗教组织	96
基层群众自治组织	97

（2）二级分层

为了进一步控制抽样比、提高抽样的精度，在一级分层的基础上，按企业（单位）规模进行二级分层，即根据一级层内企业个体核心指标——营业收入和事业单位核心指标——和年末从业人员数的差异程度进行二级分层。原则上二级分层的每层变异系数不超过0.50，为了控制层数和方便处理，最后一层（小元素层）的变异系数要相对大些，因为其小元素层对总量估计的偏差影响不大。经过计算，最后确定将二级分层的层数确定为4层（见表7-4、7-5）。

表7-4　限额以下社会服务业企业二级分类的结果（按企业规模分）

年营业收入（区间）	层标志
250万~999万	1
70万~249万	2
20万~69万	3
20万以下	4

表7-5　规模以下社会服务业事业单位二级分类结果（按单位规模分）

年末从业人员数（区间）	层标志
50~99人	1
30~49人	2
10~29人	3
10人以下	4

(3) 抽样精度

限额以下社会服务业企业和规模以下社会服务业事业单位以行业子总体（一级分类总体）来控制抽样精度，其具体要求是：在95%的置信度下，限额以下社会服务业企业的核心指标——营业收入、规模以下社会服务业事业单位的核心指标——和年末从业人员数的最大相对误差控制在10%以内，即 $r \leqslant 10\%$。

（一）分层抽样的程序

分层抽样是一种卓越的随机抽样，其具体程序有：

一是把总体各单位分成两个或两个以上的相互独立的完全的层（组）（比如男性和女性）。

二是从两个或两个以上的层（组）中进行简单随机抽样，样本之间相互独立。

总体各单位按主要标志加以分层（组）。尽管一些学者指出分层抽样的要求没有指明分层（组）标志，但是根据常识的判断，分组的标志与我们关心的总体特征相关。例如，如果你正在进行一次政治性民意调查，要预测选举结果，而结果表明，男性和女性投票的方式大不相同，那么性别是划分层次的适当标志。如果不以这种方式进行分层抽样，分层抽样就得不到什么效果，花再多时间、精力和物资也是白费。

与简单随机抽样相比，人们往往选择分层抽样，因为它有显著的潜在统计效果。也就是说，如果我们从相同的总体中抽取两个样本，一个是分层抽样样本，另一个是简单随机抽样样本，那么相对来说，分层样本的误差更小些。此外，如果目标是获得一个确定的抽样误差水平，那么更小的分层样本将更快地达到这一目标。由于排除了一种变差的来源，所以分层抽样在统计上更有效率。

你也许会问："如果分层抽样统计效果更好，为什么不一直使用这种方式呢？"原因有两个：

一是按某种特征将样本适当划分层次所需的信息常常是得不到的。例如，几乎没有办法知道某种特殊产品的消费者的人口统计特征。注意，我们强调的是"适当"分层。要适当分层并得到分层的好处，必须选择各层次间存在明显差异的因素作为分层基础。

二是即使必要的信息是可以得到的，但从所得信息的价值看，分层所需的时间和费用不划算。

对于简单随机抽样，调查者完全依照随机原则抽取总体中有代表性的样本；

对于分层抽样，调查者要按各层子总体单位数占全部总体单位数的一定比例来抽取样本。后者某种程度上更具有代表性。例如：调查者可能了解到尽管男性和女性同样有可能是某种特殊产品的使用者，但是女性更有可能成为产品的主要使用者。在设计一个方案分析产品消费情况时，如果抽取的样本中女性不具有更大的代表性，将会导致片面的消费设计方案。假定女性占总体的60%，男性占总体的40%，那么即使每件事都做得完全正确，但是简单随机抽样的程序也仍可能会抽取到这样的样本：女性占55%，男性占45%。这种结果是由于样本的波动造成的。我们将一枚硬币掷10次也会有这种误差。正确的结果将是5次正面和5次背面，但是大部分时间我们得到的结果不是这样。同样，即便是设计正确和操作简单的随机抽样也不可能从女性占60%和男性占40%的总体中恰好抽取到一个含60%女性和40%男性的样本。然而对于分层抽样，调查者则可以通过控制使样本含有60%的女性和40%的男性。

如上所述，提高分层样本的精确度要付出一些代价。实现正确的分层抽样有三个步骤：

一是辨明突出的（重要的）人口统计特征和分类特征，这些特征与所研究的行为相关。例如，当研究某种产品的消费率时，常理上认为男性和女性有不同的平均消费比率。为了把性别作为有意义的分层标志，调查者肯定能够拿出资料证明男性与女性的消费水平明显不同。用这种方式可识别出各种不同的显著特征。调查表明，一般来说，识别出5~6个重要的显著特征后，再增加显著特征的辨别对于提高样本代表性就没有多大帮助了。

二是确定在每个层次上子总体占总体的比例，如性别已被确定为一个显著的特征，那么要确定总体中男性占多少比例、女性占多少比例。利用这一比例，可计算出样本中每组（层）应调查的人数。当然，在作最终决定之前，还要确定是否按总体比例或不按总体比例分配样本各组单位数，以达到最佳样本。

三是一旦确定了层次和抽样分配比例，调查者就必须按比例从每层中抽取独立的简单随机样本。

(二) 分层抽样的方法

分层抽样主要有两种方法：分层比例抽样法和分层最佳抽样法。

1. 分层比例抽样法

分层比例抽样法是指在将总体进行分层的基础上，按各层的子总体单位数占整个总体单位数的比例来确定各层的抽样样本数，样本各组比例与总体各层比例等同。用公式则表示为：

$$\frac{n_i}{n} = \frac{N_i}{N}$$

即：$n_i = \frac{n}{N} N_i$ (7.2)

式中：n ——样本容量

n_i——第 i 层（组）子总体应抽取的样本单位数

N ——总体单位数

N_i——第 i 层（组）子总体单位数

根据公式，可以算出每层需要抽出的样本单位个数，调查者就可以从每层中抽取独立的简单随机样本。

当然，其具体步骤也可以按不同方式完成。假定分层抽样计划要求访问240位女性和160位男性，样本从包括男性和女性的总体中抽取，在访问过程中对被访的男性和女性的人数进行跟踪。如果在访谈过程中的某个时点上，可能已访问了240位女性和127位男性。那么自此以后，就只访问男性，直到达到男性为160人的目标。按这种方式，样本中男性和女性的比例将与第二步中的要求一致。

[**例7-4**] 对某地区的居民进行消费水平调查，可将居民按家庭收入多少分为高收入家庭、中等收入家庭和低收入家庭。该地区共有10 000户家庭，其中高收入家庭1 000户，中等收入家庭6 000户，低收入家庭3000户。现在要从中抽取500户进行调查，求按不同收入水平各层应抽取的样本数。

已知：N = 10 000，n = 500

高收入家庭的单位数：N_1 = 1000

则高收入家庭应抽取的样本单位数：n_1 = (500/10 000) × 1000 = 50（家）

同理：

中等收入家庭应抽取的样本单位数：n_2 = (500/10 000) × 6000 = 300（家）

低收入家庭应抽取的样本单位数：n_3 = (500/10 000) × 3000 = 150（家）

此方法简便易行、计算方便，特别适用于各层内部差异不大的情况。

2. 分层最佳抽样法

分层最佳抽样又称为分层非比例抽样法，即各层的样本数不是按照分层的子总体单位数占总体单位数的比例抽取的，而是根据各层样本标准差的大小调整各层的样本数的一种抽样方法。它适用于各层子总体间差异较大的情况。在这样的情况下采用分层非比例抽样法有利于降低各层间的差异,减少抽样误差。其计算公式为:

$$n_i = n \times \frac{N_i S_i}{\sum_{i=1}^{k} N_i S_i} \tag{7.3}$$

式中:n_i——第 i 层子总体应抽取的样本单位数

　　　n ——样本容量

　　　N_i——第 i 层子总体单位数

　　　S_i——第 i 层子总体的样本标准差

　　　k ——总体的分层数

[例 7-5] 仍以上述家庭收入与消费水平的关系为例。假定各层子总体的样本标准差为:高收入家庭的 S_1——600 元,中等收入家庭的 S_2——300 元,低收入家庭的 S_3——200 元。则按照分层最佳抽样法计算出的各层样本数目为:

高收入家庭的样本单位数:

$$n_1 = n \times \frac{N_1 S_1}{\sum_{i=1}^{k} N_i S_i} = 500 \times \frac{1000 \times 600}{1000 \times 600 + 6000 \times 300 + 3000 \times 200} = 100 \text{(户)}$$

中等收入家庭的样本单位数:

$$n_2 = n \times \frac{N_2 S_2}{\sum_{i=1}^{k} N_i S_i} = 500 \times \frac{6000 \times 300}{1000 \times 600 + 6000 \times 300 + 3000 \times 200} = 300 \text{(户)}$$

低收入家庭的样本单位数:

$$n_3 = n \times \frac{N_3 S_3}{\sum_{i=1}^{k} N_i S_i} = 500 \times \frac{3000 \times 200}{1000 \times 600 + 6000 \times 300 + 3000 \times 200} = 100 \text{(户)}$$

通过上面的计算我们可以看出,采用非比例抽样法和比例抽样法计算出来的各层次需要抽取的样本数目不一致,高收入家庭所抽取的样本数目需要增加 50 户,低收入家庭所抽取的样本数目需要减少 50 户,中等收入家庭需抽取的样本数目不变。由于居民的消费水平跟家庭收入的关系很大,因此通过计算我们知道需要增加高收入家庭的样本数目,相应减少低收入家庭的样本数目,这样才能使所抽取的样本对总体来说更具有代表性。

分层抽样在市场信息调查研究中用得并不很频繁。因为我们往往预先得不到给样本分层的必要信息。分层不能建立在猜测或预感的基础上,而应建立在对总体特征及其内部变量关系和所调查行为的充分认识的基础上。但是，分层抽样经常被用在政治选举和大众媒体的研究，在这些领域，研究者更情愿也更容易掌握分层的必要信息。

四、分（整）群随机抽样

前面我们讲的抽样类型全部是按单位抽取，即按样本单位数分别一个单位一个单位地抽取。分群随机抽样是先将总体分为若干个子群体，对子群进行抽样，然后对抽中的子群进行全面调查，对没有抽中的子群则不需要进行任何调查。

如果调查者在抽中的子集中观察全部单位，我们就有了一级整群样本。如果在抽中的子集中再以随机抽样的方式抽取部分单位观察，我们就有了二级整群样本。

分层和整群抽样都要将总体分为相互独立和完全的子集，但分群抽样调查与分层抽样调查是不同的。它们的主要区别是：

（1）分层抽样的样本是从每个子集中抽取；而分群抽样则是抽取部分子集，全部观察一级样本或先抽取部分子集，再在抽中的子集中抽取部分单位，取得二级样本观察。

（2）分层抽样调查是将总体分层，各层的内部差异较小，层间差异较大；而分群抽样调查分出来的子群则是各子群内部的差异可能较大，在子群的内部还可以分层，但各子群之间的特征则基本相同。

例如，某市对该地区的全体小学生的体育锻炼情况进行调查，每一个学生是一个总体中的个体。若直接对总体中的每个个体进行抽样，则调查工作量太大。如果我们首先将全体小学生按学校分为若干个群体，再从全部学校中抽取部分学校进行全面调查，这样就会方便得多。同时，还可以将学校内部按年级分为高年级、中年级和低年级等层次进行抽样。

地理区域抽样是分群抽样的典型方式。挨门挨户去调查一个特定城市的调查者也许会随机抽选一些区域，较集中地访查一些群体，这样可以大量减少访问时间和经费。分群抽样被认为是随机抽样技术，因为它要随机抽出群和随机抽出单位。

在分群抽样中，我们假定群中的样本单位存在异质性，而各群之间却具有相似性。这样的假定有利于我们进行比较大规模的抽样调查。这种分群抽样的类型首先是一个两级抽样：第一级是群的抽取，第二级是群内单位的抽取。多级区域抽样或多级随机抽样也许有着更多的步骤,这种类型被应用于覆盖广阔区域的全国性调查。在这种抽样方法下,调查者可随机选择指定相对较小的区域。例如,在一个省内的挨门挨户家庭调查也许包括以下步骤:

(1)选取这个省内的市(县)以表明不同区域都有代表性。对于市,也许是通过与市里家庭数成正比的方式抽出,家庭数目较多的市比家庭数目较少的市被抽中的机会要大一点。

(2)在样本市中抽取住宅区域。

(3)在中选住宅区域中抽取家庭。

[案例]   制定一个全国性的随机抽样样本

美国 Opinion Research 公司(ORC)制定了一个全国性的随机抽样计划。这是一个永久的抽样框,它消除了重复抽样过程中一些基本的和最复杂的步骤。

第一步:抽县。ORC 在全国性研究中采用的制定全国性概率样本的第一步是将美国大约 3000 个县列成表。这个表按美国人口普查局的 9 个基本区域分组,在每个区域内按人口数量排列所包括的县。每个县被抽中的概率与其在总人口中的比例相当。

第二步:抽镇。在每个抽定的县中,将全部小的居民群(如镇或小城)依人口数的顺序列出,抽选过程同前面抽县一样,即使每个镇被抽中的概率与其在总人口中的比例相当。

第三步:选择实际的访谈地点。一旦镇被抽定,接着就要选择访谈起点。这些访谈起始点从覆盖镇的电话目录中抽选。

第四步:选择单个家庭。城镇的家庭调查依据在本地电话簿上的电话号码随机抽选。因为有的家庭列有电话号码而有的家庭没列出,所以实际访谈地址从列出电话号码家庭的邻居开始。这样,美国的每一个家庭就都可能进入样本。

第五步:选择单个被访者。单个被访者也是按抽样方法预先决定的。当研究的信息需要从家庭中的某个具体的人如一位男士或女士中获取时,要对此加以规定。准确无误的做法是:当家庭中任何一个人都满足条件(如需要年龄在 20 岁以上的人)时,则按习惯的随机方法抽选被访者。在这种情况下,调查者按事先预定的顺序列出家庭成员和他们的年龄(如由大到小),每个家庭成员被赋予一个数码,最后调查者用随机表确定被访者。

由于分群抽样的样本单位比较集中,限制了样本在总体分配中的均匀性,所以其代表性较差，抽样误差较大。从统计效率的立场看，一般说来分群抽样的效率没有其他类型高。换言之，一组一定大小的分群样本将比一组简单随机样本或一组同样大小的分层样本有更大的抽样误差。下面的例子说明分群抽样方法具有成本绩效优势，但其统计量的代表意义却不大。

现在我们假设需要在某个特定的城市选取一个由 200 个家庭组成的样本来进行家访。如果这 200 个家庭是通过简单随机抽样抽取的，它们会散布到整个城市之中。但通过分群抽样可以抽取城市中 20 个住宅区并从每个区中抽取 10 户人家来采访。分群抽样可以大幅度降低费用，采访者将不必花费大量时间穿梭于各个被采访的对象之间。然而，简单随机抽样的抽样误差却小一些。散布在整个城市的 200 户被访人家提高了得到一组涉及到各个方面的被访者代表的可能性。相反，如果采访仅仅在城市中选定的住宅中进行，那么，就有可能错过、夸大或降低某些宗教、社会或经济团体的代表意义。

由以上讨论可知，分群抽样方法仅适用于子群内的差异较大、而群间差异较小的情况。

讨论题：如何认识分层抽样和分群抽样的不同？

第三节　非随机抽样调查方法

在随机抽样中，总体中的样本被抽取的机会总是相等的。但是非随机抽样则不遵循随机抽取的原则，而是根据调查的目的和要求，调查者按照预先设定的某些规则，依据自己的经验和判断进行抽样。其基本方法主要有：任意抽样、判断抽样、配额抽样和滚雪球抽样。

一、任意抽样

任意抽样法一般是从调查者的工作方便出发，从总体中随意抽取一定数量的样本进行调查，因此又称为"便利抽样法"。调查者可以随意地在商店、街头等公共场所根据自己的调查目的向购买者或行人进行随意的询问调查，了解购买者对商品的需求或看法情况。这种方法简便易行，能及时获得所需要的调查信息且费用较低。

任意抽样技术使用灵活，没有太多的限制，因而使用较为方便。其使用的前提假设条件是被调查的总体个体特征是同质的。而实际情况有时并非如此，因此根据获得的数据资料得出的抽样结论容易产生抽样误差，可信度较低。这种方法通常适用于进行非正式调查或调查前的准备工作，在正式调查中则很少单独采用。但是对于总体中各单元具有明显的同质性特征的情况，如在某空调专柜前调查消费者对该品牌空调的消费需求和购买意向，或者在学校门口了解学生每月的消费水平等，运用这种方法则可以获得较好的调查结果，得出比较可靠的结论。

例如，食品公司的 R&D 部门经常让员工对其开发的新产品进行初步测试。固然这个方法看上去有很大的偏差，但他们不要求雇员评估现有的产品或与竞争对手的产品进行比较。他们只要求雇员提供总的感觉（如成色、脆度、油腻度）。在类似情况下，任意抽样是获取必要信息的有效而实用的方法。在进行试探性调研，即缺乏经验而又急需真实数据的近似值时，这种方法很实用。

与随机概率抽样相比，任意抽样应用比率增长得很快。其原因是在低发生率和难以分类的情况下消费者资料库较易得到。例如，一家公司开发出了一种新型脱发治疗仪，并且需要在受疾病困扰的人中作一次调查。在调查中发现患脱发症的人仅占人口的 2%，这表明在电话调查中调查员在找到一个忍受脱发痛苦的人之前，不得不与 50 个人交谈。一个变通的办法是努力取得一个已知目标者（忍受脱发痛苦者）的名单，这样调查成本和所需时间就会大大减少。

二、判断抽样

判断抽样又称为目的抽样。它是调查者根据调查者的经验、主观意愿等从总体中判断抽取具有典型代表性样本的一种非随机概率抽样方法。例如某行业要调查该行业企业的经营管理水平，调查者可以聘请该行业的专家，由专家根据自己的经验抽取具有代表性的企业作为样本进行调查。此外，调查企业销售商品的结构变化、制定物价指数等，也常常采用判断抽样法。

判断抽样中的"判断"可以从以下两个方面考虑：一是对总体的判断，即判断总体的规模结构及内部特征等；二是对样本的判断，即所抽取的样本要具有一定的代表性。

若能在认识总体的基础上准确抽取具有代表性的样本，则能有效地控制抽样误差，提高抽样的准确性。

判断抽样通常有两种具体的方法抽样。一种是由专家判断选取样本。一般采用选取"平均型"或"众数型"的样本作为调查对象，并据此推断总体的状态。

所谓"平均型"是指在总体中选取能够代表总体一般水平或平均水平的个体作为典型样本,并据此推断总体;"众数型"是指在总体中选取占总体比例最大的个体作为样本来推断总体。另一种是统计判断选取样本,即根据调查所掌握的总体资料,按照一定的标准来选取样本。

判断抽样也是一种简便易行的方法,调查者可以根据自己的目的和需要选择具有代表性的样本。但是,由于抽样是根据调查者的经验和判断抽取的样本,容易产生较大的误差,只有当调查者对总体的规模结构把握得较好,且经验丰富、判断准确,才能从总体中抽取具有代表性的样本,以减少抽样误差,提高抽样精度。因此运用此种方法需要经验丰富的调查人员。

[案例]　　　　　　　　　新浪网对股票买卖的调查

可能有某些人希望某项调查出现某特定的结果,并据此结果来判断未来的变化。新浪财经网(www.finance.sina.com.cn)每天都对中国股市(A股)的交易情况进行调查,其数据来自上海和深圳证券交易所。他们想通过这样的时事调查,为广大的股民判断任意一种股票的交易未来趋势走向。以下是2007年8月6日A股市场上部分钢铁股的买卖情况和资金进出的数据和图解比例,如图7-1。

宝钢股份:(股价15.72元,涨0.84元,涨幅5.62%)

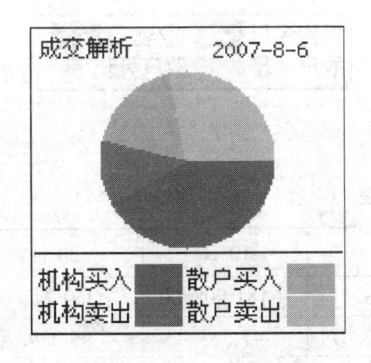

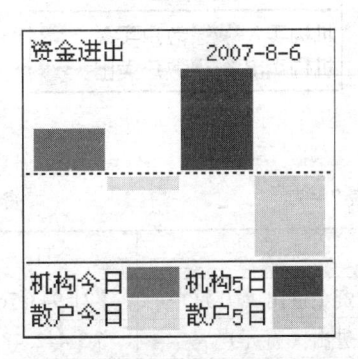

图7-1

表7-6　　　　　　　　　　　　　　资金进出统计表

	今日	5日	10日	20日
机构资金进出（万元）	↑61 285.34	↑156 724.60	↑376 492.20	↑657 732.60
资金进出（万元）	↑40 938.20	↑37 096.54	↑112 169.60	↑163 412.90
机构交易成本（元）	14.70	13.95	13.37	12.51
机构交易额（万元）	110 234.00	352 903.50	823 500.80	1473 645.00
散户交易额（万元）	94 043.59	338 617.50	779 941.60	1 415 395.00
散户资金进出（万元）	↓-20 347.15	↓-119 628.10	↓-264 322.60	↓-494 319.70
机构、散户资金比	1:0.85	1:0.96	1:0.95	1:0.96
机构换手率（%）	1.97	6.66	16.23	31.03
总换手率（%）	3.65	13.08	31.62	-52.25

鞍钢股份：（股价27.53元，涨0.96元，涨幅3.61%）

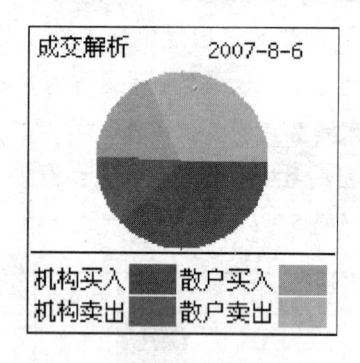

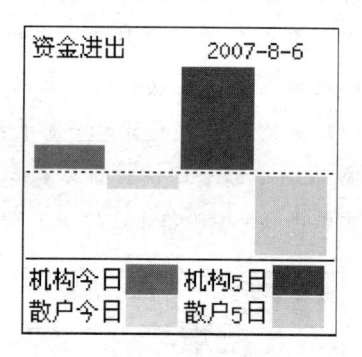

图7-2

表7-7　　　　　　　　　　　　　　资金进出统计表

	今日	5日	10日	20日
机构资金进出（万元）	↑21 943.76	↑73 718.11	↑181 908.00	↑360 742.00
资金进出（万元）	↑3 442.48	↑19 566.47	↑47 333.43	↑99 239.73
机构交易成本（元）	27.13	25.85	24.18	21.69
机构交易额（万元）	51 131.71	163 741.80	405 022.60	798 278.30
散户交易额（万元）	50 962.17	159 324.20	392 428.00	772 098.10
散户资金进出（万元）	↓-18 501.27	↓-54 151.64	↓-134 574.60	↓-261 502.30
机构、散户资金比	1:1.00	1:0.97	1:0.97	1:0.97
机构换手率（%）	1.79	6.01	15.90	34.95
总换手率（%）	3.57	11.86	31.30	68.82

武钢股份：（股价 14.80 元，涨 0.31 元，涨幅 2.14%）

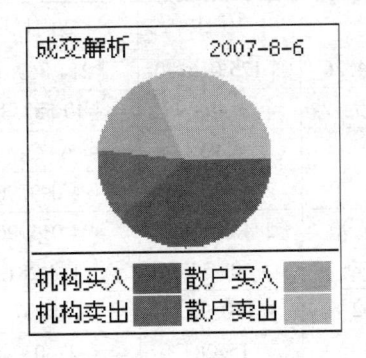

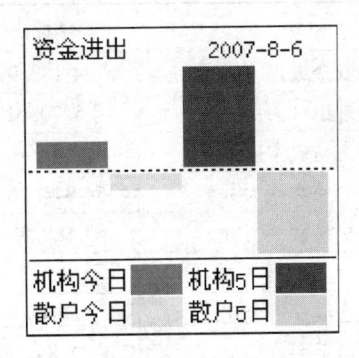

图 7-3

表 7-8　　　　　　　　　　　资金进出统计表

	今日	5 日	10 日	20 日
机构资金进出（万元）	↑29 610.98	↑120 939.10	↑286 138.80	↑491 047.20
资金进出（万元）	↑12 579.00	↑26 472.15	↑63 206.58	↑115 387.90
机构交易成本（元）	14.26	13.31	12.46	11.41
机构交易额（万元）	60 905.25	274 644.5	649 068.90	1 107 554.00
散户交易额（万元）	56 322.62	264 977.60	626 122.30	1 072 014.00
散户资金进出（万元）	↓-17 031.97	↓-94 466.92	↓-222 932.20	↓-375 659.30
机构、散户资金比	1∶0.92	1∶0.96	1∶0.96	1∶0.97
机构换手率（%）	1.51	7.27	18.37	34.23
总换手率（%）	2.90	14.30	36.10	67.34

包钢股份：（股价 7.31 元，涨 0.16 元，涨幅 2.24%）

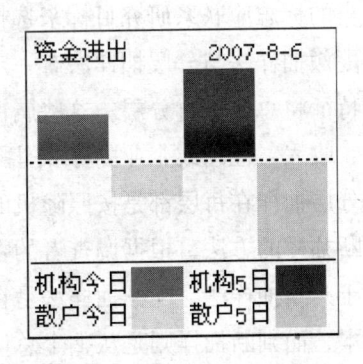

图 7-4

表7-9　　　　　　　　　　资金进出统计表

	今日	5日	10日	20日
机构资金进出（万元）	↑24 183.99	↑51 434.26	↑125 016.50	↑214 869.10
资金进出（万元）	↑5270.61	↓-1805.12	↑22 493.17	↑40 587.30
机构交易成本（元）	7.07	6.91	6.95	6.72
机构交易额（万元）	54 844.26	130 348.70	288 902.80	494 099.90
散户交易额（万元）	53 188.83	132 800.90	284 095.90	494 013.90
散户资金进出（万元）	↓-18 913.38	↓-53 239.38	↓-102 523.30	↓-174 281.80
机构、散户资金比	1:0.97	1:1.02	1:0.98	1:1.00
机构换手率（%）	2.85	6.93	15.28	27.03
总换手率（%）	5.62	14.00	30.32	54.20

问题：你能通过以上的资料选择股票吗？

三、配额抽样

配额抽样法又称为分层判断抽样法，是先将总体中的个体按照一定的特征进行分层，再在每一层的内部按照判断抽样的方法抽取样本。配额抽样是根据一定标志对总体进行分层或分类后，从各层或各类中主观地选取一定比例的调查单位的方法。所谓"配额"是指由对划分出的总体各类型都配给一定的数量而组成的调查样本。配额抽样较之判断抽样加强了对样本结构与总体结构在"量"的方面的质量控制，能够保证样本有较高的代表性。配额抽样类似于随机抽样中的分层抽样。不过，二者之间有两点重要的区别：首先，配额抽样的被调查者不是按随机原则抽出来的，而分层抽样必须遵守随机原则；其次，在分层抽样中，用于分类的标志应联系研究目标来选择，而配额抽样无此要求。

配额抽样法与分层抽样法有一定的相似之处，二者都是按照总体中个体的属性或特征将总体进行分层。这些属性或特征被称为"控制特征"，如被调查者的年龄、收入、性别或企业的年销售额、年生产总值、职工人数等。但要注意的是，分层抽样在每层都是按照随机的原则抽取样本，而配额抽样法在每层则是按照判断抽样的方法，根据调查者的主观意愿判断选取样本。当然配额抽样法也不等同于判断抽样法，配额抽样法是在各控制特征的层次内按照判断抽样的方法抽取样本，而判断抽样则是从整个总体中抽取样本。

1. 配额抽样的步骤

采用配额抽样法抽取样本通常按照下面的四个步骤进行：

第一步：确定分层标志，根据调查目的或总体中个体的特征等确定哪些是控制特征。如调查消费者的购买力水平可确定年龄、收入、性别为分层标志；调查企业的竞争力状况可选择企业年销售额、年生产总值、职工人数等作为分层标志。

第二步：根据所选择的分层标志对总体中各个体进行分层。

第三步：确定每层的样本数。首先确定要抽取的样本总数，然后根据每层占总体单位数的比例确定每层要抽取的样本数。

第四步：抽取样本，进行调查。按照判断抽样的方法在每层抽取样本数，直到满足样本数的要求为止。

配额抽样的基本方法有两种：独立控制的配额抽样和交叉控制的配额抽样。

2. 独立控制的配额抽样

独立配额抽样是根据总体中个体的特征，对具有某种特征的调查样本单独规定分配数额，而不规定必须同时具有两种或两种以上特征的调查样本的分配数额。

[例7-6] 调查某地区企业的竞争力状况，按总体中个体的控制特征可分为年销售额、年生产总值、职工人数三类。样本总量为100家，按照独立控制配额抽样，其每层的样本分配数额如表7-10所示：

表7-10　　　　　　　独立控制的配额抽样分配表

年销售额	企业数	年生产总值	企业数	职工人数	企业数
1000万元以下	28	500万元以下	28	200人以下	50
1000万~2000万	46	500万~1000万	34	200人以上	50
2000万~3000万	14	1000万~2000万	22		
3000万元以上	12	2000万元以上	16		
合计	100	合计	100	合计	100

从表7-10可以看出，虽然有年销售额、年生产总值和职工人数三种控制特征，但三种控制特征是分别分配配额数量的，不用考虑三者之间的相互关系。如在抽取年销售额为1000万元以下的企业时，不用考虑这28家企业中的职工人数

及生产总值的规模。同样地,在抽取生产总值或职工人数的样本时,也不用考虑其他两个控制特征。该方法操作比较简单,但由于是调查人员根据自己的经验判断抽取样本,误差会比较大。采用交叉控制配额抽样则可较好地修正这一缺陷。

3. 交叉控制的配额抽样

交叉控制的配额抽样是根据总体中个体的控制特征同时规定具有两种或两种以上特征的样本分配数量。如根据上述三个控制特征,按照交叉控制的方法分配样本数量,如表7-11所示:

表7-11　　　　　交叉控制的配额抽样分配表

生产总值 职工人数 年销售额	500万以下		500万~1000万		1000万~2000万		2000万以上		合计
	200人以上	200人以下	200人以上	200人以下	200人以上	200人以下	200人以上	200人以下	
1000万以下	7	7	5	5	1	1	1	1	28
1000万~2000万	5	5	10	10	6	6	2	2	46
2000万~3000万	1	1	1	1	2	2	3	3	14
3000万以上	1	1	1	1	2	2	2	2	12
合计	28		34		22		16		100

从表7-11可以看出,交叉控制的配额抽样是将各种控制特征综合在一起,交叉安排各种特征的样本分配数量。如年销售额1000万元以下的应抽取28家,同时,对这28家企业中不同生产总值和职工人数规模的企业应抽取的样本数都作了规定,调查者必须按规定在总体中抽取样本。由于调查面较广,且这种方法不会使抽样偏向于某一层,能与总体的结构保持较好的一致性,提高抽样样本的代表性,因此,该法在非随机抽样中得到了广泛应用。

四、滚雪球抽样

滚雪球抽样法又称为推荐抽样法,是在被调查总体较小且分布又比较分散的情况下抽取样本的一种方法。该法有针对性地寻找抽样样本,可以大大节省时间和费用;但它要求总体各个体之间要具有一定的联系,因为只有当总体中各个体具有某种内在的联系时,雪球才能继续滚下去,调查才能继续进行。该法要求调查者将自己可以确定的总体中的个体作为样本进行调查,然后由这些被选中的样本推荐其他符合要求的个体作为样本,如此进行下去,像滚雪球一样,直到满足样本容量的需求为止。调查消费者对某品牌的忠诚度，调查某学校的少数民族学生等特殊群体，都可以采用滚雪球抽样法。

由于滚雪球抽样的程序是通过使用初始被调查者的推荐来挑选另外的调查者的抽样程序，因此这种方法常用于在低发生率或少见的总体中进行抽样。低发生率或少见的总体是指在整个总体中所占比例很小的那一部分。要找到这些少见总体中的个体，代价是很大的，因此调查人员因为费用的原因不得不使用像滚雪球抽样这样的技巧。例如，某保险公司想得到在过去六个月中从健康保险转入康复组织的全国性个体样本，为了找到符合条件的 1000 个样本，可能需要在全国范围内进行大量的调查。然而，若先取得特征总体中 200 个最初样本单位，然后平均从每个最初调查者那里得到另外 4 个人的名单，则完成这 1000 个样本单位就经济多了。

滚雪球抽样调查的优点是大大减少了调查费用，但这种成本的节约是以调查质量的降低为代价的。整个样本很可能有偏差，因为个体的名单来源于那些最初被调查过的人，而他们之间可能十分相似，因此样本可能不能很好地代表整个总体。另外，如果被调查者不愿意提供人员来接受调查，这种方法就会受阻。

讨论题：既然非随机抽样会产生较大的抽样误差，那为什么非随机抽样还非常流行？

第四节 制定抽样计划的步骤

开发一个具有可操作性样本计划大致需要七个步骤，如图 7-5 所示。

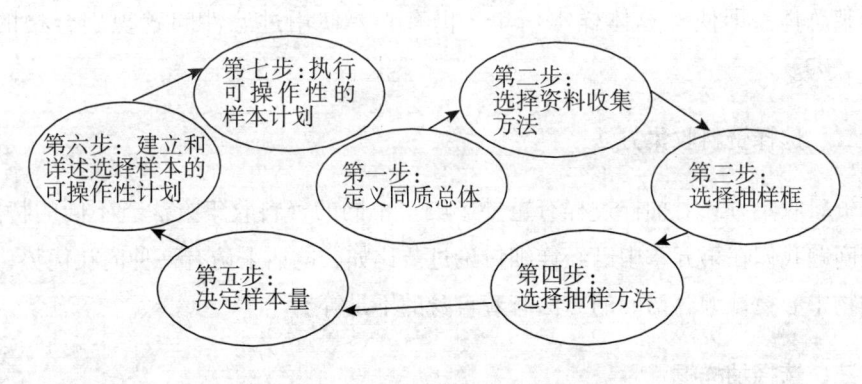

图 7-5 制定一个抽样计划的步骤

一、定义同质总体

为了满足研究目的需要，必须详细说明可提供信息或与所需信息有关的个体或实体（如公司、商店等）所具有的特性。同质总体可从以下几方面进行描述：地域特征、人口统计学的特征、产品或服务使用情况、认知程度等。有关总体定义的因素，可参看表7-12。

表7-12　　　　　　　　　　　　定义同质体的基础

基础	详述
地域因素	抽查的地域经常是顾客活动的范围，可能是一个城市、一个县、某大城市的某地区、某省份、几个省份、全国或者一些国家。
人口统计因素	作为调查目标和产品目标市场的人们的观点、态度、爱好、反应、性别、年龄、家庭成员、家庭收入、购买决策等。
使用情况	作为上述的补充，同质总体通常根据产品或服务的需求状况来定义，通常通过一般时间内消费使用产品和接受服务的情况，包括是否使用和使用频率来描述，比如： 在一周内，你是否会喝五瓶或五瓶以上的软饮料？ 近两年内，你曾经去其他国家度假或经商吗？ 近两年内，你或你的直系亲属是否住院超过一次？
认知度	对于那些正在媒体上传播的公司广告，要探究广告所传达的产品或服务信息对消费者的作用。

在调查中，应从调查表开始部分设计过滤性问题，由此可以判断某个体是否属于某总体。即使有总体样本清单，仍有必要使用过滤性问题识别合格的应答者。

二、选择资料收集方法

资料收集方式对抽样过程有重要影响。不同的资料收集方法有不同的特点，这些问题我们在第五章中已经详细讨论过。比如，电话采访有一种内在优势，而在购物中心拦截顾客访问的方法有着自身的不足等。

三、选择抽样框

整个过程中的第三步就是确定抽样框。前面我们曾经把抽样框定义为总体的数据目录或单位的名单,从中可以抽出样本单位。理想的情况是我们有一个完整和准确的名单,但遗憾的是,通常这样的名单是不存在的。例如:在一项调查中,调查的总体是那些在近30天内每周坚持游泳5次的人,但是根本没有任何一种可能的方法能够提供这样一份名单。因此,在不存在传统意义上的抽样框的情况下,可以依据能够产生具有希望特征的样本个体的程序来选择抽样框。例如,电话号码本就可能是电话调查的抽样框架。这个例子也说明了在抽样框和同质总体间很少有极好的对应关系。在问卷中,同质总体很有可能是城市中的所有居民。但是,电话号码本不包括那些没电话的居民和那些没有公布自己号码的居民。

一些潜在的因素证明,公布电话的居民和不公开电话号码的居民在一些重要的特征上具有很大的区别。很明显地,那些不主动提供电话号码的居民很有可能是房客(租房者)、最近刚搬家,或人口多、孩子小、收入低的家庭。在某些产品的购买、拥有、使用方面,这两种类型的人具有很显著的差别。

在抽样调查中,形成一个适当的抽样框经常是调查者面临的最有挑战性的问题之一。

[案例] 抽样框误差导致的悲剧

美国波士顿调查公司的费歇(Fish)、巴恩斯(Barnes)和巴纳汗(Banahan)提供了两个有趣的关于抽样框误差的例子。

一个是1936年《文学摘要》(Literary Digest)做的民意测验。这个杂志社从电话簿和汽车主登记表中选出了一大批选民(超过200万人次)作抽样调查,基于这个调查的结果,它预言阿尔弗·伦敦(Alf London)会在总统竞选中击败弗兰克林·罗斯福(Franklin Roosevelt)。不幸的是,这份抽样框(电话簿和汽车主登记表)选择的选民不能代表1936年整个美国的所有选民。因为当时大多数美国人没有电话,更不是家家都有汽车,并且这部分被忽略的选民的收入很低。然而,抽样中作为重点的富裕阶层的选择,更倾向于投共和党的票,所以在竞选后不久,《文学摘要》因其失误的预言而使其可信度急剧下降,最终走向破产倒闭的结局。

另一个狗食制造商的案例更有趣。这家制造狗食的厂商在超级市场里对狗的主人进行了广泛的访问调查,调查并估计顾客们对包装式样和型号的要求,并试探顾客们对广告设计方案的反应。产品在投入市场初期经历了一个高销售额的阶段。但数月后，销售额却停滞不前。这家公司在讨论研究后，把自己生产的狗食带到当地的流浪狗收容所，然后把狗食放在狗的面前，但它们却连碰也不碰！尽管访问调查了所有狗的主人，但厂商却不知道自己的抽样框是错误的。

四、选择抽样方法

制定抽样计划的第四步是选择抽样方法。选择哪种抽样方法取决于研究目的、经济实力、时间限制、调查问题的性质。可供选择的重要抽样方法如前所述可以分为两大类：随机抽样与非随机抽样，每大类中又有许多可供选择的具体方法，如本章第二、三节所述。

在随机抽样法中，调查员必须严格遵守正确的选择程序，避免武断或有偏见地选择抽样单位。当严格执行这些程序时，概率论中所有关于随机抽样的法则都是有效的。这就是说，对于预测的范围来说，样本中的数据可以被用来推断总体的数据，虽然样本和总体存在一定的差异（抽样误差），但是这些差异是可以得到有效控制的。

在非随机抽样中，由于是根据简便易行、减少开支的原则选择总体中的某些特定要素（个体），当然会导致非随机性。有目的的非随机抽样可能会系统地排除总体中的某些部分或过分强调总体的某些部分，这就会产生很大的误差。例如，一项要关于所有18岁以上女性意见的调查若在周一至周五的白天通过（家庭）电话进行，显然会系统地排除所有职业女性。

由此可见，从抽样理论上讲，随机抽样要比非随机抽样更能控制抽样误差，得到的样本估计值精度要高得多，对总体的估计更具有代表性。但是，为什么非随机抽样还被市场调查人员广泛使用呢？其实，使用非随机抽样的原因与其本身固有的优势有关，最主要是因为以下几点：

（1）在大多数案例中，同样规模的随机抽样的费用要比非随机抽样高。通常精挑细选的做法是不仅增加调研费用而且设定专门的时间对样本进行复核修改，其抽样过程极为严谨；而非随机抽样就不需要这样的严格要求。非随机抽样的这一特点对那些精确性要求不严格的调查有相当大的吸引力，试探性调查就是其中的一例。

（2）随机抽样比非随机抽样需要更多时间来策划和实施。因为必须遵守的抽样计划执行程序会大量增加收集资料的时间。

（3）在非随机抽样中，如果合理运用抽样技术，在抽样前对样本进行适当的筛选，它就能产生极具代表性的合理的抽样结果。

当然，在使用非随机抽样时，我们必须考虑以下几点，以保证抽样调查的操作不会导致重大的误判：

（1）非随机抽样不能估计抽样误差。

（2）在非随机抽样中，调查者不知道抽中的样本所具有的代表性的程度。

（3）非随机抽样的结果不能也不应该推及总体。

非随机抽样调查的结果是否影响到它的影响度，下面的案例可以说明一些问题。

[案例]　　　　对 900 电话民意调查产生有偏结果的认识

中央电视台和其他几个新闻媒体联合做了一次针对 2003 年"非典"现象的 900 电话民意调查。调查的方式为：向社会公布调查机构的电话号码，然后记录前 900 个有效电话的信息资料，以此作为调查的结果公布。这样的调查方式违反了全部的统计法则，是一种典型的非随机抽样调查。事实上从 900 个自愿应答电话得到的结果不能用于推及任何确定的总体，因为这些答复是有偏的。实际上，调查结果只反映那些知道调查、有兴趣回答、愿意花钱打电话而且能够接通电话的人的意见。还有一种可能性是：在 900 电话测试中，一个自愿者可能会打进好几次电话来投票。

虽然这些结果明显不具代表性，但是，最近由中国卫生协会对全国 1000 名 20~65 岁的公民进行的随机抽样电话调查结果却表明，人口总数中有相当一部分人认为从某些方面来说 900 电话民意测验具有代表性。其中：

·45% 的人认为那些电话投票是可信的。

·40% 的人认为那些投票的结果应被大家相信，因为有成千上万的人参与了投票。

·40% 的人认为打电话和未打电话的人具有相同的观点。

·38% 的人认为那些投了这类选票的人是中国人（内地）。

·36% 的人认为如果这些民意调查不准确，就不会被公布。

·34% 的人认为这些民意调查的结果可信，因为它们是由重要电视台、报纸、杂志主办的。

·24% 的人认为这些民意调查有科学性。

·24% 的人认为这些民意调查的结果准确地反映了所有中国人的想法。

五、确定样本量

一旦选定抽样方法，下一步就要确定合适的样本量。关于这个问题，下一章会有详细阐述。对非随机抽样，通常我们仅依靠可得到的预算经费、抽选规则、子集量分析来决定样本量。然而，就随机抽样而言，还需要在允许误差的目标水平（抽样结果和总体指标的差异）和置信水平（指置信区间的概率，置信区间是样本结果加减允许误差形成一个涵盖总体真值的范围）下计算样本量。基于样本指标推测总体指标是随机抽样的主要优势。

六、建立和详述选择样本的可操作性计划

无论使用随机或非随机抽样，在一个项目的资料收集阶段必须指定和明确选择样本单位的操作程序。对于随机抽样来讲，这个程序更为重要，必须详细、清晰、不受调查员的影响和干扰。若不能制定合适的选择样本单位的操作程序，则整个抽样程序会陷入困境。表7-13提供了一个小区随访适于操作的抽样计划。

表7-13　　　　　　　　适于操作的小区家庭抽样计划

以下指南是有关你在某个居民小区访问时应走的路径： 1. 进小区大门，向右拐。继续沿这条路或街道的另一面向反方向走，在可能的地方右拐，每隔两户访问一户。 2. 如果你沿小区走了一圈，又回到了出发点而没有完成列出的家庭的访问，那么可以试着由访问起点的第二家开始。 3. 如果你调查了整个小区，还是没有完成所要求的访问，那么就继续从街对面最近的第一个小区开始。永远遵守右手法则。 4. 如果这一地区街对面没有其他居民小区，遵循右手法则，出已访问的小区向右拐，直到找到第一家居民小区为止，然后进行访问。（回到步骤1。）

根据这个这样一个访问计划，不管什么人去做调查，访问的家庭都是一样的，这避免了调查人员的不同带来的影响。

七、抽样计划的实施

在实施适于操作的抽样计划前，应先对其进行讨论研究。这一步很重要，它包括检查、确定是否要根据拟好的详细程序来实施计划。

讨论题： 通过对抽样计划步骤的分析，讨论制定抽样计划的重要性。

复习思考题

一、复习题

1. 什么是抽样调查？
2. 抽样单元和抽样框的区别是什么？
3. 抽样调查的优缺点是什么？
4. 随机抽样和非随机抽样的区别是什么？
5. 了解各种抽样方法。
6. 了解各种非随机抽样方法。
7. 制定随机抽样的步骤是什么？
8. 区分等距抽样、分（整）群抽样和分层抽样。各举一例。
9. 分层抽样和配额抽样有哪些不同？

二、思考题

1. 在哪些情况下普查优于抽样调查？为什么通常人们宁愿选择抽样调查而不选择普查？
2. 设计一个抽样方案，调查本科大学生对于儿童广告的态度。
3. 给出一个理想抽样框的例子。为什么一个具体城市的电话号码簿常常不能作为满意的抽样框？
4. 随机抽样和非随机抽样各有哪些利弊？为什么在市场调查中非随机抽样会受到欢迎？
5. 中国工商银行某储蓄所有 1000 个客户，经理想从中抽取 100 个进行抽样调查。如果用等距抽样该怎样去做？如果名单是按平均存款额顺序排列的，这会对这种抽样技术有影响吗？如果有，有什么影响？
6. 简单随机抽样极少采取挨门挨户访谈法，为什么？哪种随机抽样法可以用于挨家挨户的调查？
7. 假定电话号码簿是一项研究可接受的抽样框，你能发现从电话号码簿中抽取等距样本有什么问题吗？
8. 叙述滚雪球抽样法。举一例，讲述你可能用到这种抽样法的情况，并指出这种抽样法有什么问题。

9. 给下列情况列举出随机抽样框：

    A. 肯德基快餐店的顾客

    B. 便携式电脑持有者

    C. 网球选手

    D. 建设银行龙卡持有者

    E. 去年去过一个或多个欧洲国家的人

    F. 在成都居住少于两年的移民

12. 辨别下列抽样设计：

（1）200个娱乐场光顾者的名单是从上月娱乐场光顾者名单中抽出来的，对他们进行问卷调查。

（2）电台节目主持人请听众打电话进来，就禁止核武器问题以"是"、"否"的方式发表意见。

（3）一狗食制造商想测试一狗食新产品，决定选择100个用罐装食品喂养狗的狗主人，选择100个使用干食喂养狗的狗主人和100个用半湿食品喂养狗的狗主人。

三、讨论题

非随机抽样在什么情况下是可行的？

第八章
抽样误差和样本容量的确定

在确定随机概率抽样样本容量的过程中会遇到涉及财务、统计和管理三个方面的问题。一般原则是，样本越大，抽样误差就越小。但样本大，耗费的成本也就高，而且一个项目可支配的资源毕竟是有限的。虽然抽样成本随着样本容量的增加呈直线递增（样本容量增加一倍，成本也增加一倍），抽样误差却只是以样本量相对增长速度的平方根的速度递减。如果样本量增加了三倍，数据收集成本也增加了三倍，而抽样误差只降低了约1/2。最后一点，样本容量计算还反映了管理方法的问题。要求的估计精确度要多高？实际总体值在所选定的置信区间内的置信度是多少？正如你将在本章中学到的，有许多种可能性。有的情况要求精确度较高（抽样误差很小），并且要求总体值在较小误差范围以内的置信度较高；而有些情况则不要求这些。

第一节 经典统计方法

本节所讲内容可能你在其他书上已经学习过，它们是确定简单随机样本的传统方法。在这里回顾一下这些方法，也是有益的。我们知道，在利用抽样结果作总体的重要推断时需要三种信息：

总体标准差的估计值。
抽样的允许误差范围。
抽样结果在实际总体值的特定范围（抽样结果、抽样误差）内的预期置信度。

有了以上三条，就可以计算出简单随机抽样所需的样本容量了。

一、正态分布

1. 总体特征

在古典统计推断中，正态分布居于特别重要的地位，这有以下几方面原因。首先，市场人员遇到的许多变量其概率分布都趋于正态分布，如软饮料包装的数量，爱吃快餐的人平均每月吃快餐的次数，每星期看电视的平均小时数等。其次，理论上的原因。根据中心极限定理，对于任何总体，不论其分布如何，随着样本容量的增加，抽样平均数（$\bar{X}$）的分布总是趋近于正态分布。这种趋向的重要性将为我们的统计推断带来许多便利。最后，许多离散型概率的分布也近似于正态分布。例如，将大量的中国女性（16~55周岁）的身高值标在一张图表上，就会得到如图8-1的分布图。这种分布就是正态分布，它有以下几个重要特征：

（1）正态分布呈钟形且只有一个众数。众数代表着集中的趋势，是发生频率最高的那个特殊值。两峰（两个众数）的分布有两个峰值。

（2）正态分布关于其平均值对称。也就是说它是对称的，它的集中趋势的三个衡量标准（平均数、中位数和众数）是相等的。

（3）一个正态分布的特殊性由其平均数和标准差决定。

（4）正态曲线下方的面积等于1，表明它包括了所有的调查结果。

（5）正态曲线下方在任意两个变量值之间的面积，等于在这一范围内随机抽取一个观察对象的概率。以图8-1为例，一次抽取一名女性，其身高在160cm~165cm之间的概率为34.13%。

（6）正态分布还有一个特点，就是所有的正态分布在平均数标准差之间的面积相同，都占曲线下方面积的68.26%，或者说是占全部调查总体结果的68.26%。这叫作正态分布比例性，这一特点为统计推断提供了基础。

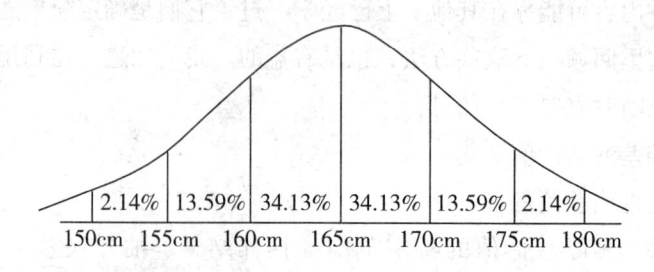

图8-1 大样本下中国女性身高的分布图

2. 标准正态分布

任何正态分布都可以转换为标准正态分布。标准正态分布的特点与正态分布相同，只是标准正态分布的平均值等于0，标准差等于1。正态分布的任一变量值 X 通过一个简单的转化公式就能变换成相应标准正态分布中的 T 值。这种转换是由正态分布的比例性决定的：

$$T = \frac{变量值 - 变量平均值}{变量标准差}$$

用符号表示：

$$T = \frac{X - \mu}{\sigma}$$

式中：X——变量值；
μ——变量平均值；
σ——变量标准差。

变量 T 的标准正态分布曲线下的各块面积（全部结果的百分比）都列在表 8-1 中，图 8-2 表示标准化后的正态分布曲线。

表 8-1   T 在不同取值下的标准正态曲线下方的面积

T 值	标准正态曲线下方面积（％）
1	68.26
2	95.44
3	99.74

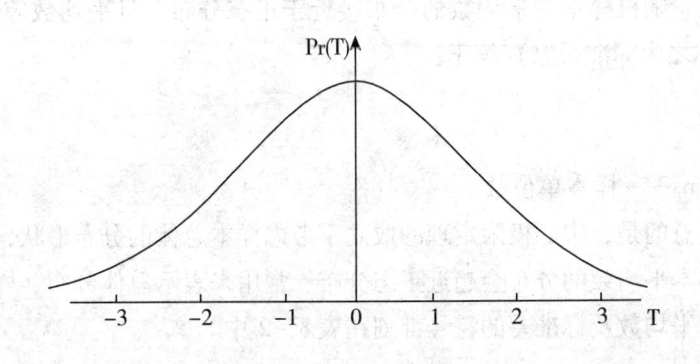

图 8-2 标准正态分布

由表 8-1 和图 8-2 可知，T 的取值在区间 [-3, 3] 内的概率已经高达 0.997，即随便抽一个正常的样本（比如中国的女性），都应该落在这样的一个区间内，如果不在区间内，就是异常。在市场调查中，如果发现某种成熟商品的消费落于区间 [μ-3, μ+3] 之外，则认为商品的销售出现了异常。

二、总体分布、样本分布和抽样分布

进行抽样调查的目的是要对总体作出推断，而不是为了描述样本的特征。就像前面定义的一样，总体包括可以从中获取信息达到调研目标的全部可能的人或物体，样本是总体的子集。

总体分布是总体中全部单位的频率分布。这一频率分布的平均数通常用希腊字母 μ 表示，标准差用希腊字母 σ 表示。样本分布是单个样本中所有单位的频率分布。样本分布的平均数常用 $\bar{x}$ 表示，标准差用 S 表示。

在这里，有必要介绍一下第三种分布——样本平均数的抽样分布。理解这一分布对于充分认识估计简单随机抽样误差十分重要。样本平均数的抽样分布是指从一个总体中抽取一定数量的样本，求出其平均数，然后从理论上求出其概率分布。虽然人们很少计算这种分布，但它的特性具有很大的实际意义。要获得样本平均数的分布，首先要从特定总体中抽取一定量的样本，接着计算各样本的平均数，并排列出频率分布。因为每个样本的容量可以不同，因此不同样本的平均数不会完全相同。

当样本的单位数和随机性足够大时，样本平均数的分布近似于正态分布。这一论断的基础是中心极限定理。该定理说明，随着样本容量的增加，从任一总体中抽取的大量随机样本的平均数的分布接近于正态分布，且平均数等于 $M_{\bar{x}}$，标准差（也称之为标准误差）等于：

$$S_{\bar{x}} = \frac{\sigma}{\sqrt{n}} \tag{8.1}$$

式中：n——样本单位数

值得注意的是，中心极限定理的成立不考虑样本总体的分布形状，忽略了总体分布，样本平均数的分布会趋近正态分布。常用来表示总体分布、样本分布和抽样分布的平均数及标准差的符号都列在表 8 – 2 中。

表 8 – 2　　　　各种分布的平均数和标准差的表示符号

分布	平均数	标准差
总体	μ	σ
样本	$\bar{x}$	S
抽样	$\mu_{\bar{x}} = \mu$	$S_{\bar{x}}$

平均数的标准误差（$S_{\bar{x}}$）之所以按公式（8.1）所示的方法计算是因为：一个特定的样本平均数分布的方差或离差会随着样本数的增加而减少。由常识可知，样本数越大，单个样本的平均数就越接近总体平均数。图8-3表明了平均数的总体分布、样本分布和抽样分布之间的关系。

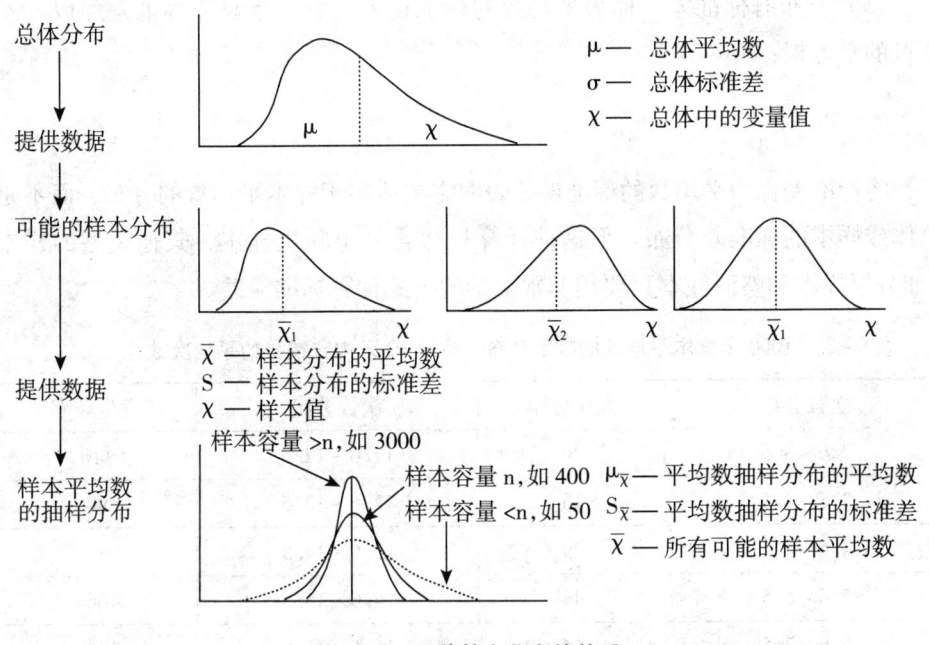

图8-3 三种基本分布的关系

三、平均数的抽样分布

1. 基本概念

在这一小节中，我们将详细讨论平均数的抽样分布。

这里有一个抽样案例：一位调查人员以最近30天内至少吃过一次快餐的所有顾客为总体，从中抽取了1000组容量为200的简单随机样本。调查目的是要估计平均一个月内这些人吃快餐的平均次数。

如果调查人员计算出每一组的平均数，按相关值确定区间，整理后得到的频率分布如表8-3所示。而图8-4以直方图的形式表示这些频率，直方图上方还可见一条正态曲线。直方图十分接近正态曲线的形状。如果我们选取足够的容量为200的样本，计算每组的平均数，那么整理排列后所得的分布就是正态分布。

图8-4的正态曲线就是这项调查中平均数的抽样分布。大样本（≥30）平均数的抽样分布有以下特征：

（1）是正态分布。

（2）分布的平均数等于总体平均数。

（3）分布有标准差，称为平均数的标准误差。它等于总体标准差除以样本容量的平方根：

$$\sigma_{\bar{x}} = S_{\bar{x}} = \frac{\sigma}{\sqrt{n}}$$

将标准差称为平均数的标准误差表明它更适用于样本平均数的分布，而不是总体或样本的标准差分布。但这种计算只适合简单随机样本，其他类型的样本（如分层样本和整群样本）要用非常复杂的公式计算标准误差。

表8-3　1000个样本平均数的频率分布：最近30天内吃快餐的平均次数

次数分组	发生频率	次数分组	发生频率
2.6～3.5	8	11.6～12.5	110
3.6～4.5	15	12.6～13.5	90
4.6～5.5	29	13.6～14.5	81
5.6～6.5	44	14.6～15.5	66
6.6～7.5	64	15.6～16.5	45
7.6～8.5	79	16.6～17.5	32
8.6～9.5	89	17.6～18.5	16
9.6～10.5	108	18.6～19.5	9
10.6～11.5	115		
		总计	1000

2. 根据单个样本作出推断

在实际操作中，人们往往不愿从总体中抽出所有可能的随机样本，画出像表8-3和图8-4那样的频率分布表和直方图。人们希望进行简单的随机抽样，并据此对总体进行统计推断。问题是，通过任一简单随机样本对总体平均数进行的估计，其估计值在实际总体平均值±1个标准误差范围内的概率究竟为多大？根据表8-1可知概率为68.26%，因为所有样本平均数有68.26%都在此范围内。

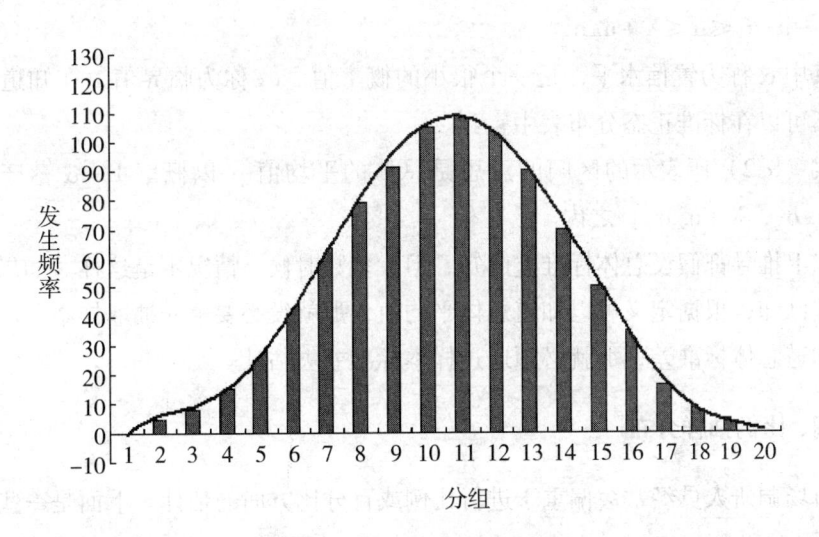

图 8-4　平均数的实际抽样分布

类推之，通过简单随机样本对总体作的估计在实际总体平均值±2 倍标准误差范围内的概率为 95.44%，在实际总体平均值±3 倍标准误差范围内的概率为 99.74%。

3. 点估计和区间估计

当利用抽样结果对总体平均值进行估计时，有两种估计方法：点估计和区间估计。点估计是把样本平均值作为总体平均数的估计值，即以 $\bar{X}$ 代替 μ。观察图 8-4 的平均数抽样分布可知，某一特定的抽样结果的平均数很可能相对更接近总体平均数。但是，样本平均数分布中的任一个值都可能是这一特定样本的平均值。有一小部分的样本平均值与实际总体平均值有相当的差距，这种差距就叫抽样误差。

抽样结果的点估计在很少的情况下完全准确，因此人们更偏向于使用区间估计。区间估计就是对变量值如总体平均值的区间或范围进行估计。除了要说明区间大小外，习惯上还要说明实际总体平均值在区间范围以内的概率。这一概率通常被称为置信系数或是置信度，区间则被称为置信区间。

平均数的区间估计按以下步骤推导：从总体上抽出一定量的随机样本，计算出样本平均数，由此可知这个样本平均数存在于所有样本平均数的抽样分布中，但确切位置不清楚。由前面对服从正态分布总体的讨论可知，它的样本平均值将在下列区间之内：

$$\overline{X} - u_{\frac{\alpha}{2}}\sigma_{\bar{x}} \leqslant \mu \leqslant \overline{X} + u_{\frac{\alpha}{2}}\sigma_{\bar{x}} \qquad (8.2)$$

其中 α 称为置信水平，是一个很小的概率值。$u_{\frac{\alpha}{2}}$ 称为临界值，在知道 α 的情况下可以在标准正态分布表中查到。

式（8.2）所表示的区间的意思是总体的平均值 μ 以概率 1 - α 落于区间 $[\overline{X} - u_{\frac{\alpha}{2}}\sigma_{\bar{x}}, \overline{X} + u_{\frac{\alpha}{2}}\sigma_{\bar{x}}]$ 之内。

以上推导都假设总体标准差已知，但大多数时候，情况不是这样。如果总体标准差已知，根据定义可以知道总体平均值，那就没必要事先抽取样本了。而如果不知道总体标准差，那就必须通过样本标准差去估计。

四、比例抽样分布

市场调研人员经常会偏重于进行比例或百分比方面的估计。下面是一些常见的例子：

知道某一广告的总体百分比。

平均一周上网 1 次以上的总体百分比。

最近 30 天内吃过快餐和吃过 4 次以上快餐的总体百分比。

观看某一电视节目的观众的总体百分比。

这样的例子还有很多。在上述情况下，总体比例或百分比是重要的因素，因此有必要介绍比例抽样分布。

从特定总体中抽出大量随机样本，这些样本的抽样比例的相对频率分布就是比例抽样分布，它有以下特征：

（1）近似于正态分布。

（2）所有样本比例的平均值等于总体比例。

（3）比例抽样分布的标准误差可以按下面的公式计算：

$$S_P = \sqrt{\frac{P(1-P)}{n}} \qquad (8.3)$$

式中：S_P ——比例抽样分布的标准误差；

　　　P ——总体比例的估计值；

　　　n ——样本单位数。

如果需要估计最近 90 天曾在网上购物的所有成年人的百分比，那么就像要得到平均数的抽样分布一样，要从成年人总体中选取 1000 组容量为 200 的随机样本，计算出 1000 组样本中所有在最近 90 天内曾在网上购物的人数比例。这些值的排列将形成一个趋近于正态分布的频率分布。这一分布的估计比例标准误差可以用公式（8.3）来计算。

讨论题： 中心极限定理是如何保证大量的抽样分布趋近于正态分布的？

第二节 抽样误差

在第五章中我们已经讨论过抽样误差的问题，我们在这一节中，将主要针对定量分析中的抽样误差的量化分析来阐述。

一、抽样误差的概念

在市场调查中，不论是全面调查还是非全面调查，都有可能存在误差。通常有两种形式的误差：非抽样误差和抽样误差。

非抽样误差是由调查登记、汇总计算等工作过程中的差错引起的，是抽样之外的误差。比如抽样设计不合理、调查者作弊、被调查者拒绝回答或理解不当而错误回答等都是非抽样调查。这种误差是无法计算的，但只要注意采取相应的措施，非抽样误差还是可以避免的。

抽样误差是在抽样过程中产生的。由于抽样调查不是对总体中的每个个体进行调查，而是按照随机原则抽取其中的一部分作为样本进行调查，并以此来推断总体，因此如果所抽取的样本的结构不足以代表总体结构，就会产生样本指标与总体指标的差异。这种由样本代表总体产生的误差就是抽样误差。抽样误差反映了样本代表性的大小：抽样误差越小，表明样本对总体的代表性越强；反之，抽样误差越大，样本对总体的代表性就越弱。抽样误差在抽样调查中是不可避免的，但我们可以运用数理统计方法加以计算并将其控制在一定的范围内。

二、影响抽样误差大小的因素

抽样误差的大小主要受以下三个因素影响：

1. 总体方差 σ^2 的大小

总体方差 σ^2 代表的就是总体各单位（个体）之间的差异程度。在其他条件不变的情况下，总体的方差越大，抽样误差就越大；反之，则抽样误差越小。如果总体单位之间没有差异，也就不会存在抽样误差，哪怕只抽取一个单位都能代表总体的情况。

2. 抽取的样本量 n

抽样误差的大小可由样本量的调整而得到控制。在其他条件不变的情况下，抽取的样本单位数越多（样本容量增大），抽样误差就越小；反之（样本容量减小），抽样误差就越大。随着样本容量的增大，样本结构会越来越接近总体结构；当样本容量等于总体的单位个数时，这也就是对总体的全面调查了，此时也就不存在抽样误差了。

3. 抽样调查的组织方式和抽样方法

抽样调查的组织方式和抽样方法对抽样误差也有一定的影响，这是因为由于采用不同的抽样组织方式和抽样方法，其抽取出的样本对总体的代表程度不同，其抽样误差也会不同。比如：简单随机抽样比分层抽样、分群抽样的误差要大，重复抽样也比不重复抽样的误差要大。

三、抽样误差的计算

以简单随机抽样为例，其样本平均数和样本比例数的抽样平均误差是不一样的，其计算公式如下：

1. 样本平均数的抽样平均误差

在重复抽样条件下：$\mu_x = \sqrt{\dfrac{\sigma^2}{n}}$ （8.4）

在不重复抽样条件下：$\mu_x = \sqrt{\dfrac{\sigma^2}{n}\left(1 - \dfrac{n}{N}\right)}$ （8.5）

式中：μ_x——样本平均数的抽样平均误差；

σ——总体标准差；

n——样本容量单位数；

N——总体单位数；

$1 - \dfrac{n}{N}$——修正系数。

2. 样本比例数（成数）的抽样平均误差

在重复抽样条件下：$\mu_p = \sqrt{\dfrac{P(1-P)}{n}}$ （8.6）

在不重复抽样条件下：$\mu_p = \sqrt{\dfrac{P(1-P)}{n}\left(1 - \dfrac{n}{N}\right)}$ （8.7）

式中：P——总体比例数（频率）

μ_p——总体成数的抽样平均误差

[例8-1] 对一批某型号的灯管进行使用寿命测试，这批灯管共有5000根，预计从中抽取100根进行测试。已知平均每根灯管的耐用时数标准差 $\sigma=50$ 小时，灯管的合格率为95%，求灯管平均耐用时数的抽样平均误差和灯管合格率的抽样平均误差。

解：由题，N=5000，n=100，$\sigma=50$，P=95%

在重复抽样条件下：

灯管平均耐用时数的抽样平均误差：$\mu_x = \sqrt{\dfrac{\sigma^2}{n}} = \sqrt{\dfrac{50^2}{100}} = 5$（小时）

灯管合格率的抽样平均误差：

$$\mu_p = \sqrt{\dfrac{P(1-P)}{n}} = \sqrt{\dfrac{95\% \times (1-95\%)}{100}} = 2.18\%$$

在不重复抽样条件下：

灯管平均耐用时数的抽样平均误差：

$$\mu_x = \sqrt{\dfrac{\sigma^2}{n}\left(1-\dfrac{n}{N}\right)} = \sqrt{\dfrac{50^2}{100} \times \left(1-\dfrac{100}{5000}\right)} = 4.95\text{（小时）}$$

灯管合格率的抽样平均误差：

$$\mu_p = \sqrt{\dfrac{P(1-P)}{n}\left(1-\dfrac{n}{N}\right)} = \sqrt{\dfrac{95\% \times (1-95\%)}{100} \times \left(1-\dfrac{100}{5000}\right)} = 2.16\%$$

比较上面的计算结果可以看出，重复抽样的平均误差大于不重复抽样的平均误差。由公式（8.5）、（8.7）可知，只有当n和N相差很大时，即 $\dfrac{n}{N}$ 趋近于零时，二者近似相等。

讨论题：在影响抽样误差的三个因素中，影响最大的是哪一个因素？

第三节　样本容量

样本容量是指样本所含单位的多少。在进行市场调查前，确定样本容量的大小是首先要解决的问题，样本容量的大小直接影响到抽样结果的准确性。如果样本容量过小，由于抽样误差增大，会影响样本对总体的推断的准确性和可靠程度；如果样本容量过大，又会增加调查费用，占用较多的人力、财力和物力，造成不必要的浪费，并且影响调查结果的时效性。因此，在市场调查中，样本容量的选择要恰当。那么应如何确定样本容量呢？

一、样本容量确定前应该考虑的问题

1. 可支配预算

某一研究对象的样本容量通常是直接或间接地由可支配的预算额决定的。因此在顺序上，样本容量通常是对调查问题的有关事项进行讨论之后才确定的。一个品牌经理如果有 40 000 元预算可用于某项市场调研，那么除去其他项目成本（如调查方案和问卷的设计，数据的处理、分析等）后余下的那部分预算才决定着被调查的样本容量的大小。如果可支配的资金太少，可以确定的抽样样本量太小，就必须作出决策，是补充更多的资金还是放弃这一项目。

虽然这种方法看来缺乏科学性和过于武断，但是在一个离不开财务资源预算编制的整体环境下它确实存在。财务上的限制要求调查人员的设计方案要利用有限的资源提供有利于决策的高品质的数据资料。可支配预算使调研人员不得不寻求多种选择的数据收集方案并谨慎衡量信息的价值及其成本。

2. 单凭经验的做法

一些企业在进行市场调研时会指定对调查样本的具体要求，它们会要求样本容量为 200、400、500 甚至更多，也许他们还会要求其他的特定量。这个数据的确定有时是出于对抽样误差的考虑，而有时则只是依据以往的经验和过去进行的相似调研中采用的样本量。对指定样本量这种做法的合理解释归结起来只能说是"一种强烈的感觉"，在主观上认为某一特定的样本容量是必要的或适当的。

也许有人认为客户（企业）指定的样本容量有利于计划调研目标的实现。其实在有些情况下，调研人员会认为指定的样本容量不符合要求。这时，调研人员有责任向客户提出扩大样本容量的建议并让客户作出最后的决定。如果扩大样本容量的建议遭到了否决，调研人员可以拒绝提交调研计划，因为这样的样本容量可能不合要求，这样会严重影响调研成果。

3. 要分析的子群数

在任何确定样本容量的问题中，都必须认真考虑要分析并要据此统计推断总体样本的各个子群的数目的预期容量。例如，从整体上看样本容量为 400 很符合要求，但若要分别男性和女性被调查者，并且要求男性与女性的样本各占一半，那么每个子群的容量仅为200。这个数字能符合要求，能使分析人员对两组的特征作出预期的统计推断吗？如果要按年龄和性别分析调研结果，问题就变得更复杂了。假设要按以下方式将总体样本划分为四组：

35岁以下的男性；

35岁以上的男性；

35岁以下的女性；

35岁以上的女性。

如果预计每组约占总样本的25%，那么子群容量仅有100。这个数字能否使它们按照调研目标的要求对各组分别作出统计推断呢？随着样本量的缩小，抽样误差的增加，会出现这样一个问题：调研人员很难辨别依据现象所得的两组间的差别（如表明打算购买新产品的百分比）是真正意义上的差别还是只由抽样误差引起的差别。

在其他条件相同的情况下，所要分析的子群数目越大，所需总样本容量也就越大。一般认为总体容量要足够大，以便使每个子群的容量至少为100个单位，而每个次子群的容量至少也应该有20~50个单位。

4. 考虑市场调查的研究目的

市场调查的研究目的不同，对置信度和置信区间即概率保证程度的要求就不同。抽样调查中的置信度是指在由样本指标推断总体指标时，保证其抽样误差不超出允许范围的概率水平。它反映了抽样调查的可靠程度。在市场抽样调查中，允许误差的范围越小，置信度越大，应抽取的样本单位数就应当越多；反之，若允许的误差范围越大，置信度越小，抽取的样本单位数就可以越少。

5. 考虑总体的性质特征

在市场调查中，被调查总体是有一定的特征的。在抽取样本时，应根据总体的性质和特征来抽取，这样所抽取的样本才能更好地代表总体。具体来说有：

（1）总体的标志变异程度，即总体方差的大小。为了保证样本数据对总体数据的代表性，当总体的标志变异程度较大时，所需要的样本量一般也比较大；反之，当总体的标志变异程度较小时，所需要的样本量就可以小些。

（2）总体规模的大小。总体规模越大，所需要的样本量就应当相应增加以减少抽样误差；反之，所需的样本量就可以少些。

（3）抽样方法和组织形式。不同的抽样方法以及总体内部组织形式不同所需要的样本量也是不同的。例如，重复抽样比非重复抽样所需要的样本容量大。分层抽样和等距抽样等所需样本比简单随机抽样所需的样本少，但整群抽样所需的样本量则比简单随机抽样多。

6. 调查所具备的整体条件

市场调查中需具备的条件是指人力、财力和物力等方面的情况。若人力、财力、物力资源比较充分，时间也比较充裕，则应以满足研究目的为基本出发点，可以适当地增加调查的样本容量来提高抽样的精确度；但在资源和时间都比较紧张的情况下，可以选取代表性较强的样本以减少样本容量，节约成本和时间。当然，也不能一味地节约，而忽视了调查要求和准确度。

二、样本容量的确定

再来考虑前面那个估计快餐族平均一个月吃快餐次数的案例。如果管理层需要对顾客的平均光顾次数进行估计，从而决定是否实行正在拟定的新促销计划。为了得到这个估计值，市场调研经理打算在总体中考察某个简单随机样本。问题是要确定本次调查样本容量的要素是什么，在此，首先要解决的是估计平均值的问题。

估计平均值的样本容量确定可以根据允许误差的公式推导而来，下面以简单随机抽样为例来说明样本容量的确定：

1. 估计总体平均数时的样本容量计算方法：

在重复抽样条件下：$n = \dfrac{t^2 \sigma^2}{\delta_x^2}$ （8.8）

在不重复抽样条件下：$n = \dfrac{t^2 \sigma^2 N}{N\delta_x^2 + t^2 \sigma^2}$ （8.9）

式中：t ——与置信度对应的数值，可由概率分布表查出；

δ_x ——抽样平均数的误差范围（允许误差）；

σ ——总体标准差；

N ——总体单位数。

由公式我们可以知道，计算所需要的样本容量要有三种资料信息：

（1）抽样误差的可接受或允许的详细范围（δ_x）。

（2）标准误差置信水平的允许确切值，也就是 t 值。换一种说法，即总体平均值包括在指定置信区间内的置信度是多少。

(3) 总体标准差（σ）。

计算中要用到的置信水平（t）和误差（δ_x）必须由调查人员与他（她）的客户进行磋商后才能确定。如前所述，置信水平与误差范围的确定不仅要根据统计原则，也要顾及财务与管理方面的要求。在理想的情况下，我们总是希望置信度很高，误差很小。但要知道，这是经营决策，必须考虑成本问题。一般置信度很高、误差很小的抽样调查分析成本都比较高。因此，要在精确度、置信度与成本之间进行权衡。有的时候，对市场调查并不要求很高的精确度与置信度。例如，你也许只想通过调查基本了解一下消费者对产品的普遍态度是正面的还是负面的，此时精确度就显得不太重要了。但如果是一项产品创意测试，就需要精确度较高的销售估计值，以便作出是否向市场推荐某种新产品的高成本、高风险的决策。

第三种资料是总体标准差的估计值，这是一个更麻烦的问题。我们在前面说过，如果总体标准差已知，那么也就能知道总体平均数（总体平均数是用来计算总体标准差的），这样的话就没必要抽取样本了。但是，调查人员将如何在不抽取样本的情况下估计出总体标准差呢？结合使用以下四种方法可以大致解决这个问题：

（1）利用以前的考察结果。许多情况下，公司以前曾经进行过类似的调查，这时，可以利用以前的调查结果作为本次总体标准差，确定样本容量。

（2）进行试点调查。如果调查对象规模太大，可以投入一定的时间和资源对总体进行小规模的试验调查。然后根据调查结果估计总体标准差确定样本容量。

（3）利用二手数据。有时候通过二手数据也可以对总体标准差进行估计。

（4）进行判断。如果其他方法都失败了，还可以判断总体标准差。把许多管理人员的判断集中起来进行分析，而这些管理人员都有能力对有关的总体参数作出有根据的猜测。

当完成了调查、计算出样本平均值和样本标准差后，调查人员就可以正确估计出总体标准差并确定所需的样本容量了。这时如果需要的话，要对以前的抽样误差估计进行调整。

下面我们来讨论快餐食品的老板想扩大快餐生产线规模的问题。他想知道那些快餐族消费快餐食品的数量，于是公司要进行一次市场调查。在与公司的管理者进行磋商后，市场调研经理认为有必要估计一下快餐族每月（30天内）吃快餐的平均次数。考虑到管理者对精确度的要求，规定此次调查的估计值误差不得超过实际值的 0.10。这个值（0.10）将作为 δ_x 值代入公式（8.8）或公式（8.9）。

此外，市场调研经理还认为，考虑全局，需要把实际总体平均值落在样本平均值 $\pm \delta_x$ 区间以内的置信度定为 95%。而若要置信度为 95%，就必须是在 2 倍标准误差范围内（严格说是 1.96）。因此，把 2 作为 t 值代入公式。

最后，确定公式中的 σ 值。幸好公司一年前曾作过类似的调查，调查对象是最近 30 天内吃快餐的平均次数，其标准差是 1.39。以此作为 σ 值最好不过，因此把 1.39 作为 σ 值代入公式。

由公式（8.8）有：

$$n = \frac{2^2 (1.39)^2}{(0.10)^2} = 772$$

可知要抽取样本容量为 772 人的快餐族调查可以满足公司提出的要求。

下面我们再看一个例子。

[例 8 - 2] 在某城镇组织家庭生活水平抽样调查，已知该城镇共有 10 000 户家庭，平均每人每月生活费收入的标准差 σ = 20 元。现要求调查结果的误差不超过 2 元，置信度为 95%，求应抽取多少户家庭进行调查。

解：由题，N = 10 000，σ = 20，δ_x = 2
当置信度为 95% 时，t = 1.96。

（1）在重复抽样的条件下，由公式（8.8）有：

$$n = \frac{t^2 \sigma^2}{\delta_x^2} = \frac{1.96^2 \times 20^2}{2^2} = 384 \text{（户）}$$

应抽取 384 户家庭进行调查。

（2）在不重复抽样的条件下由公式（8.9）有：

$$n = \frac{t^2 \sigma^2 N}{N \delta_x^2 + t^2 \sigma^2} = \frac{1.96^2 \times 20^2 \times 10\ 000}{10\ 000 \times 2^2 + 1.96^2 \times 20^2} = 370 \text{（户）}$$

应抽取 370 户家庭进行调查。

由本例可知在不重复抽样下，对样本容量的要求要小一些。

2. 估计总体成数（比例）时的样本容量计算方法

在重复抽样条件下：$n = \dfrac{t^2 \pi (1 - \pi)}{\delta_p^2}$ (8.10)

在不重复抽样条件下：$n = \dfrac{t^2 \pi (1-\pi) N}{N_i \delta_p^2 + t^2 \pi (1-\pi)}$ (8.11)

式中：π——抽样成数；

δ_p——抽样成数的误差范围。

总体方差 σ^2 和成数 π 一般可用估计的样本方差 S^2 和频率（比例）P 代替。

现在我们来考虑估计最近 90 天内曾在网上购物的所有成年人的比例或百分比的案例。其目标是从成年人总体中抽取一个简单随机样本，估计其比例是多少。还是要考虑如何确定代入公式的那几个值：

首先，像前面说的那样，要根据抽样结果估计总体平均值，即首先要确定 δ_x 的值。例如假设可接受的误差范围为 ±2%，那么将 0.02 作为 δ_x 的值代入公式（8.10）。

其次，假设调查人员要求抽样估计在实际总体比例的 ±2% 的范围以内的置信度为 95%，那么按前面所讲，把 2 作为 t 值代入公式。

最后，在一年前的一次类似调查中，有 5% 的被调查者表示自己在最近 90 天内曾在网上购物，即 P = 0.05。其计算过程如下：

$$n = \dfrac{2^2 [0.05(1-0.05)]}{0.02^2} = \dfrac{4(0.0475)}{0.0004} = 475 \text{（人）}$$

根据要求，需要一个 475 人的随机样本。

要注意的是，与确定估计平均值所需的样本容量的过程相比，调查人员在确定估计比例所需的样本容量时有一个优势：如果缺乏估计 P 的依据，可以对 P 值作最悲观或最糟糕的假设。给定 t 值和 δ_x 值，在 P 值为多大时要求的样本量最大呢？当 P = 0.5 时，P(1-P) 有极大值 0.25 存在，如此设定 P 值样本量最大。而给定 t 值和 δ_x 值，对于与平均值估计所需样本量有关的 σ 值就没有最悲观的假设。据此我们知道，为什么市场人员对于样本容量的问题更趋向于进行比例估计而不是平均值估计。

三、样本容量的调整

样本容量和总体容量的关系表面上看来好像是抽取的样本量越大其总体容量也应该增大，其实不然。通常，总体容量与在一定误差和可靠度的范围内估计总体参数所需的样本容量之间没有直接的关系。实际上，总体容量只有当样本容量相对它而言过大时才会起作用。根据经验，当样本容量超过总体容量的 5% 时，就需要调整样本容量了。一般都假设样本的抽取是相互独立的（独立假设），这一假设在样本容量相对于总体容量很小时成立。当样本容量占总体容量的比例相对较大（5%以上）时这一假设就不成立了。因此，我们必须调整一下标准公式。比如，前面的计算平均数标准误差的公式是：

$$\sigma_{\bar{x}} = \frac{\sigma}{\sqrt{n}}$$

当样本量占总体5%以上，就要推翻独立假设。调整后的正确公式是：

$$\sigma_{\bar{x}} = \frac{\sigma}{\sqrt{n}} \sqrt{\frac{N-n}{N-1}} \tag{8.12}$$

其中，$(N-n)/(N-1)$ 被称为有限总体修正系数。

当样本占总体的5%以上时，调查人员可以通过有限总体修正系数来减少所需的样本容量。其计算公式如下：

$$n' = \frac{nN}{N+n-1} \tag{8.13}$$

式中：n'——修改后的样本量；

n——原样本容量；

N——总体容量。

比如对于一个总体单位容量为2000而准备取样本容量单位为400的抽样，显然样本容量远远大于总体容量的5%，此时可以用公式（8.13）进行调整：

$$n' = \frac{400(2000)}{2000+400-1} = \frac{800\,000}{2399} \approx 333$$

经过有限总体修正系数的调整，需要的样本量由原先的400变成了333。

讨论题：在抽样调查中，我们应该怎样去选择样本？

复习思考题

一、复习题

1. 解释样本容量的确定为什么与财务、统计和管理三方面都有关。
2. 讲述并举例说明确定样本容量的三种方法。

3. 区分总体分布、样本分布和抽样分布。

4. 什么是有限总体修正系数？使用它的目的是什么？在什么情况下使用它？

5. 迪斯尼世界的调查表明，有 60% 的老顾客喜欢玩滑行铁道。若要求误差不超过 2%、置信度为 90%，求所需要的样本量。

6. 假如你要负责筹划一次辣椒烹饪比赛。你必须要保证有足够的样本。具体要求如下：置信度为 99%，误差是每个烹饪小组不超过 4 盎司（1 盎司 = 28.3495 克）辣椒。若去年比赛的标准差是 3 盎司，请计算所需的样本量。

二、思考题

1. 一名分析快餐业情况的研究人员发现，成都 16~35 岁的年轻人在西式快餐店的平均消费为 25 元、标准差为 1.40 元。而在北京，同年龄的消费群体的平均消费为 30 元、标准差为 1.50 元。由这些数据如何分析两个城市各自的快餐消费情况？

2. 假设上面的快餐店调查表明有 80% 的顾客喜欢法式薯条，调查人员希望误差低于 6%、置信度为 95%，求出需要的样本量。

3. 一位客户要求置信度为 99%，允许抽样误差为 2%，按此计算出需要样本量为 500，调查费用是 20 000 元。但他只有 15 000 元的预算，请问有没有其他方案可供选择？

4. 假设预期百分比为 50% 以内、置信水平 α 为 5%，要求统计比例为 70%，当样本容量为多大时，可以测量出两个相对独立的样本最近购买 DVD 影碟的估计值之间存在 5% 的差异？

三、案例分析题

[案例]

康馨市民保健公司是四川成都一个管理和服务水平都极为优秀的健康保健保险公司，它为成都市的市民提供多种健康保险产品。2007 年是公司树立品牌形象活动的第二年，公司打算花费 350 万元促销产品，在成都市内的用户中提高知名度，树立其产品的正面形象。之所以实施这一战略，是因为公司发现，由公司提供给使用者的多种多样的健康保险类别选择现在在市面上已越来越普遍了，公司希望将来有越来越多的使用者能选择康馨市民保健公司提供的产品。

在开展树立品牌形象活动的第一年，公司已经花费了 300 万元广告费以树立公司形象和扩大产品的品牌知名度。为了了解本次活动是否取得成效，公司对一些客户进行了电话跟踪调查，并且在活动前后分别进行了预先测试和事后测试。调查的目的是测定公司的知名度以及公司的形象。前后两次调查结果的变化将反映出广告活动的成效，因为公司在上一年度中一直没有对它们的市场销售战略作任何改变。

电话跟踪调查的结果显示，用户对康馨市民保健公司的无提示认知度（即回答问题：当您需要投保健康险时，您会想起的公司有哪些？）由预先测试中的 21% 上升到事后测试中的 25%。预先测试中有 42% 的客户对康馨市民保健公司的形象持肯定态度，而在事后测试中，这一比例上升到 44%。虽然两个关键的衡量指标都有所增长，但效果还不明显。更为重要的是，两次测试选取的样本量相对过小，一共只选择了 100 名顾客作为随机样本。对认知度的测定，其抽样误差在置信度为 95% 时为 ±8.7%，而形象测定为 ±9.9%。公式中的 P 值用的是事后测定的结果。

由于抽样偏差相对较大，认知度和企业形象前后变化相对较小，公司只能认为事后测试中认知度在 [16.3%，33.7%] 区间范围内变化的置信度为 95%；而在企业形象方面，公司只能认为对公司形象持肯定态度的顾客比例在 [34.1%，53.9%] 区间范围内的置信度为 95%。要测量的变化比较微小，误差又比较高，使康馨市民保健公司无法确定到底哪一项测试对象确实发生了变化。

公司的总经理现在正在为广告费用发愁，不知道广告包装和促销活动是否能够达到预期的效果。因此，他认为有必要进行一次更为精确的测试，以便对广告包装和促销活动到底能产生多大效果得出最后的结论。

问题：

1. 事后测试的误差是怎样计算出来的？

2. 如果总经理要求认知度和公司形象的估计值在实际值的范围内，置信度为 95%，那么需要多大的样本量？

3. 如果置信度为 99.5%，其他条件同上题，那么需要多大的样本量？

4. 如果电话访问现有预算为 20 000 元，且每个访问的成本为 19 元，问公司能否达到问题 3 中设计的目标？此时对测量对象的估计值的误差水平可以达到多少？要实现问题 3 中的目标需要多大的样本容量？

第九章
市场调查案例解析

所谓房地产市场调查，就是以房地产项目为研究对象，通过对宏观市场、消费者市场和竞争市场数据信息的收集、整理和分析，以所得结果为决策者们研究和预测市场变化、准确定位房地产项目、制定相关营销计划等提供参考和建议。

通常一个完整的房地产项目策划过程包括三个主要阶段——基础性研究阶段、项目定位阶段和营销执行阶段（见图9-1）。其中，基础性研究阶段即是我们这里所指的市场调研阶段，它又包括三个层次——宏观市场研究、竞争市场研究和消费者市场研究。

在此，我们以成都市某房地产项目的市场调研（基础性研究阶段）过程为例，进一步解析市场信息调查与分析的要点和步骤。

第一节　房地产市场调研案例解析

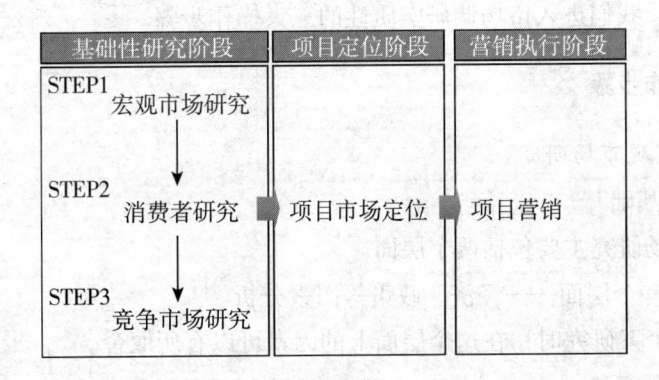

基础性研究阶段	项目定位阶段	营销执行阶段
STEP1 宏观市场研究 ↓ STEP2 消费者研究 ↓ STEP3 竞争市场研究	项目市场定位	项目营销

图9-1　房地产项目策划阶段

一、项目背景

我们在接触任何一个项目时，都应充分掌握其目前全部的已知信息，包括外在信息和内在信息。我们不妨称本案例为 A 项目，其基本信息为：

（1）A 项目区位——位于城市东二环区域；

（2）项目技术指标——总用地面积约 90 亩（1 亩 = 666.6 平方米），规划总建筑面积约 30 万平方米。其中规划住宅面积约 20 万平方米，建筑容积率为 4.2。

（3）开发商——非本地某知名上市房地产商，该项目是其在西南地区的首个项目。

在掌握项目基础信息后，我们需要明确开发商预期目标。整个市场调研的程序设计和调查重点部分都要以此为核心展开，以保证最后的结果能为决策者使用。

由于本案开发商希望通过该项目能在该市"生根发芽"，因此我们将项目目标设定为：

（1）树立开发商在本地市场的品牌形象；

（2）建立项目的市场影响力；

（3）实现项目的持续热销。

但是，如何让开发商品牌在本地"落地生根"？如何重新定义区域价值？如何保障项目的持续热销？当这三大核心问题摆在面前时，我们只有通过前期调研（基础性研究阶段）去寻求具有支撑力的市场"基础"。

接下来，我们进入市场调研实质性的三大操作步骤。

二、操作步骤

（一）宏观市场研究

1. 理论基础

宏观市场研究主要包括两个层面。

（1）第一个层面——经济、政策等因素分析

在具体个案研究时，在这个层面上的因素可以有所取舍。

①经济因素

经济因素包括国家目前的经济发展状况、财政收支与物价、产业结构、人口数量与消费、居民收入与储蓄、城市化率、基尼系数、恩格尔系数等，这些宏观

指标都与一个行业的发展息息相关。其中，对相关指标的解释如下：

GDP：指一个国家或地区在一定时期内生产活动的最终成果。这是其综合经济实力的体现。

居民收入与储蓄：反映居民的购买能力的高低。

城市化率：城市人口与全部人口的比值。

基尼系数：意大利经济学家基尼根据洛伦茨曲线于1922年提出的定量测定收入分配差异程度的指标。其经济含义是在全部居民收入中用于不平均分配的百分比，主要说明社会贫富差距。

恩格尔系数：食品支出占家庭支出的比重。它主要说明社会居民的富裕程度。

②政策因素

政策因素包括金融、税收、土地、城市规划和行业特殊政策等内容。它主要反映了国家或地方政府对城市经济发展、规划发展、对某行业发展鼓励或限制的目标导向。这对研究市场发展具有长期的战略指导意义。例如，2006—2007年国家为保证房地产行业持续健康发展，预防其"过热"对整个国家经济发展的不利影响，在政策层面上实施了多次上调存款准备金率、调整银行存贷款利率等举措，以抑制社会过强的资金流动性。

（2）第二个层面——行业整体发展状况

任何一个项目都不是独立的，它都与所在行业的整体发展情况密切相关，因此对行业发展的研究显得尤为必要。我们应主要关注：行业整体所处的发展阶段、行业在不同区域市场的发展差异、区域市场产品的供求状况、产品价格走势等。

2. 案例详解

（1）经济、政策层面

①经济因素

我们在分析A项目所处城市的经济宏观环境时，应着重从GDP、产业结构、人均居民收入、城市化率、恩格尔系数、基尼系数这六个方面进行解析。

GDP：近年该城市每年以13%的GDP增幅快速发展。2006年上半年该市在全国15个副省级城市及4个直辖市GDP、GDP增长率及人均GDP调查中的排名情况如表9-1所示。尽管与其余重点城市相比排名中等，但这也意味着它具有较大的发展潜力。

表9-1　　　　　　　　　2006年上半年本案所在城市在全国
15个副省级城市及4个直辖市中的指标排名

B城市排名	GDP	GDP增长率	人均GDP
15个副省级城市及4个直辖市	11	13	16

数据来源：根据各城市统计年鉴整理。

产业结构：图9-2是本案例所在城市产业结构图。从图9-2中我们可以看出，本案所在城市的产业结构特征为二、三产业并重，且第三产业所占比重逐年扩大。其中，2006年第三产业比重已接近50%，这意味着第三产业已占据经济主要地位，它将直接促进房地产行业的蓬勃发展。

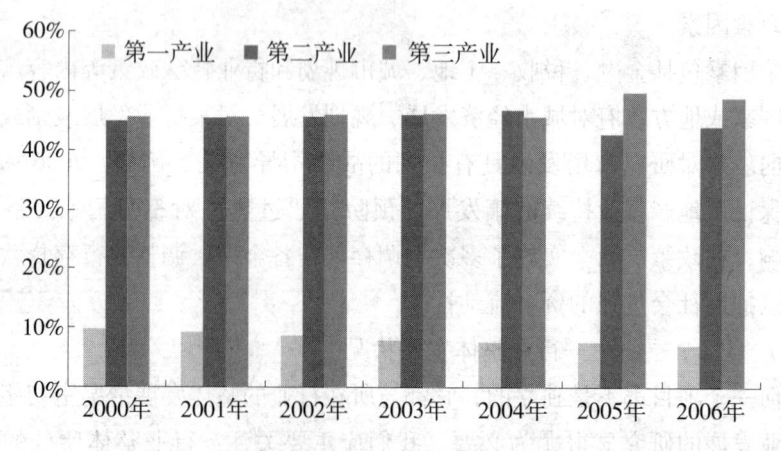

图9-2　本案所在城市近年三产结构（单位：%）

数据来源：中国统计年鉴。

人均居民收入：2001—2006年本案所在城市居民收入（不含隐性收入）保持了9%的平均增长速度，与该市商品房历年平均增速10%基本持平，如图9-3所示。

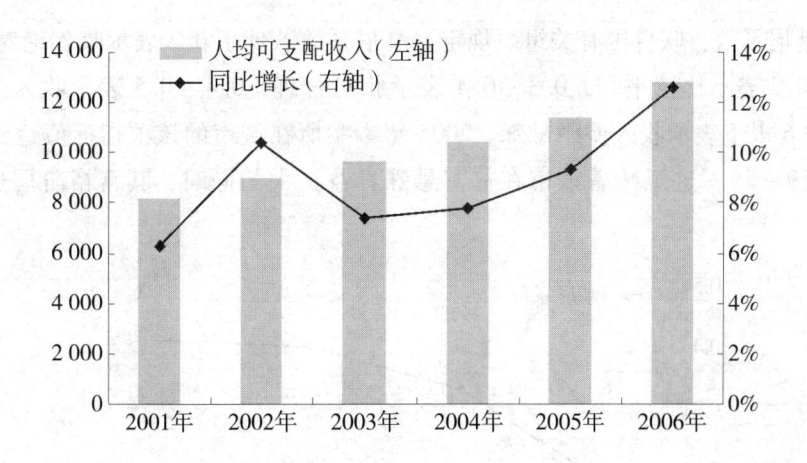

图 9-3 本案所在城市近年人均居民收入及增长率（单位：元，%）

数据来源：中国统计年鉴。

城市化率：从城市化率与城市发展关系看，该指标值小于 30% 为城市发展起步期，30%~70% 为快速发展期，大于 70% 为成熟期。以我国一线城市为例，目前北京、深圳、上海、广州的城市化率已超过 70%，而本案所在城市的城市化率仅 40% 左右，这意味着它正处于快速发展期。

恩格尔系数：根据联合国粮农组织提出的标准，恩格尔系数在 59% 以上为贫困，50%~59% 为温饱，40%~50% 为小康，30%~40% 为富裕，低于 30% 为最富裕。2006 年本案所在城市的指标值达到 0.34（见图 9-4），这意味着其城市整体生活水平已处于小康至富裕阶段。

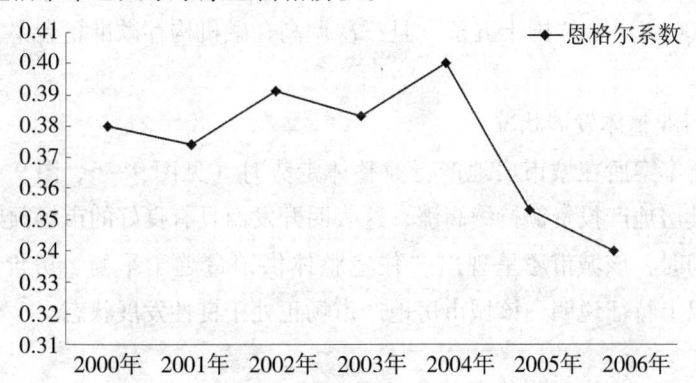

图 9-4 本案所在城市近年恩格尔系数走势

数据来源：国家统计局。

基尼系数：联合国有关组织规定，基尼系数若低于0.2表示收入绝对平均，0.2~0.3表示比较平均，0.3~0.4表示相对合理，0.4~0.5表示收入差距较大，0.6以上表示收入差距悬殊。2005年本案所在城市的该项指标值达到0.41（见图9-5），这意味着该市在贫富悬殊日益扩大的同时，其富裕阶层也日益增多。

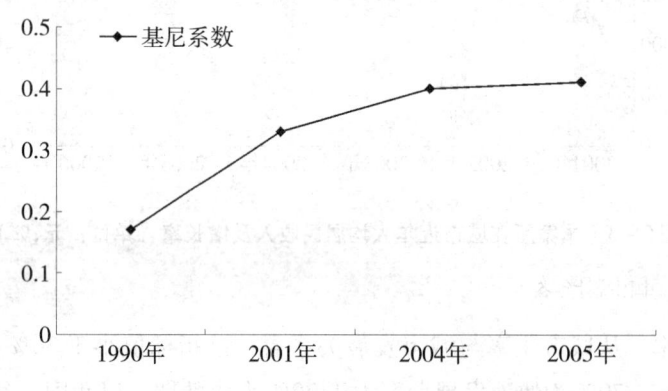

图9-5 本案所在城市近年基尼系数走势

数据来源：国家统计局。

②政策层面

2002—2006年全国房地产投资快速增长，平均增长率超过20%，同时各地房价持续攀升。在此背景下，政府为了保障国民经济稳定发展和促进房地产行业持续健康发展，出台了一系列房地产宏观调控政策。如：2005年出台新旧"国八条"、2006年出台"国十五条"且三次调高金融机构存款准备金率、两次上调利率等。

(2) 行业整体发展状况

在分析本案所在城市房地产行业整体走势时（见图9-6、图9-7），我们可以看出其房地产投资额持续高涨，这表明开发商具有良好的市场预期，投资信心充足。同时，该城市还呈现出"住宅整体供销量趋于平衡、房价稳步增长"的特征。以上特征说明，该城市房地产市场正处于良性发展状态。

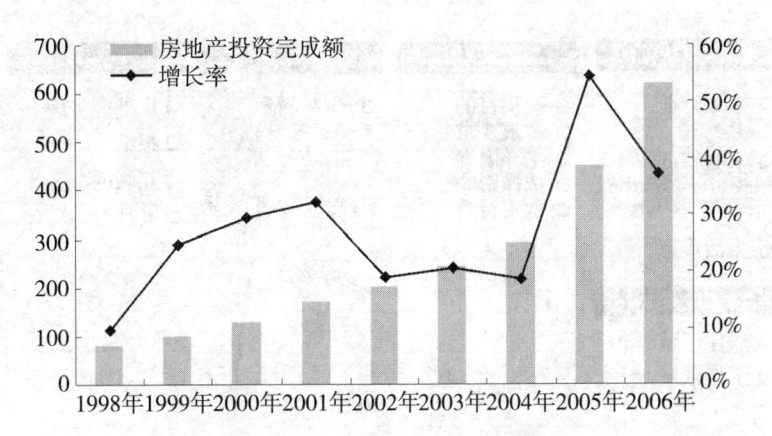

图9-6　本案所在城市近年房地产投资额及增长率走势（单位：亿元）

数据来源：成都市房管局。

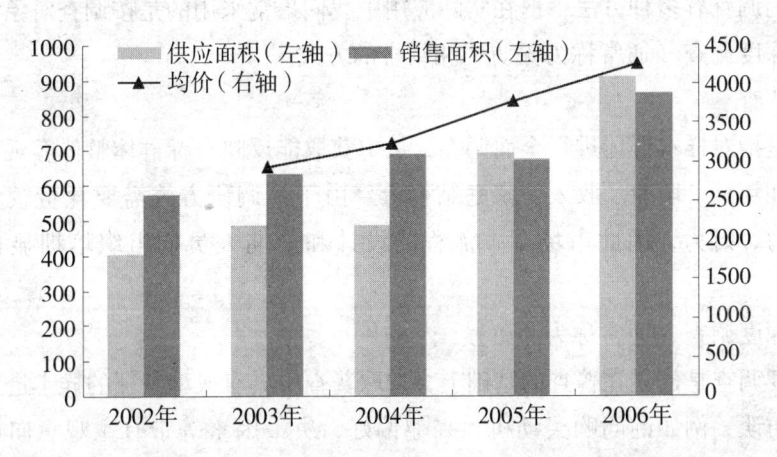

图9-7　本案所在城市近年住宅供销量及均价走势（单位：万平方米）

数据来源：成都市房管局。

（二）消费者研究

1. 理论基础

（1）分析要点

在进行消费者研究时，我们首先要明确五大分析要点：客户特征、客户来源、购买动机、购买需求、信息获取渠道（如图9-8所示）。在此基础上，我们再进行下一级目标的细化，这样有利于理清分析思路并建立完善的逻辑结构。

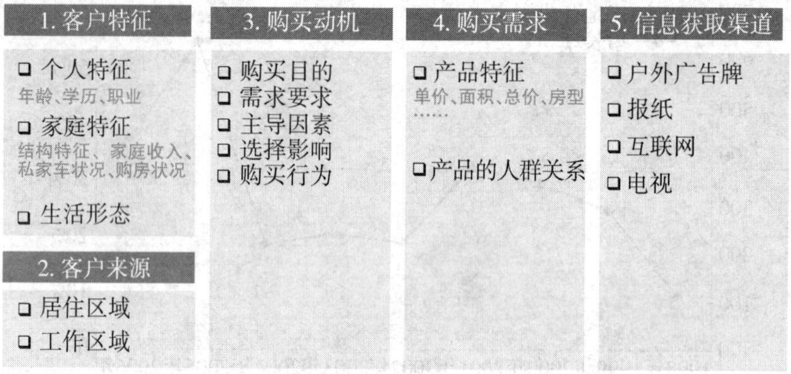

1. 客户特征	3. 购买动机	4. 购买需求	5. 信息获取渠道
□ 个人特征 年龄、学历、职业 □ 家庭特征 结构特征、家庭收入、私家车状况、购房状况 □ 生活形态	□ 购买目的 □ 需求要求 □ 主导因素 □ 选择影响 □ 购买行为	□ 产品特征 单价、面积、总价、房型…… □ 产品的人群关系	□ 户外广告牌 □ 报纸 □ 互联网 □ 电视
2. 客户来源 □ 居住区域 □ 工作区域			

图9-8 消费者研究分析要点

（2）调查形式

市场调查有多种方法，但在实际应用中我们最常采用的是按调查对象划分的普查与深度调查（通常称为深访）相结合的方式。

①普查

这是指对样本群体进行全面调查，从中获取能反映目标群体整体客观特征的数据，如年龄、职业、收入、家庭结构等。由于该调研方式需要耗费较多的人力、物力、财力，因此市场调查流程的设计和前期人员的组织培训显得十分重要。

②深度调查（通常称为深访）

深度调查是建立在普查的基础上，选取普查中具有典型特征的样本进行有针对性的访谈，例如询问购买动机、兴趣偏好、决策因素等带有主观意向性的问题。这样有利于我们深层次把握目标群体需求和偏好。尽管该种调研方式只需要较少的人员执行，但是对调查人员与被调查人员之间的沟通能力、对问题的把握能力等要求较高。

深访对象可以是在了解本项目基本信息后诚意度较高的客户，也可以是竞争项目的成交客户，这有利于对本项目客户多角度的分析，甚至还可以包括对相关行业人士的分析。

通常我们将普查与深度调查（通常称为深访）结合使用，以保证对目标群体更好的"面—点"整体分析。

（3）调查步骤

一般调查包括四个步骤：设计调研方案、设计问卷、问卷执行、数据资料整理分析。

①设计调研方案

通常在调研时我们最容易犯的错误就是所得数据结果与调研初衷"南辕北辙"。这就需要我们在调研前做到"一个核心、四个安排"：一个核心——以数据最终使用目的为核心。四个安排——细分目标安排、时间流程安排、人员分工安排、调研经费安排。细分目标安排指在以解决决策问题为目的的基础上，将其进一步细分为各分目标。时间流程安排是指由于市场调查一般都有时间限制，需要事先合理安排好工作任务和使用时间；但在实际操作过程中，在保证总完成时间的前提下，可以有适当的灵活调整。人员分工安排是指由于市场调查是一个团体配合工作，因此为了提高效率而根据人员性质进行合理化分工。调研经费安排是指在调研过程中的资金花费，包括问卷制作、调研人员报酬、赠送礼品三大部分。

②设计问卷

设计问卷是整个前期调研最重要的一环，其设计合理性与否将直接关系到后期调研结果的成败。

设计问卷通常有三大阶段：

第一，在设计问卷之前，要将需求的结果细化，建立完整的问卷逻辑结构，这将为后期统计分析提供很大的便捷。

第二，在问卷设计之时，需要注意一些细节问题，如在保证问卷完整性的同时尽量做到问卷简洁、语言通俗等。

第三，在问卷设计完之后，最好进行一个内部测试，以便对问卷作进一步的完善和修改。同时可列出一份分目标大纲，将问卷上的问题与其对照，看是否有漏项或冗杂项。

同时，针对不同调研形式，应采用不同问卷设计形式。对于普查问卷，一般采用封闭式问题；而对于深度调查（通常称为深访）问卷，一般采用开放式问题，以便于收集更多信息。

③问卷执行

在问卷执行过程中，需要关注的有三点：一是如何消除客户的"抗性"，得到所需的真实答案；二是如何在过程中监控调研结果质量；三是如何监控时间进程。

④数据资料整理分析

当回收调查问卷时，我们得到的是一堆零散的数据，它们无法体现出其内在价值。如何才能最大化发挥它们的效用呢？这就需要我们对这些数据进行整理和分析。对于样本量较小的调研，一般采用 EXCEL 表的形式就能完成全部数据的整理工作。而对于样本量很大且需要交叉分析的调研，则要采用如 SPSS 之类的专用分析软件进行数据梳理。

另外，在撰写消费者分析报告时，我们需要考虑如何用形象的图表形式和简洁的语言来表述研究结果。

2. 案例详解

（1）设计调查方案

①基本原则

在准备做本项目调查方案时，我们严格按照"一个核心、四个安排"原则进行操作。首先，在与开发商进一步沟通及整理已知项目资料的基础上，明确本次消费者研究的目标和内容。其次，制作出调研人员与时间的安排表（见表 9 - 2）。同时，也要注意调研经费的控制。

②本次调研形式

市场调查采用普查与深访相结合的形式。

③本次调研地点

根据项目特性，选择在竞争区域在售楼盘外拦截消费者进行调研。深访则是针对本项目诚意度较高的客户和竞争楼盘成交客户进行，因而地点相对随机。

④样本量选定

本次调研普查的样本量是 100 份、深访的样本量是 10 份。

⑤由于调研时间要求紧迫，我们将整个进程安排得较紧凑。虽然时间较紧，但正是由于有了前期详细的计划安排，才保证了我们后期执行工作中的有条不紊。

表9-2　　　　　　　　　　　消费者调研方案计划表

序号	工作事项	开始时间	完成时间	负责人	天数	日期进程											
						12	13	14	15	16	17	18	19	20	21	22	23
						星期进程											
						一	二	三	四	五	六	日	一	二	三	四	五
第一阶段：基础资料收集																		
1	划定调研消费者范围				1												
2	制定消费者普访问卷				1												
3	制定消费者深访问卷				1												
4	调研人员培训				1												
5	调研人员的分工				1												
6	消费者普访				2												
7	高诚意度消费者深访				2												
8	竞争者楼盘消费者深访				2												
第二阶段：资料整理及撰写报告																		
9	不同类型问卷的整理				1												
10	调研资料的录入				1												
11	调研结果分析及报告撰写				3												

注：不同色块表示工作内容的时间进程。

（2）问卷设计

①普查问卷设计内容

在设计普查问卷过程中，我们在客户分析五大要点：客户特征、客户来源、购买动机、购买需求、信息获取渠道的基础上，添加了甄别部分和目前居住状况两大板块，以保证问卷的真实性和有效性（详见附件一：购房者调研问卷）。

甄别部分。从被调研者的年龄、购房计划、经济承受力三个方面，初步判断其是否为有效调研客户。

目前居住状况。从被调研者现有住房性质、面积、环境等方面入手，判断其是否存在购房需求。

购买动机。客户购房的出发点是什么？是首次购房需求，是自我改善型需求，还纯粹投资需求？这些都是我们所关心的。

购买需求。客户需求是一切项目开发的"指挥棒"，房地产项目开发更是如此。在问卷中我们详细询问了客户对产品、规划、配套、物管等方面的需求和对房价的心理承受力，这一调研结果将直接影响项目后期定位方案的制定。

信息获取渠道。在这个"酒香也怕巷子深"的时代里，将项目信息直接有效地传递给目标客户是我们营销的最终目的。当我们通过问卷准确地掌握了客户获取信息的主要渠道后，就可立即体现出调查的优势：有助于我们实现精准化营销——节约营销费用、找到最有效营销途径。例如，如果本项目主力客户为中产阶级，其出行工具为私有轿车且习惯上网，那电台广播和网络广告形式就是我们最佳的信息传播途径。

客户特征。这一板块的目的主要是获取客户日常的喜好及一些基本信息，如家庭构成、家庭收入、家庭主要日常活动等。这一方面有利于我们根据这些特征进一步了解客户的基本特征，另一方面则为我们后期项目定位和营销定位提供了有利的依据。

②深访问卷的制定

在本次调研中，我们除了对了解本项目基础信息后诚意度较高的客户和竞争项目成交客户进行深访，还特别对个别行业人士进行了相应的深访①。由于是面对面的深度访谈，因此我们在设置时全部采用开放型问题，使其更具灵活性和针对性，以利于我们获得更丰富的信息。

消费者深访。其目的主要是更深层次了解消费者的购买行为、购买兴趣、购买观点等方面的特征，即了解通常所指的 AIO 量表上的信息。AIO 量表包含行为（Activities）、兴趣（Interests）、观点（Opinion），是测量消费者生活方式的常用方法。另外，如我们在对在多数消费者进行普访结果中可能得不到明确答案的问题，这时也将借助深访加以落实。

行业人士深访。主要是了解行业人士对区域市场发展前景的展望、对区域市场产品需求潜力的预测等方面的专业信息。

③设计完问卷后的完善

---

① 对行业人士的深访并未列入最初的计划表中，这是在调研过程中临时添加的。

在普查问卷和深访问卷设计完毕后，为避免缺失项发生，我们特意进行了一次详细的内部互审过程，以保证问卷的完善性。

（3）问卷执行

在问卷执行前，对调研人员的培训是十分关键的。我们主要针对参与首次调研的无经验人员进行培训，其核心点是让他们深刻理解问卷内容，从而有利于他们与被访者的沟通，并有利于收集到真实信息。

同时，对于深访人员需要赠送的小礼物，在时间上应提前准备妥当。在礼品类别选取上我们准备的是企业宣传手册、钥匙扣、台历等经济型物品。

（4）数据资料整理分析

将所有问卷收回后，我们要根据其不同性质而采取不同的分析方法。

①数据整理

由于我们对调研人员进行了严格培训，因而回收的100份普查问卷都是有效的。紧接着，我们按照下面步骤进行数据梳理：

第一步，将问卷中各答案按照统一的阿拉伯数字进行编号，将其准确输入EXCEL表中，再根据需要进行筛选。

第二步，根据筛选出的数据表格制作成图表，以利于结果分析。

第三步，形成项目调查和分析结果。本项目的消费者普查调查结果见表9-3，其具体分析见图9-9、图9-10、图9-11：

表9-3　　　　　　　　本项目中消费者普查部分的调查结果

部分调查项	部分结论
客户类别	以两人世界、三代同堂为主
年龄	集中在30~39岁
学历	大专文化程度以上及以下各占一半比例
行业	分布广泛
职务	普通职员为主
家庭年收入	5万~10万
居住关系	一般与父母/子女同住，大部分都有亲戚/朋友在项目区域居住
休闲活动	看书/看报、喝茶/打牌
购房目的	提升居住品质，改善居住环境
需求面积	$70m^2$ ~ $130m^2$
关注因素	产品、交通、小区环境/配套、物管

市场信息调查与分析

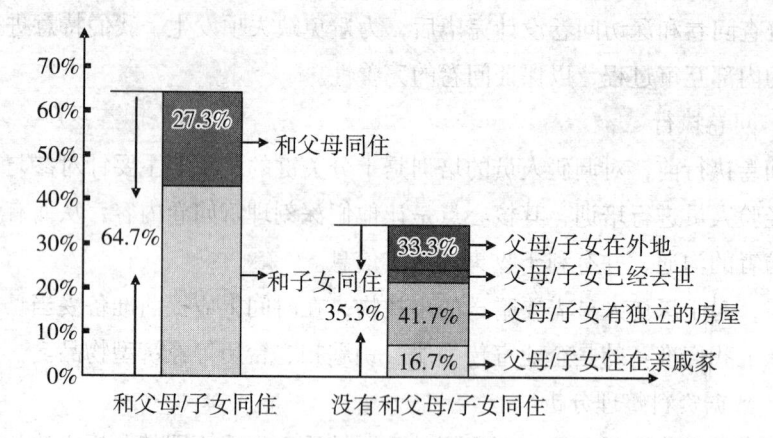

图9-9 消费者生活形态

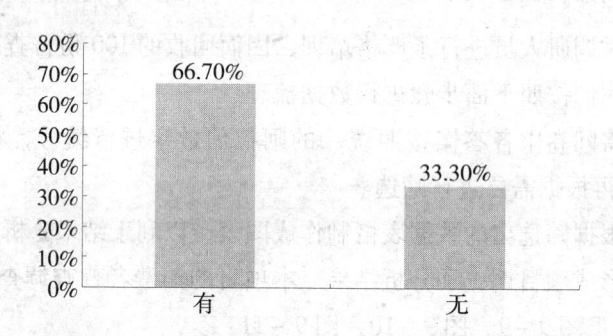

图9-10 消费者是否有亲戚朋友住在项目区域

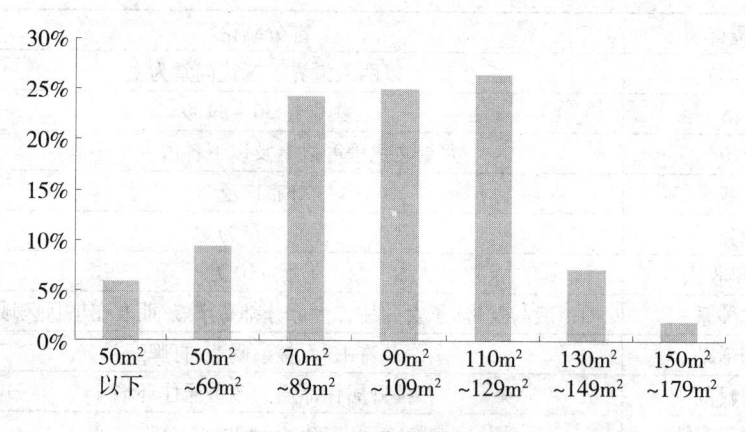

图9-11 消费者需求面积

(三)竞争市场研究

1. 理论基础

在这个市场竞争日益激烈的环境中,任何"闭门造车"的项目开发都是不可取的,只有知己知彼方能百战不殆。所谓竞争市场研究,即是通过各种渠道收集有关竞争者的信息,包括整体竞争格局、竞争者产品策略、价格策略、渠道策略、项目优劣势等内容。这是一种对市场动态竞争的反映。通过对收集信息的后期整理分析,所得结果能为本项目定位提供更多关于市场竞争对手的各方面综合实力的参考依据,帮助企业制定相应的市场策略。菲利普·科特勒在论营销时有句名言:"忽略了竞争者的公司往往成为绩效差的公司,仿效竞争者的公司往往是一般的公司,获胜的公司往往在引导着它们的竞争者。"由此可见竞争市场研究的重要性。

在研究竞争市场前,应根据项目自身特点划定研究区域。通常将竞争区域划定在本项目周边的主要房地产开发片区,但是如果本项目区域内几乎没有竞争者,那就需要相应扩大研究范围。

划定竞争区域的类型通常有两种:一是圈层划分,二是板块划分。

在划定区域后,竞争市场研究内容一般包括两大部分:竞争个案研究和区域竞争市场研究。

(1)竞争个案研究

竞争个案研究是区域研究的"子细胞",它是我们了解竞争市场最直接的通道。对它的研究一般包括六个要点:

①项目基础信息

项目基础信息主要指项目的一些基本特性,如使用功能、开发总量等。

②项目价格策略

项目价格策略包括项目产品的单价、总价和付款方式的组合策略,如项目在不同时间阶段的价格走势、在各重要时间节点采用过的价格优惠策略、本项目与竞争项目价格的比较等。

③项目销售信息

项目销售信息包括项目在不同时间阶段的供应量与销售量的关系、目前销售率情况、畅销户型种类、滞销户型类型、项目后期可供推售量等情况。

④项目客户特征

项目客户特征包括客户构成类别、主力客户种类、客户来源区域、客户年龄和职业等基本特征。

⑤项目营销推广

项目营销推广包括在不同销售阶段推广调性、推广渠道、采用的大型推广活动等。

⑥项目优劣势总结

在对竞争项目进行全面分析后，需要总结出该项目的优劣势，即项目开发的可借鉴之处和需要规避之处。

当然，前面所提到的价格、销售、营销策略等都不是彼此割裂的，我们需要对它们加以整体看待。

（2）区域竞争市场研究

区域竞争市场研究是在竞争个案研究基础上的范围"延伸"。它主要包括六个要点：

①区域基本属性

区域基本属性主要指项目所处的交通、自然、人文等环境特征和区域发展规划。

②区域供销特征

如果一个区域市场的某项产品的供应已处于饱和状态，销售出现停滞，那说明这个市场已无进一步开发的空间。这就需要我们在项目开发前对划定区域的供销状况进行详细调查，看其是处于供不应求、供求平衡，还是供过于求状态。

③区域产品特征

一个区域的属性决定了处于该区域的开发项目在某种程度上存在共性。我们要在研究竞争个案的基础上，归纳出它们在产品上的共性。比如，这个区域都是以高层建筑开发为主、主力户型面积以经济型的套二和小套三为主等。

④区域价格特征

通过对研究区域价格范围的确定，我们能够明确两方面信息：其一，区域间比较。本区域价格区间在全市所处的地位是价格"高地"、持续领涨，还是价格"凹地"、补涨空间巨大？其二，区域内比较。这为本项目价格定位提供了一个重要的参考依据。

⑤区域客户特征

通过对各竞争项目客户特征的归纳，我们可以明确本区域能够吸引的客户的来源范围、主力客户群构成、主力客户群基本特征等信息。

⑥区域发展总结

当我们对整个竞争区域的各项特征进行分析后，需要得出一个完整性的结论，即这个区域的需求、客户等方面的状况。

2. 案例详解

由于本项目地处老城区且定位于中高端产品，因此我们将其竞争区域范围划定为周边主要的三个房地产开发片区（甲、乙、丙）。

（1）竞争个案

选取甲、乙、丙片区中主要的在售楼盘进行研究。以甲片区在售的某花园小区项目为例。

①基础信息

在项目基础信息中，我们需要了解该花园小区的开发商、建筑设计单位、代理商、物管单位等的名称，以及项目所处位置、占地面积、建筑面积、容积率、绿化率、车位比、建筑形态、园林风格、主力户型面积、户型配比等技术指标。

②销售、价格信息

在销售、价格方面，我们将把整理出的信息以图表形式表示出来（见图9-12）：

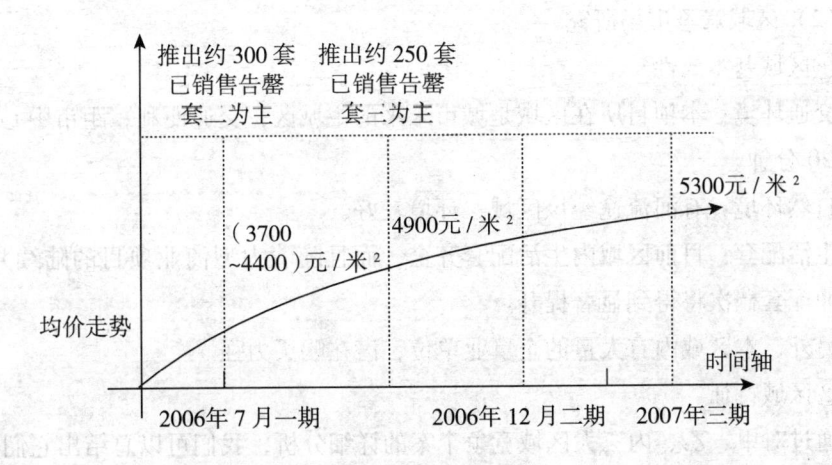

图9-12 某花园小区价格与推售量的关系走势

从图9-12可以看出，该花园小区的价格策略是低开高走，且后期价格涨幅较大。尽管当时该小区定价是高于同区域均价，但其销售情况仍然良好，这说明该区域对中高档项目接受度较高。

③客户构成

该花园小区客户构成主要是两类：一类是纯自住型的项目周边企业及工厂退休职工；一类则是自住兼投资型的企业普通职员、公务员、个体经商者、院校职工。前者年龄大都在45岁以上，对生活环境有一定要求，对原来生活区域有较强的情感。后者年龄集中在30~45岁，生活追求品位，对居住环境有一定要求，在选择住宅的同时兼顾区域交通的方便性。

④营销推广

该花园小区项目以亲情为主要推广调性，采用了报纸广告、公交站牌、户外广告等推广渠道。

⑤项目优劣势总结

该花园小区项目的优势是：项目开发处于片区楼市起步期，竞争者较少，因而能以品牌开发商身份吸引到较多区域的客户。同时，其产品以经济型户型为主，适合区域居民需求。

该花园小区项目的劣势是：以亲情为推广主题，在项目初期能有效地打动区域原住居民的情感，吸引其购房；但随着区域内竞争者增加，这势必会限制其客户来源的范围，想打动更多区域外购房者存在一定难度。

(2) 区域竞争市场研究

①区域基本属性

交通环境：本项目所在区域是城市未来的主城区，交通便利，距市中心车程不足20分钟。

自然环境：有河流途经该区域，环境较好。

生活配套：目前区域内生活配套齐全，而且随着大型商业项目的陆续开发，其商业配套档次将得到显著提升。

另外，本区域内有大量的企事业单位，潜在购买力强。

②区域特征

通过对甲、乙、丙三大区域竞争个案的详细分析，我们可以总结出它们各自的特征（见表9-4）。

表 9-4　　　　　　　甲、乙、丙三大区域楼市的特征对比

	甲区域	乙区域	丙区域
楼市发展阶段	成熟期	起步期	起步期
均价	(3800~4500)元/米^2	(4000~5400)元/米^2	(4000~5300)元/米^2
产品特征	高层为主、套二为主	小高层、高层为主、套二为主	小高层、高层为主、套二为主
主力客户	周边企事业单位职工、区域原住居民	周边企事业单位职工、区域原住居民	周边企事业单位职工、区域原住居民、公务员、教师
发展前景	可开发用地稀缺	地价持续攀升且品牌开发商开始进驻，将成为市场热点	将有大量土地整理出来以供开发

通过对甲、乙、丙三大区域楼市特征的比较，我们发现本项目所处的乙区域未来将有很大的发展潜力，同时也将面临更加激烈的市场竞争。

三、归纳总结

我们在对项目进行基础性研究（即市场调研阶段的三个层次——宏观市场研究、消费者市场研究和竞争市场研究）后，需要将分析结果汇总，为项目后期定位提出实质性的建议。

同时，可通过 SWOT 分析法，识别本项目的优势（Strength）和劣势（Weakness）、项目外部面临的机遇（Opportunities）和威胁（Threat），利用这种方法可以从中找出对自己有利的、值得发扬的因素，规避对自己不利的东西并发现存在的问题，找出解决办法，明确以后的发展方向，从而为项目后期战略定位奠定基础。

附件一：
审核：_____　　　　　　　　　　　　　　　　　　问卷编号：_____

购房者调研问卷

_____先生/女士：您好！

我是_____的访问员，我们正在进行一项×××购房行为和习惯的行业研究，很想听听您的宝贵意见。现在耽搁您几分钟时间，向您请教几个问题，谢谢！

市场信息调查与分析

访问员保证
我保证本问卷内容所填各项资料均按照访问作业程序规定完成，绝对真实无误地记录被访者的意愿；若有一份做假或伪造，全部问卷作废，并赔偿相应的损失。 访问员（签名）

被访者详细地址：_____　　　被访者姓名：_____

被访者联系电话号码：_____　访问日期：__月__日__时__分

访问员姓名：_____

一、甄别

S1 请问您是家里重大开支的主要决定者吗？（单选）

是	1
不是	2→请继续问：我想与您家里重大开支的主要决定者谈一下，请他配合一下，好吗？（如不在家需预约）

S2a 请问您家在未来两年内（2007—2009 年）有没有购买商品房的打算呢？（单选）

有	1
没有	2→终止访问并记录

S2b 您打算在哪年购买呢？

2007 年	1	2009 年	3
2008 年	2	不确定	4

S3 对于您心目中理想的住房，您认为您最高能承受的每平方米价格是多少呢？（单选）

2000 元/米² 以下	1	（2500～2599）元/米²	7	（3500～3999）元/米²	13
（2000～2099）元/米²	2	（2600～2699）元/米²	8	（4000～4499）元/米²	14
（2100～2199）元/米²	3	（2700～2799）元/米²	9	（4500～5000）元/米²	15
（2200～2299）元/米²	4	（2800～2899）元/米²	10	5000 元/米² 以上	16
（2300～2399）元/米²	5	（2900～2999）元/米²	11		
（2400～2499）元/米²	6	（3000～3499）元/米²	12		

S4 如果有特别好的房子，比如居住环境非常好，而且是由知名开发商开发的，您最高能承受商品房的总价是多少呢？

15 万以下	1	40 万～49 万	6
15 万～19 万	2	50 万～59 万	7
20 万～24 万	3	60 万～79 万	8
25 万～29 万	4	80 万～100 万	9
30 万～39 万	5	100 万以上	10

二、目前居住状况

Q1 请问您目前居住的房屋属于哪种性质呢？（单选）

自购商品房	1	租单位公房	5
自建私房/祖传私房	2	租住房（非单位公房租住）	6
单位房改房/集资建房	3	其他（注明）	
拆迁安置房	4		

Q2 请问您现在的房子建成至今大约有多长时间呢？（单选）

3 年以下	1	11～15 年	4
3～5 年	2	16～20 年	5
6～10 年	3	20 年以上	6

Q3 请问您目前居住的房屋属于哪种类型呢？（单选）

普通多层	1	花园洋房	4
小高层电梯公寓	2	平房	5
高层电梯公寓	3	其他（请注明）	

Q4 请问您目前居住的房屋建筑面积有多大呢？（单选）

$30m^2$ 以下	1	$60m^2 \sim 69m^2$	5	$100m^2 \sim 119m^2$	9
$30m^2 \sim 39m^2$	2	$70m^2 \sim 79m^2$	6	$120 \sim 139m^2$	10
$40m^2 \sim 49m^2$	3	$80m^2 \sim 89m^2$	7	$140m^2 \sim 160m^2$	11
$50m^2 \sim 59m^2$	4	$90m^2 \sim 99m^2$	8	$160m^2$ 以上	12

Q5 请问您对目前居住条件的满意程度是：（单选）

非常满意	1→跳到 Q6	不太满意	4
比较满意	2→跳到 Q6	非常不满意	5
一般	3→跳到 Q6		

Q6 请问您对你们家目前的居住条件有哪些不满意的地方呢？

居住面积不够宽敞/面积太小	1	社区卫生环境差	12
建筑陈旧	2	小区绿化面积小	13
套型式样老，房间布局不合理	3	物管差/无物管	14
楼层不合适	4	缺少停车位/停车不方便	15
建筑质量较差	5	临街，噪音太大	16
楼间距太窄，楼与楼之间太近，太压抑	6	交通不方便	17
建筑外观不美观	7	子女上学不方便	18
自来水没有进小区	8	离工作单位太远	19
房屋的朝向不佳，采光、通风不理想	9	休闲娱乐不方便	20
社区的安防系统存在隐患/治安差	10	购物不方便	21
不是规范小区住宅	11	其他（注明）	

三、购买动机

Q7 请问您现在购买商品房的主要原因是：

纯粹投资	1	为父母养老	7
增加居住面积	2	与家人分开住	8
需要更合理的户型	3	为自己养老用	9
自己结婚用	4	结束租房现状	10
为子女结婚	5	改善居住环境	11
现住房要拆迁	6	其他（注明）	

Q8 请问您这是第几次购买商品房呢？（单选）

第1次	1	第4次	4
第2次	2	第5次	5
第3次	3	其他（注明）	

Q9 请问影响您购房的决定因素主要有哪些呢？（限选三项）

购房因素	第一因素	第二因素	第三因素
地段	1	1	1
交通	2	2	2
开发商品牌信誉	3	3	3
工程进度	4	4	4
施工质量	5	5	5
户型设计	6	6	6
小区配套	7	7	7
周边环境配套	8	8	8
物业管理	9	9	9
房屋价格	10	10	10
付款方式	11	11	11
各项法律手续的齐备程度	12	12	12
购房手续的简便程度	13	13	13

表（续）

购房因素	第一因素	第二因素	第三因素
建筑外观	14	14	14
房屋使用率	15	15	15
有升值潜力	16	16	16
楼盘档次	17	17	17
其他（注明）			

四、购买需求

Q10 请问您这次购房时更倾向于选择哪种类型的商品房呢？比如：（单选）

普通多层（6层以下）	1	独幢别墅	6
小高层电梯公寓（7~12层）	2	双拼别墅	7
高层电梯公寓（12层以上）	3	叠拼别墅	8
花园洋房	4	未定	9
联排别墅	5		

Q11 请问您打算购买多大面积的房屋呢？

50m² 以下	1	120m²~129m²	8	240m²~259m²	15
50m²~59m²	2	130m²~139m²	9	260m²~279m²	16
60m²~79m²	3	140m²~159m²	10	280m²~299m²	17
80m²~89m²	4	160m²~179m²	11	300m²~319m²	18
90m²~99m²	5	180m²~199m²	12	320m²~339m²	19
100m²~109m²	6	200m²~219m²	13	340m²~359m²	20
110m²~119m²	7	220m²~239m²	14	360m² 以上	21

Q12 请问您这次购房打算购买哪种套型的住宅呢？（不提示单选）

一室一厅单卫	1	三室两厅双卫	7
两室一厅单卫	2	四室两厅双卫	8
两室两厅单卫	3	四室三厅双卫	9
两室两厅双卫	4	四室三厅三卫	10
三室一厅单卫	5	五室三厅三卫	11
三室两厅单卫	6	其他（请注明）	

Q13 结合您选的面积____和套型____，请问您需配备以下哪些功能的房间呢？（复选）

休闲厅	1	生活阳台	7
储藏间	2	景观阳台	8
衣帽间	3	入户空中花园	9
保姆房	4	卧室落地飘窗	10
空中花园	5	其他（请注明）	
入户回廊	6		

Q14 请问您更喜欢哪种建筑风格的商品房呢？（单选）

A	现代简约	1
B	北美	2
C	地中海式	3
D	中式	4
E	其他	5

Q15 请问您家现在是否有私家车？（单选）

有	1
没有	2

Q16 请问您家未来两年内有无购车打算？（单选）

有	1
没有	2
不确定	3

Q17 请问若要在小区内停车，您更倾向选择哪种方式停车呢？比如：（单选）

地面集中停车	1	私家单独车库	5
地面占道停车库	2	私家花园地面停车	6
架空层停车库	3	其他（请注明）地下集中停车	4

Q18 在楼盘品质相同的情况下，请问有品牌知名度的专业物管对您购房的影响程度如何呢？（单选）

影响非常大	1	影响不太大	4
影响比较大	2	影响不大	5
影响一般	3		

Q19 请问理想的商品房小区内应具备哪些公共配套设施呢？

	小区内	小区周边
学校/幼儿园	1	1
游泳池	2	2
网球场	3	3
儿童娱乐设施	4	4
健身娱乐设施	5	5
充足的停车位	6	6
健身跑道	7	7
业主会所	8	8
餐饮休闲设施	9	9
市政公园	/	10

表（续）

	小区内	小区周边
大型商场/超市/购物中心	11	11
公交车站	/	12
储蓄所	13	13
医院/诊所	14	14
生活服务（干洗等）	15	15
小规模超市/便民店	16	16
其他（请注明）		

Q20 请问理想的商品房小区周边又应具备哪些公共配套设施呢？

	小区内	小区周边
学校/幼儿园	1	1
游泳池	2	2
网球场	3	3
儿童娱乐设施	4	4
健身娱乐设施	5	5
充足的停车位	6	6
健身跑道	7	7
业主会所	8	8
餐饮休闲设施	9	9
市政公园	/	10
大型商场/超市/购物中心	11	11
公交车站	/	12
储蓄所	13	13
医院/诊所	14	14
生活服务（干洗等）	15	15
小规模超市/便民店	16	16
其他（请注明）		

Q21 您能承受的住房最高单价是多少呢？（单选）

1900 元/米² 以下	1	(2600~2799) 元/米²	9
(1900~1999) 元/米²	2	(2800~2999) 元/米²	10
(2000~2099) 元/米²	3	(3000~3499) 元/米²	11
(2100~2199) 元/米²	4	(3500~3999) 元/米²	12
(2200~2299) 元/米²	5	(4000~4499) 元/米²	
(2300~2399) 元/米²	6	(4500~5000) 元/米²	
(2400~2499) 元/米²	7	5000 元/米² 以上	
(2500~2599) 元/米²	8		

Q22 您能承受的住房最高总价是多少呢？（单选）

10 万以下	1	30 万~39.9 万	5
10 万~14.9 万	2	40 万~49.9 万	6
15 万~19.9 万	3	50 万~60 万	7
20 万~29.9 万	4	60 万以上	8

五、信息获取渠道

Q23 您最信任的信息获取途径是哪种呢？（单选）

电视广告	1	售房宣传单/投递广告	6
报纸广告	2	街头和户外广告	7
咨询亲朋好友	3	互联网	8
房地产交易会	4	开发商组织的促销活动	9
售楼现场	5	其他（请注明）	

Q24 针对有关房地产的信息，请问您最常看的是哪张报纸呢？

成都商报	1	天府早报	5
华西都市报	2	不看	6
成都晚报	3	其他（请注明）	
成都日报	4		

Q25 针对有关的房地产信息，请问您最常看的是哪个电视频道呢？

SCTV—1 四川电视台新闻综合频道（卫视）	1	CDTV—1 成都电视台新闻综合频道（15 频道）	10
SCTV—2 文化旅游频道（黄金10 频道）	2	CDTV—2 成都电视台经济资讯频道（33 频道）	11
SCTV—3 经济频道	3	CDTV—3 都市生活频道	12
SCTV—4 综艺频道（原四川有线新闻综合频道）	4	CDTV—4 影视文艺频道	13
SCTV—5 影视文艺频道（原四川有线影视文艺频道）	5	CDTV—5 公共频道	14
SCTV—6 体育频道（原四川有线运动休闲频道）	6	不看	15
SCTV—7 妇女儿童频道（原四川有线妇女儿童频道）	7	其他（请注明）	
SCTV—8 科技教育频道（原四川科技教育电视台）	8		
SCTV—9 四川电视台公共频道	9		

六、客户特征

Q26 以下一些活动哪些是您家里经常举行或参加的？（最多选五项）

游泳	1	做家务	16
美容	2	去公园或附近锻炼	17
各种学习、教育活动	3	非常正式的社交活动	18
各种琴棋书画活动	4	去酒吧泡吧	19
到国内其他省市旅游	5	到健身房健身	20
唱歌跳舞	6	打乒乓球、打篮球、打网球、踢足球	21

上表（续）

去剧场看演出	7	现场观看体育运动/比赛	22
到国外旅游	8	打高尔夫球	23
在家看 DVD、VCD 等电影	9	外出购物	24
玩电子游戏	10	外出吃饭	25
去电影院看电影	11	亲友聚会	26
上互联网	12	到本市市内、近郊、农家乐旅游	27
在家看电视	13	去茶楼喝茶	28
阅读报纸杂志	14	其他	
散步	15		

Q27 性别记录：

男	1
女	2

Q28 请问您是本地人还是外地人呢？（单选）

本地人	
外地人	→追问具体地方：_____

Q29 请问您的家庭是属于以下哪种类型呢？

未婚，一个人住	1	孩子是成年人，和父母同住	5
小两口	2	三代同堂	6
有 11 岁以下的孩子	3	老两口	7
三口之家，孩子在 11 岁以上	4	其他	

Q30 请问您的文化程度是？（单选）

没有受过正式教育	1	高中/中专/技校	4
小学	2	大专/大学非本科	5
初中	3	大学本科及以上	6

Q31 请问您本人的职业状况是怎样的呢？（单选）

政府机关领导干部	1	研究人员/专业人员（教师/律师/医生）	10
政府机关中层干部	2	销售人员/市场推广人员	11
政府机关一般公务员	3	服务行业服务人员	12
国有企业高层管理人员	4	私营企业老板/私营企业经理/个体经营户	13
国有企业中层管理人员	5	私营企业一般职员	14
国有企业一般职员	6	自由职业者/演艺人员	15
外资、合资企业高层管理人员	7	离/退休人员	16
外资、合资企业中层管理人员	8	失业/无工作	17
外资、合资企业一般职员	9	其他（注明）	

Q32 请问您家庭年的总收入是多少呢？（单选）

5万以下	1	30万~34.9万	7	80万~89.9万	13
5万~9.9万	2	35万~39.9万	8	90万~100万	14
10万~14.9万	3	40万~49.9万	9	100万以上	15
15万~19.9万	4	50万~59.9万	10		
20万~24.9万	5	60万~69.9万	11		
25万~29.9万	6	70万~79.9万	12		

Q33 针对所有人提问：请问是否您愿意收到一些关于房地产项目的信息介绍呢？

愿意	1
不愿意	2
无所谓	3

再次感谢您的支持和配合！

附件二：

行业人士深访问卷

1. 你怎么看目前该区域的房产市场？在今后三年内该区域会怎样发展？
2. 目前市场上有哪几种建筑形态的产品（花园洋房、联排别墅、叠拼别墅、普通多层、电梯公寓）？哪种供应量最大？哪种最小？哪种最畅销？几房的？面积多大？总价多少？你认为未来该区域市场哪几种建筑产品形态最受市场欢迎？
3. 各种户型在各个阶段的销售速度与销售时间是怎样的？（某种户型在期房/现房阶段的销售率和销售时间）
4. 在这里的购房客户有什么偏好或者忌讳？哪个区域的客户最多？他们主要是从事什么行业的？是否有团体购买？
5. 你们的广告推广采用什么媒体（具体）？平日你们每日接待多少组客户？你认为最有效果的购房认知途径是以下哪一条或哪几条？

①报刊广告　②电视广告　③夹报　④房交会
⑤中介公司　⑥客户口碑传播　⑦路牌广告

6. 你认为哪种楼盘的风格消费者比较认可？
7. 你认为品牌开发商以及品牌物管对消费者的购买影响有多大？
8. 你对外来开发商进入本市开发有何见解及看法？

深访对象：　　　　　　　深访人：
深访时间：　　　　　　　深访地点：

第二节　网络市场调查
——《新周刊》新浪博客生活耐力联合调查

一、基础理论

互联网的迅速发展和普及已经使互联网成为研究者收集一手资料的重要工具，利用网络进行问卷调查就是其中常见的一种方法。网络调查是指在互联网普及的时代通过对其受众群体进行特定问题调查的一系列活动。此种调查方法与传统调查方法相比，具有如下优点：不受地理空间和时间的限制、目标群体覆盖面大、成本较低、时间周期较短等。利用这些优点，企业可以进行相关产品满意度调查、企业品牌形象调查、产品营销推广等相关调查。

网络调查将成为一种重要的市场调查方式：其一，随着互联网的普及，我国城市知识阶层所占比例日益扩大，他们将成为主力客户群，而他们主要依靠网络传播方式获取信息。其二，从发达国家的经验看，各种网上的市场调查和民意调查已十分普遍，它们对我们市场调研方法的改进具有很好的借鉴意义。

网上市场调查的方式，主要分为在线调查、电子邮件调查、网络实时会议或交谈、数据库搜索调查、网站数据库分析调查等。其中，在线调查这种让网民主动浏览作答的调查方法不受时空限制，能够完全体现网络调查的普及性、方便性和实效性。电子邮件调查这种调查方式是用 E-mail 将调查问卷发送至特定的调查对象群。

由于网络调查要借助网络媒体这个平台，因此它主要借助以下几个渠道：

（1）各类大中型ICP服务商。ICP证的全称为增值电信业务经营许可证。互联网信息服务是指通过互联网，向上网用户有偿提供信息或者网页制作等服务活动。我们通常知道的新浪、搜狐之类的经营性网站就是ICP服务商。

（2）互联网研究、管理机构。它们主要是研究和管理性机构。比如知识产权局通过其网络对大众知识产权意识进行调查等，其目的主要是非赢利性的公众研究调查。

（3）专业网络营销服务商。这类网络运营商在我国尚处于起步阶段，其各项发展都不完善，业务范围面较窄。但随着市场的不断成熟，专业化分工已成为必然趋势，因此它具有较大的发展空间。

二、案例详解

《新周刊》杂志由广东出版集团、三九企业集团联合主办，创办于1996年8月18日，定位于"中国最新锐的时事生活周刊"。新浪是一家服务于中国内地及全球华人社群的领先在线媒体及增值资讯服务提供商，其全球范围内的注册用户超过2.3亿，日浏览量最高突破5亿次，是中国内地及全球华人社群中美誉度较高的互联网品牌。

2006年《新周刊》在为"观察栏目"选题时，确定了研究对象为人们对生活的耐力。因此，它特意联合新浪网进行了一个名为"《新周刊》新浪博客生活耐力联合调查"的网络调查活动。希望通过互联网这个大平台在更大范围内进行一次全民普查。

这次调查主要分为三大步骤：

第一步，《新周刊》与新浪网签署合作协议，同时设计好调查问题。

由于《新周刊》曾与新浪网有过合作经历，因此双方在沟通协作方面应该没有过多的阻碍。但由于网络调查是一个人机对话的过程，因此调查问题设置的合理性和针对性显得尤为重要。

在调查问题设计过程中，主要注意了几个问题：

（1）答题时间。本次调查设计了14个问题，答题时间不超过10分钟，这在答题者能够承受的时间范围内。如果问题过多，就会使部分答题者失去耐心，而中途放弃答题，这将损失很大一部分的样本量；如果问题过少，则不能完全达到调查的目的。因此，10~15个问题的设置量应该是比较合适的范围。

（2）问题质量。由于本次调查是面向各年龄阶层和各社会阶层的群体，因此问题设置应该更加通俗化，要避免出现专业的术语，否则就会限制目标群体范围。因此，本次调查设置的问题内容都是与普通民众生活息息相关的，如赶公交车、在超市排队、乘坐飞机等。另外，问题的设置不应该太过于枯燥，应具有一定的趣味性，这才能吸引更多人有兴趣参与答题。

第二步，将设计好的问题制作成页面，然后挂在网络上进行实质性的调查。像新浪之类的运营网站一般都通过实时监控软件进行相关数据的统计。

第三步，将得到的数据库中的数据进行梳理，整理分析出相应的结果。

据《新周刊》统计，参与本次"生活耐力联合调查"的人数达到了8618人。设置的问题和得到的结果如表9-5所示：

表9-5 《新周刊》"新浪博客生活耐力联合调查"网络调查设置问题

问题1	选项设置	结果比例
你曾因本表右侧哪一项内容等待过久而中止等待、和别人发生口角或大发雷霆？	等待服务员上菜	46.37%
	在银行排号	41.29%
	等待公交车	32.10%
	在超市排队	30.39%
	在电信营业厅排队	25.45%
	在购买车票时排队	24.95%
	在政府服务窗口排队	22.73%
	等待就医挂号	22.44%
	ATM机取款	19.01%
	无	14.92%
	火车晚点延误出发	13.07%
	飞机延误起飞	12.62%
	酒店前台登记	8.18%

问题2	选项设置	结果比例
在餐厅就餐时，你在多长时间后会选择催促服务员？	60分钟以上	0.23%
	从不催促服务员	0.55%
	点菜的同时	5.15%
	30~60分钟	5.3%
	15~30分钟	39.12%
	3~15分钟	49.65%

表 9-5（续）

问题 3	选项设置	结果比例
在看病等待叫号时，你可以等待的最长时间是多久？	2 小时以上	8.68%
	3~15 分钟	11.08%
	1~2 小时	12.75%
	30~60 分钟	32.65%
	15~30 分钟	34.83%

问题 4	选项设置	结果比例
在超市排队结账时，你在多长时间后会考虑中止等待或更换队伍？	60 分钟以上	0.97%
	从不更换队伍	7.15%
	30~60 分钟	8.15%
	15~20 分钟	33.93%
	3~15 分钟	49.8%

问题 5	选项设置	结果比例
在银行或者电信营业厅排号时，你可以等待的最长时间是多久？	2 小时以上	1.61%
	1~2 小时	3.57%
	30~60 分钟	17.88%
	3~15 分钟	34.54%
	15~30 分钟	42.39%

问题 6	选项设置	结果比例
在政策服务窗口前排号或排队，你可以等待的最长时间是多久？	2 小时以上	5.98%
	1~2 小时	7.38%
	30~60 分钟	23.94%
	3~15 分钟	24.8%
	15~30 分钟	37.91%

表9-5（续）

问题7	选项设置	结果比例
当父母给你建议时，你会用多长时间聆听而不打断他们的话？	2小时以上	0.71%
	1~2小时	1.6%
	30~60分钟	6.96%
	立即打断	7.9%
	从不打断	14.08%
	15~30分钟	20.2%
	3~15分钟	48.55%

问题8	选项设置	结果比例
从产生"跳槽"动机到实施，你会用多长时间？	立刻	3.72%
	1个星期以下	7.03%
	从不实施	12.04%
	1年以上	15.54%
	1月以下	25.55%
	1年以下	36.11%

问题9	选项设置	结果比例
你能忍耐别人迟到多长时间？	60分钟以上	5.58%
	不能忍受	8.25%
	30~60分钟	13.92%
	15~30分钟	34.95%
	3~15分钟	37.29%

表 9–5（续）

问题 10	选项设置	结果比例
从产生分手的念头到实施，你会用多长时间？	1 年以上	8.77%
	立刻	9.03%
	1 个星期以下	14.52%
	从不实施	16.56%
	1 年以下	22.06%
	1 个月以下	29.07%

问题 11	选项设置	结果比例
你认为当排队等候、等红绿灯成为被普遍接受的社会规则时，对人的耐性有什么影响？	让人更没有耐性	26.24%
	基本没有影响	30.85%
	让人更有耐性	42.91%

问题 12	选项设置	结果比例
在乘搭各种交通工具时，对因晚点而造成的长时间等待，你会选择何种方式应对？	闹事	1.31%
	提出就餐、住宿等其他要求	8.03%
	要求退票	16.42%
	直接离开	16.77%
	投诉	26.55%
	耐心等待	30.92%

问题 13	选项设置	结果比例
你觉得什么是你失去耐心的根源？	没有应用网络等新技术减少人们的等待时间	2.39%
	人口过多	6.05%
	"时间就是金钱"的社会观念	7.47%
	个人素质	9.22%
	社会压力	13.01%
	社会飞速发展带来的浮躁心理	21.58%
	规则的不合理设置	40.28%

表9-5（续）

问题14	选项设置	结果比例
你认为什么人会是生活中最有耐心的人？	警察	1.46%
	老板	1.82%
	公务员	2.46%
	记者	3.77%
	导游	4.26%
	学生	4.3%
	地产经纪	4.63%
	老师	14.93%
	离退休职工	21.64%
	推销员	40.72%

通过本次网络调查的统计分析，《新周刊》关于人们的生活耐力程度得出了以下结论：

（1）15分钟是多数人在超市结账排队、餐厅上菜、聆听父母意见、让别人迟到的等待上限。30分钟已经可以挑战多数人在医院、银行、电信营业厅、政府窗口排队的耐心。

（2）随着"闪恋"、"闪婚"、"闪离"、"跳槽"族等社会风潮的兴起，多数人分手前的恋爱保险期是一个月，"跳槽"前的事业保险期是一年。

（3）由于职业需要，推销员、离退休职工、老师、地产经纪被认为是比较有耐心的人；由于有职业撑腰，公务员、老板、警察被认为是没有什么耐心的人。

（4）也许是没有什么选择的余地，当搭乘各种交通工具时，对因晚点而造成的长时间等待，多数人会选择耐心等待；人们在医院、银行、电信营业厅、政府窗口的耐性，显然比在超市、餐厅的耐性要好。

参考文献

［1］小卡尔·迈克丹尼尔，等．当代市场调研［M］．范秀成，等，译．北京：机械工业出版社，2006.

［2］陈戈止．信息管理学［M］．成都：西南财经大学出版社，2005.

［3］钟旭东，等．市场营销学［M］．成都：西南财经大学出版社，2007.

［4］刘秋华，欧邦才．市场调查与预测［M］．北京：中国社会科学出版社，2004.

［5］刘利兰．市场调查和预测［M］．北京：经济科学出版社，2000.

［6］杨清．市场调查中的抽样技术［M］．北京：中国财政经济出版社，1999.

［7］柯惠新，等．市场调查与分析［M］．北京：中国统计出版社，2000.

［8］冯士雍，等．抽样调查——理论、方法与实践［M］．上海：上海科学技术出版社，1996.

［9］范伟达．市场调查教程［M］．上海：复旦大学出版社，2002.

［10］尉雪波，等．新编统计学［M］．北京：经济科学出版社，2003.

图书在版编目(CIP)数据

市场信息调查与分析/陈戈止编著.—成都:西南财经大学出版社,2007.10
(2011.12 重印)
ISBN 978-7-81088-843-1

Ⅰ.市…　Ⅱ.陈…　Ⅲ.商业信息学　Ⅳ.F713.51

中国版本图书馆 CIP 数据核字(2007)第 146277 号

市场信息调查与分析
陈戈止　编著

责任编辑:张岚
封面设计:何东琳设计工作室
责任印制:封俊川

出版发行	西南财经大学出版社(四川省成都市光华村街55号)
网　　址	http://www.bookcj.com
电子邮件	bookcj@foxmail.com
邮政编码	610074
电　　话	028-87353785　87352368
印　　刷	郫县犀浦印刷厂
成品尺寸	170mm×240mm
印　　张	17
字　　数	290 千字
版　　次	2007 年 10 月第 1 版
印　　次	2011 年 12 月第 2 次印刷
印　　数	3001—5000 册
书　　号	ISBN 978-7-81088-843-1
定　　价	28.00 元

1. 版权所有,翻印必究。
2. 如有印刷、装订等差错,可向本社营销部调换。
3. 本书封底无本社数码防伪标志,不得销售。